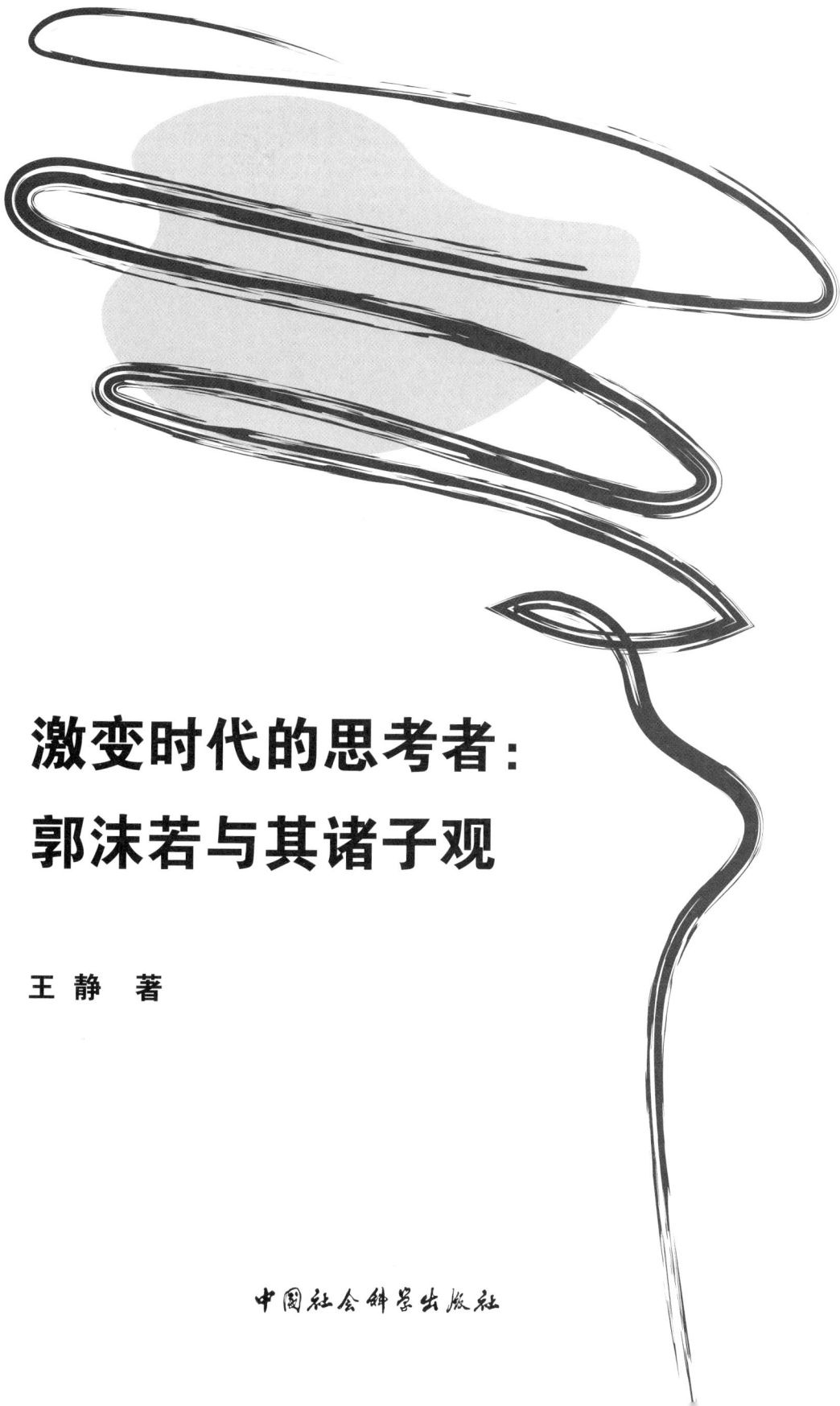

激变时代的思考者：
郭沫若与其诸子观

王 静 著

中国社会科学出版社

图书在版编目（CIP）数据

激变时代的思考者：郭沫若与其诸子观 / 王静著 . —北京：
中国社会科学出版社，2021.2
ISBN 978-7-5203-7854-3

Ⅰ.①激… Ⅱ.①王… Ⅲ.①郭沫若（1892—1978）
—思想评论②先秦哲学—哲学思想—研究 Ⅳ.①K825.6
②B22

中国版本图书馆 CIP 数据核字（2021）第 022827 号

出 版 人	赵剑英
责任编辑	慈明亮
责任校对	夏慧萍
责任印制	戴 宽

出　　版	中国社会科学出版社
社　　址	北京鼓楼西大街甲 158 号
邮　　编	100720
网　　址	http://www.csspw.cn
发 行 部	010-84083685
门 市 部	010-84029450
经　　销	新华书店及其他书店

印　　刷	北京明恒达印务有限公司
装　　订	廊坊市广阳区广增装订厂
版　　次	2021 年 2 月第 1 版
印　　次	2021 年 2 月第 1 次印刷

开　　本	710×1000　1/16
印　　张	19
插　　页	2
字　　数	274 千字
定　　价	108.00 元

目 录
CONTENTS

导　言

一　激变时代中的思想：传统主义与变革主义

> 东西南北走舟车，虎穴惊看插邑间。
>
> 七万里戎来集此，五千年史未闻诸。
>
> 考工述物搜奇字，鬼谷尊师发秘书。
>
> 教训十年民力盛，倘排犀手射鲸鱼。
>
> ——黄遵宪《和钟西耘庶常德祥津门感怀诗·其一》

1875 年，旅居天津的黄遵宪看到西方之"戎"不远万里，强开中国之国门，这是几千年国史之所未闻的。内心忧愤的他为中国开出一个良方：要学习"考工述物"的新技术和"鬼谷秘书"的新思想，以富国强兵、力拒外敌。

中国近现代所面临的"亡国"危机实属史之未载，史上"外族"对中原的统治从未动摇过中国文化的根基。但像黄遵宪那样的中国士人和知识分子已觉察到，这一次世界前所未有地激变了，可谓"三千年未有之大变局"。这是科学革命、工业革命之后的西方列强，对农业社会的中国的全面碾压。面临这种激变，人们进行选择的空间和时间是极有限的，"拿来主义"——最迅速地学习新技术和新思想往往是最有效的选择，即使这样的选择是被迫的。

从社会演化史的角度来看，技术和思想的直接"拿来"都会使社会跃升一个层次，如上古时代农业技术的传播，使得世界上许多区域直接从狩猎采集社会跃入农业社会。又如日本的大化改新，照搬了中国唐代的一整套政治制度与技术，建立了中央集权国家。面对西方帝国主义的全球扩张和侵略，不主动急变的后果就可能是沦为殖民地、原料产地和产品倾销地，进而本土文化遭受灭顶之灾。大清，这个老大帝国也不情不愿地挪动着身躯，试图做出改变，然而这样缓慢的步伐终究不能适应激变时代的需要，最后瓦解在革命之中。

如同国家整体的被迫改变，思想界也面临世事激变和新思潮涌入的压力，智识阶层在这样极度的压力下分裂了。一部分知识分子抱有强烈的变革倾向，如1895年严复在《论世变之亟》中感叹道："观今日之世变，盖自秦以来未有若斯之亟也。"他不能理解这种世变的原因，于是"强而名之曰运会"，将之归于一种天下的运势，"运会既成，虽圣人无所为力，盖圣人亦运会中之一物。既为其中之一物，谓能取运会而转移之，无是理也"。他认为中国传统思想在于"宁以止足为教，使各安于朴鄙颛蒙，耕凿焉以事其长上，是故春秋大一统"。而西方精神则是不断进取的："日进无疆，既盛不可复衰，既治不可复乱，为学术政化之极则。"① 如果摒除其中的宿命论意味，"运会"一词或可解释为由历史规律造就的现实，时代的激烈变动不因人的主观希望而改变，因此需要改变的是中国文化本身。

另一部分知识分子则固守着传统的精神家园，他们对外界的变化尤其是变革思想产生了应激反应。他们中有极端守旧排外者，也有强调中学为体、西学为用者，还有人要求从本国的传统出发，去适应新事物。如晚清之国粹学派，将"扬西抑中"者斥为"陋儒"，强调中国文化不弱于西方，要沟通中西方之学术。与要求变革的知识分子相比，他们对中国文化更具自信，哪怕其中一些人只是盲目的自信。

对于这两种思想倾向，学术界有很多种命名方式，如新派与旧派、

---

① 　严复:《论世变之亟》,《严复集》第 1 册, 中华书局 1986 年版, 第 1 页。

激进主义与保守主义，西化派与本土派，等等，然而这些名词有的被价值判断锁定，有的又将西方与中国机械地割裂开来。我们不如回到两种思想最基本的要求。前者不论被归于西化派、革命派、马克思主义者、自由主义者等，都要求顺应时代进行改革（或革命）。后者作为对前者的回应方，不论是极端守旧者、"中学为体"者、改良中国文化者等，都要求维持中国传统的中心地位。前者可被称为变革主义者，后者可被称为传统主义者。

变与不变的对峙，在历史上是极为常见的现象，在这一方面，不必特殊化中国近现代史上的变革主义与传统主义；另一方面，在世界上唯一持续几千年而未绝的原生文明——中华文明的历史中，不同于周秦之际华夏文明内部的剧变，中国近现代史上的激变是前所未有的，因此这一次变革主义与传统主义的冲突异常激烈。罗志田先生认为，近代中国突出的时代特性是"古今中外各种时空因素的多歧互渗"，是传统的中断与传承并存、断裂与延续交织。① 这是以传统为本位发出的论断。如果以变革为本位进行总结，则可以说是新思想的吸收、消化与应用。传统的中断与传承，新思想的吸收与应用，这二者交汇在一起，共同谱成了激变时代中思想的交响曲。

在这两种思想倾向的影响下，学术界也演化出遵循变革主义与维持传统主义的思潮、学说与方法。"新史学"、古史辨运动、社会史研究、马克思主义史学等成为变革主义的代表，而传统主义学术经历了从"中学"到"国学""国粹"再到"国故（学）""国学"的称谓变迁过程。一般而言，这几个名词当时是可互换使用的。② 先秦诸子研究是两种思潮交锋的重要领域，以儒家为代表的诸子学说被传统主义者当作国粹加以保存和研究，社会上还一度出现孔教运动和官方尊孔的现象。变革主义者要清算传统的思想价值，他们激烈地批判孔子和儒家思想，并且用

---

① 罗志田：《裂变中的传承：20 世纪前期的中国文化与学术》，中华书局 2019 年版，第 1、28 页。

② 罗志田：《国家与学术：清季民初关于"国学"的思想论争》，生活·读书·新知三联书店 2003 年版，第 4—5 页。

新方法研究诸子，力图发掘诸子思想在社会史中的作用。

变革主义者全面汲取新的思想，其内在的要求就是放弃固有的传统。因为调和新与旧是尤其不易的，何况时不我待，既然已有成功的典范，不如直接拿来学习和使用。于是，变革主义者又有激进化的趋势，一部分变革主义者的口号从放弃部分传统演变为放弃一切传统。如今有一些声音，对变革主义者的批判力度进行质疑，认为他们过于激进，以至于产生了破坏性的后果。这些声音的发出者不能对历史情境抱有浸入式的感受，他们不能体验的是"亡国"乃至文明灭亡危机导致的急迫性，才是近现代中国最大的现实，这种现实没有时间允许一个社会去试错其他道路。

近现代的中国社会、经济与政治都在急速地变化，变革思想正是急速变革时代的反映，也是时代的主流，是塑造历史的主要精神力量。站在今天回顾，激进化当然有其负面影响，而传统主义的一些内容与方法也有其合理性。但事后的批判不应以苛求为态度，作为历史研究者，最宜对他们进行同等的理解与反思。

二 作为思考者的郭沫若：人生与学术

激变的时代一定会孕育出非常人物，并为他们提供舞台，郭沫若就是这些非常人物中的一员。他于1892年出生于四川乐山县沙湾镇，家境殷实，因此接受了良好的教育，包括中国传统文化与新学。他与同时代的许多学子一样，走上留日学习的道路，但在学医期间转变了人生的志趣。他以诗集《女神》在文坛崭露头角，其后与同道建立新文学社团创造社，站立在"五四"新文化运动的潮头。回国后，郭沫若不甘自闭于书斋之中，他的精神世界已被当时最新的、最有吸引力的思想——马克思主义所征服，对于中国的社会现实有了深刻的认识，于是他要到社会中去，到革命中去。1926年郭沫若参加国民革命军北伐，1927年3月他撰写了《请看今日之蒋介石》一文，揭露了蒋介石"背叛国家，背叛民族，背叛革命"的行径，因此受到国民党通缉。同年他参加南昌起义，其间，加入中国共产党。

因形势所迫，1928 年郭沫若流亡日本，直至 1937 年卢沟桥事变之后回国投身抗战大业。在国共合作的背景下，郭沫若担任国民政府军事委员会政治部第三厅厅长，主持抗战的文化宣传工作。抗战胜利后，他以民主人士的身份呼吁和平，为新中国之成立而奔走。中华人民共和国成立后，郭沫若的公务职责牵制了他的多数精力，他担任中国科学院院长 29 年，历任政务院副总理兼文化教育委员会主任、全国人大常委会副委员长、中国保卫世界和平大会主席等职，于 1978 年因病去世。

郭沫若被誉为百科全书式的文化人物，一生著述极丰，目前已出版的《郭沫若全集》共 38 卷，分为文学编 20 卷、历史编 8 卷、考古编 10 卷。此外还有海量的译著、书信及散佚作品未入全集，今后也将集为"郭沫若全集续编"陆续出版。虽然"文学家、诗人"一向被认为是郭沫若的首要身份，他的人生也在多方面取得了成就，但他在学术的道路上走得更远，吸收运用了当时最先进的知识理论，付出了极大的精力去耕种学术园地。流亡日本期间，郭沫若以马克思主义为指导，潜心研究中国古代社会和甲骨金文，取得了极高的学术成就。此后的一生之中，无论处于何种境地，事务多么繁忙，郭沫若一直坚持学术研究，其学术兴趣领域广泛，在各个方面都有所建树，完成了一批学术力著。

郭沫若的学术兴趣主要集中在以下领域。

第一，中国古代思想研究。

留学日本的后期，郭沫若首先在文学上爆发出惊人的创造力，其后表现在学术上，1921 年他撰写了第一篇思想史研究论文《我国思想史上之澎湃城》，对"被秦火灭绝"的中国古代思想做了详细梳理。1923 年，他以日文发表《芽生の嫩叶》，该文由成仿吾译为中文，题为《中国文化之传统精神》，继续对三代之前至老子、孔子的思想进行研究。同一时间，他在致宗白华的信中，对比研究了歌德与孔子。同年，又完成专题论文《读梁任公〈墨子新社会之组织法〉》《惠施的性格与思想》。1924 年，针对国内兴起的"整理国故"热潮，郭沫若撰写了《整理国故的评价》，并为曾对自己产生影响的"导师"撰文《伟大的精神生活者王阳明》。

1930年出版的《中国古代社会研究》是对上古社会的研究作品，在对经济和社会等物质条件进行分析的基础上，郭沫若也对传世文献与实物史料所反映的社会思想进行了研究。1932年，他写作《周彝中之传统思想考》，文章收入《金文丛考》。

之后几年，关于先秦思想郭沫若又有《老聃·关尹·环渊》（1934）、《先秦天道观之进展》、《周易的构成时代》（1935）、《借问胡适——由当前的文化动态说到儒家》（后改题为《驳说儒》，1937）、《庄子与鲁迅》(1940)、《论儒家的发生》（1942）等作品，不过此时他对于思想研究的兴趣并不集中。直到1943年8月进入思想研究的高产期，他接连作《墨子的思想》《关于吴起》《述吴起》《秦楚之际的儒者》《公孙尼子与其音乐理论》《韩非〈初见秦〉篇发微》《宋钘尹文遗著考》等论文，以上大多收入《青铜时代》。

1943—1945年，郭沫若就先秦诸子先后作了10篇批判性论文，即《吕不韦与秦王政的批判》《韩非子的批判》《古代研究的自我批判》《孔墨的批判》《儒家八派的批判》《稷下黄老学派的批判》《庄子的批判》《荀子的批判》《名辩思潮的批判》《前期法家的批判》，集成《十批判书》，这些文章偏于批评，与偏于考证的《青铜时代》相辅相成，共同构成了其诸子思想研究的代表作。

第二，中国古代社会史研究。

1928年8月至1929年11月郭沫若完成了《中国古代社会研究》，该书于1930年2月出版。在这部运用马克思主义唯物史观研究中国古代社会的开山之作中，郭沫若探讨了中国古代社会性质问题及其衍生出的中国历史分期问题。1929年5月，他就陶希圣的专著《中国封建社会史》作学术书评《读〈中国封建社会史〉》。1942年发表《殷周是奴隶社会考》（后改题为《论古代社会》），1944年2月作《由周代农事诗论到周代社会》，1945年2月作《青铜器时代》，这几篇均收入《青铜时代》。

郭沫若对中国古代史研究的重点在于社会性质分析，在《中国古代社会研究》中，郭沫若认为商代之前与商代是原始氏族社会，西周为奴隶社会，东周至秦开始转向封建社会。其后他的观点有所变易，认为商代也是奴隶社会，但关于奴隶制社会的时代下限一直未有定论。在1952年的《奴隶制时代》中，他将奴隶社会向封建社会的转变确定于春秋、战国之交。后来郭沫若又撰写了《〈俘罍篇〉的研究》《希望有更多的古代铁器出土》《汉代政权严重打击奴隶主——古代史分期争论中的又一关键性问题》《略论汉代政权的本质》《关于中国古史研究中的两个问题》，1972年完成了总结性论文《中国古代史的分期问题》，它们都收入了不断再版的《奴隶制时代》。古史分期问题是中国马克思主义史学的基要问题之一，各派观点纷纭甚至迥异，郭沫若作为唯物史观的领军人物和新中国学术界的领导者之一，对这一问题的探讨和争鸣起到了激发和促进的作用。

第三，古文字研究。

郭沫若的古文字研究与其古代社会研究是并行的，前者为后者提供了材料基础。1931年他的《甲骨文字研究》出版，1952年修订时删去了其中的9篇。他搜集与整理甲骨文，编成《卜辞通纂》（1933）和《殷契粹编》（1937）。1933年出版的《古代铭刻汇考》中包含四种作品，其中甲骨文研究有《殷契余论》，这部作品与之后出版的《古代铭刻汇考续编》中的甲骨文研究部分，在新中国成立后由郭沫若本人修订编成新的《殷契余论》。1972年，郭沫若又作《安阳新出土的牛胛骨及其刻辞》。此外，他作为新中国考古事业的领导人，指导主编了《甲骨文合集》。

1930年郭沫若开始对殷周青铜器铭文进行研究，所作论文分别收入《殷周青铜器铭文研究》（1931）、《金文丛考》（1932）、《金文余释之余》（1932），他收集青铜器铭文编成《两周金文辞大系》，后对其进行补充，完成了《两周金文辞大系图录》（1934）和《两周金文辞大系考释》（1935）。20世纪50年代，郭沫若修订金文研究作品时，将《金文丛考》《金文余释之余》和原《古代铭刻汇考》及其《续编》中的金文研究内容并为《金文丛考》，增订"大系"为《两周金文辞大系图录考释》。

除甲骨文与金文之外，郭沫若还作有《石鼓文研究》（1939）和《诅楚文考释》（1947），对东周时期秦刻石文字进行了研究。1944年，郭沫若编纂了一部古文字工具书《商周古文字类纂》，但一直未得出版，至1991年才由文物出版社出版，今收入《郭沫若全集·考古编》。

第四，历史人物研究。

对于他喜爱的中国历史人物，郭沫若一向不吝精力与笔墨。1935年，上海开明书店出版了郭沫若的《屈原》，这是其第一部人物研究专著，后改题为《屈原身世及其作品》，收入1943年出版的专著《屈原研究》，书中增补了十几年中郭沫若对屈原的研究成果。1947年，上海海燕书店出版了《历史人物》，收录郭沫若多年间撰写的《论曹植》《隋代大音乐家万宝常》《王安石》《王阳明》《甲申三百年祭》《夏完淳》《鲁迅与王国维》《论郁达夫》《论闻一多做学问的态度》，除了后三篇是议论时人之外，其他历史人物由汉代至明末，纵贯中国历史。《郭沫若全集·历史编》第3卷的编者编辑了"史学论集"，收录散于集外的各类历史论文44篇，其中以历史人物为主题的有16篇，如《替曹操翻案》《关于司马迁之死》等。郭沫若的最后一部专著《李白与杜甫》也以人物为研究对象，此书在学术界颇有争议，其扬李抑杜的倾向被一些学者质疑。

此外，郭沫若曾自述，自己"有好些研究是作为创作的准备而出发的。我是很喜欢把历史人物作为题材而从事创作的，或者写成剧本，或者写成小说"①。郭沫若极好凭史作文，以文入史，历史剧和历史小说，便是联结其学术研究和文学创作的纽带。他一生创作历史剧10余部：《卓文君》《王昭君》《棠棣之花》《高渐离》《虎符》《屈原》《南冠草》《孔雀胆》《蔡文姬》《武则天》《郑成功》，全部以历史人物为题材。为创作这些文学作品，他也曾撰写多篇人物考证、历史研究的文章。此外还有若干历史小说，如《贾长沙痛哭》《楚霸王自杀》《秦始皇将死》《孔夫子吃饭》《孟夫子出妻》等，用现代手法重写历史人物故事，用以

---

① 郭沫若:《历史人物·序》,《郭沫若全集·历史编》第4卷, 人民出版社1982年版, 第3页。

对现实进行讽刺。

第五，古籍译释与整理。

郭沫若针对历史文献而开展的工作可分为两种，一为译释，二为整理。早在 1923 年，郭沫若从《诗经·国风》中选取了 40 首译为白话诗，译法自由，其主要原则是："诗的翻译应得是译者在原诗中所感得的情绪的复现。"①1952 年，他选译 25 首屈原和楚人作品而成《〈屈原赋〉今译》。1961 年，郭沫若采用新形式，对袁枚的《随园诗话》边读边释，随意挥洒评述，完成《读〈随园诗话〉札记》77 则。

1953 年至 1955 年，在公务繁忙之余，郭沫若耗费两年完成《管子集校》，凡 130 万字，是最为完善的《管子》汇校本。这项工作以许维遹、闻一多《管子校释》为基础，参考了所有可及的《管子》版本，经过校订原文、标点、誊录，在冯友兰、余冠英等人分别帮助校阅后，由郭沫若再作总校，"虽有种种疵病，然于历来《管子》校勘工作，已为之作一初步总结"②。1957 年，郭沫若将《盐铁论》标点并作简注，成《〈盐铁论〉读本》。1961 年，他校订陈端生的《再生缘》，但该书在其生前未能出版，由北京古籍出版社于 2002 年出版。1962 年，他又受海南崖县县委所托点校了《崖州志》。

郭沫若认为自己并非天才，而是既不聪明也不愚蠢的中等资质之人，"只是时代是一个天才的时代，让我们这些平常人四处碰壁。我自己颇感觉着也就象大渡河里面的水一样，一直是在崇山峻岭中迂回曲折地流着"③。在激变的时代、"天才的时代"中，郭沫若无法跳出历史的主流之外，不过他从未间断成为一个"思考者"的努力，用文学去形容时代，用学术来剖析历史，他的个人思想史也成为社会思想史的一股分流，在历史的河床上留下了清晰的印痕。

---

①　郭沫若：《古书今译的问题》，《郭沫若全集·文学编》第 15 卷，人民文学出版社 1990 年版，第 166 页。

②　郭沫若：《管子集校·校毕书后》，《郭沫若全集·历史编》第 8 卷，人民出版社 1985 年版，第 467 页。

③　郭沫若：《少年时代·序》，《郭沫若全集·文学编》第 11 卷，人民文学出版社 1992 年版，第 3 页。

　　作为运用马克思主义研究中国社会的先驱，郭沫若显然属于变革主义者。但他并不是激进的对传统全盘否定的人，而是对传统始终抱有一定的温情，这与其人生基调的形成和客居日本的经历有着一定的关系。在要求变革的基本态度下，郭沫若主张以科学文明来发展生产力，同时唤醒中国"固有的文化精神"，因此他对中国传统思想和先秦诸子一直保持着极大的学术兴趣。

　　本书便试图从考察郭沫若人生基调形成的过程开始，研究其学术选题与学术方法的转换，总论其诸子研究的背景与过程，再分别对郭沫若的诸子观进行全面梳理，以期探求他在"诸子研究"这个传统主义与变革主义的交汇领域的个人思考。为符合中国近现代史这个"激变时代"的范围，本书所研究的对象是中华人民共和国成立之前郭沫若的相关学术研究与思想，其新中国成立之后的观点暂不涉及。此外，本书不仅考察郭沫若专论诸子之学术作品，亦尽可能将散见于其文学作品、回忆录等文字中的诸子观点纳入，因此标题中作"诸子观"而非"诸子研究"。

　　正如郭沫若所言，通过他自己可以看出一个时代，研究郭沫若的诸子观不但能够呈现出激变时代中思想的一个侧面——郭沫若本人所思所写便是其中的重要部分，也能够反映出郭沫若是如何被激变时代所塑造的，他的观点和取向有着深刻的时代烙印。

第一章　人生基调的形成

如果将人生的历程比喻为"道路"，很多人的道路是没有主干道的。他们在各种小路与弯路上逡巡，随着时代而摇摆，在各种岔路口基于一些短视、自利的原因选择朝左或朝右。人生就是不断选择，而那些能够把握自己人生方向的人，一直在主动选择，走出了自己的一条主干道。

有人说郭沫若人生的特点是"多变"，换言之，即他进行不同选择的频率过高。但不论作何选择，郭沫若的人生其实有着某种不变的基调，这种基调形成于他的童年和少年时代，并在留学日本时得到巩固，终其一生在内心之中不断奏响，成为他选择人生道路的主要内因。

如由我们来回顾郭沫若在其早期人生中的经历，看看他受到了什么样的影响，做出了怎样的重大选择，相信可以发现，他并非如河水随势而流，而是如道路上的行者，一直在主动选择着。这些选择决定着他的行为和思想，也影响了他的文学与学术上的精神生产。

第一节　童年与少年

一　中西学问的筑基

童年启蒙

郭沫若的故乡沙湾是四川的一座市镇，虽然隶属曾经号称"海棠香国"的嘉定府，名声却不甚好，被人唤作"土匪的巢穴"。当地人却不怎么惧怕土匪，郭沫若儿时还曾与几个土匪一起玩耍。土匪绝不抢劫自己的同村人，这是他们的"义气"。土匪的义气只是狭隘的乡情，但这种民风很容易影响一个人的性格，郭沫若本人其实颇有豪放之情，或许也受此影响，这是他的故乡为他染上的一层底色。

郭沫若出生于1892年的秋天，乳名文豹，学名开贞。他的父亲做过各式生意，后来成为一个中等地主。母亲杜氏是州官家庶出的小姐，但家道中落，15岁嫁入郭家。杜氏虽文化程度不高，但也不断地通过自学提升自己，对于子女的教育她非常用心，郭沫若的大哥回忆说："先妣篝灯夜话，时述先德资淬砺，督不孝等以诗书。"[1]母亲是幼年对郭沫若影响最大的人，他说："我母亲事实上是我真正的蒙师，她在我未发蒙以前就教我背诵了好些唐宋人的诗词了。"[2]

据郭沫若回忆，4岁半时他就"发蒙"了，对读书产生了极大的兴趣。母亲教授的诗歌和说书先生讲述的"善书"是两种引子，晚上他听着哥哥读《易经》《书经》，只要听几遍自己就可以背诵。人的天性各有不同，并非所有4岁的孩子在引子的作用下都会对读书有兴趣，因此在天性的基础上，小开贞做出了人生第一次主动选择，向父母要求读书。

父亲自己虽不是读书人，但懂得教育的意义，在家中给子弟们设立了家塾，请了一位当地很有名望的先生沈焕章教书。1897年，小开贞向沈先生拜了师，在"大成至圣先师孔子神位"前磕了几个响头，这是郭沫若第一次接触孔子。此后，在先生严苛的"教刑"下，学生们开始习读《三字经》，读不好的小童要在"大成至圣先师孔老二"的神位前挨打，在这种"惨痛"的记忆中，孔子又被降格成了"孔老二"。

幼童们的功课是学作对子、作诗，平日里白天读经，晚上读诗。"诗"是《唐诗三百首》《千家诗》《诗品》，"经"有《诗经》《易经》《书经》《周礼》《仪礼》《春秋》等，在小开贞眼中，前者虽不能全懂，但比起后者是有天渊之隔了。他对诗的兴趣即起源于此，最喜欢

---

[1]　郭开文：《先妣事略》，《沙湾文史·〈德音录〉专辑》1987年第3期。

[2]　郭沫若：《我的学生时代》，《郭沫若全集·文学编》第12卷，人民文学出版社1992年版，第7页。

的是司空图的《二十四诗品》，直到他三十岁时对于诗的见解也受其影响。①1923 年郭沫若在散文《昧爽》中，描写了"我"如何通过默诵《诗品》来驱散幻觉的经历，他念着"大用外腓，真体内充。返虚入浑，结健为雄"②，可见儿时诵记之深刻。对于《三字经》和四书五经，小开贞是倒背如流，但并不理解其中的意义，甚至觉得像咒语一般："四书五经我们读它们时深感困难，并不是它们的内容艰深，实在是它们的外观古涩。"③

此外，郭沫若还认为《左传》和《东莱博议》给他了莫大的启发，影响了他喜好作议论和翻案文章的习惯。《东莱博议》又名《左氏博议》，为南宋吕祖谦所著，是当时学习历史的入门读物。周作人曾回忆说："《东莱博议》在宋时为经生家揣摩之本，流行甚广。我们小时候也还读过，作为做论的课本"，其优点是"大家无有不读的，而且念起来不但声调颇好，也有气势，意思深刻，文字流畅，的确是很漂亮的论"④。

1900 年庚子之变的冲击巨大，清廷被迫进行各种改革，如废八股改为策论，重经义，因此有一个时期流行乾嘉学派的朴学。沈焕章不擅长于此，郭沫若族中的一位长辈郭敬武是经学家王闿运的弟子，郭沫若的大哥曾经在他开设的课堂学习，将朴学的风气带回了家中。乾嘉朴学重训诂与考释，因此家塾教授《说文部首》《群经音韵谱》等，这对于儿时的郭沫若而言十分枯燥无味。让他视为"刑罚"的除了朴学还有点读"御批《通鉴》"的日课："一长串的人名字点不断时，最感觉头痛。"⑤

---

① 郭沫若：《序我的诗》，《郭沫若全集·文学编》第 19 卷，人民文学出版社 1992 年版，第 404 页。
② 语出《二十四诗品·雄浑》，原文后四字为"积健为雄"。《昧爽》是虚构性的自述散文，其中的经历来自郭沫若自身之经验。郭沫若：《昧爽》，《郭沫若全集·文学编》第 10 卷，人民文学出版社 1985 年版，第 347 页。
③ 郭沫若：《古书今译的问题》，《郭沫若全集·文学编》第 15 卷，第 164 页。
④ 周作人：《东莱左氏博议》，《周作人散文》第 2 集，中国广播电视出版社 1992 年版，第 710、714 页。
⑤ 郭沫若：《我的学生时代》，《郭沫若全集·文学编》第 12 卷，第 8 页。

社会意识的变化很快也反映在郭家的家塾中，"从前是死读古书的，现在是不能不注意些世界的大势了。从前是除圣贤书外无学问的，现在是不能不注重些科学的知识了"①。于是郭沫若开始读《地球韵言》《史鉴节要》，懂得了历史的概略和世界的大势。《地球韵言》为张士瀛在光绪年间所著，书中按照世界的国别，概括了各国的基本国情，用四字韵言编写，便于儿童记诵。《史鉴节要便读》为鲍东里所著，从太古讲到南明灭亡，亦用四字韵言，二者都是当时非常流行的蒙学教材。例如，梁漱溟在读完《三字经》后，父亲不让他读四书五经，反而要读《地球韵言》②。钱穆8岁时，私塾先生也为其讲授《史概节要》和《地球韵言》，他因此对瑞典、挪威的"日夜长短"很感兴趣。③

1905年废科举、建学校后，郭沫若的大哥、五哥都进了新式学堂，大哥源源不断地寄送各类新书刊回家，如《启蒙画报》《经国美谈》《新小说》《浙江潮》等。私塾的教材还有各种上海出版的蒙学教科书，如格致、地理、地质、东西洋史、修身、国文等。沈焕章先生使用了一种教会学堂用的《算数备旨》教授数学，郭沫若在12岁时学完了开方。

少年进学

1905年清廷废除了科举，同年郭沫若考入嘉定府乐山县开办的高等小学。他还记得几位授课老师：易曙辉教授乡土志，授课内容就是嘉定附近的名胜和历史，间杂引用历代文人的诗词歌赋。刘书林教授历史、地理、作文和《十六国春秋》。陈济民教授国文，以包世臣的《艺舟双楫》作教材，讲文法时引用的例子是《尚书·尧典》。

有一位曾经留学日本的帅平均先生，身兼"新学"和经学的老师。有趣的是他自己也不太掌握算数，教授的体操和音乐也很浅薄，并不真正具备科学素养。但其经学教得不错，而且言必称"吾师"，一个钟头

---

① 郭沫若：《我的童年》，《郭沫若全集·文学编》第11卷，第41—42页。
② 梁漱溟：《我的自学小史》，《梁漱溟全集》第2卷，山东人民出版社2005年第2版，第667页。
③ 韩复智编著：《钱穆先生学术年谱》第1卷，中央编译出版社2012年版，第120页。"《史概节要》"疑为钱穆误记，实即《史鉴节要》。

要说上二十遍。他师承当时著名的经学家廖平，后者"在新旧过渡的时代，可以说是具有革命性的一位学者。康有为的《新学伪经考》，听说也是采取了他的意"①。

帅先生讲《礼记·王制》的时候将其分成经、传、注、笺四项，他认为经是孔子的微言，传是"孔门的大义"，注笺是后儒的附说。郭沫若受益于此，曾作诗二首以为记述和理解：

题王制讲义

经传分明杂注疏，外王内圣赖谁传。

微言已绝无踪影，大义犹存在简篇。

不为骊珠混鱼目，何教桀犬吠尧天。

而今云翳驱除尽，皓日当空世燦然。

跋王制讲义

博士非无述，传经夹注疏。

先生真有力，大作继程朱。②

后来他们又随帅先生学习《今文尚书》，以前郭沫若在家塾里读的是梅赜所献《古文尚书》，经过帅先生的讲解他才明白经学中有今文与古文的派别之分。帅先生的讲义与郭沫若在家塾里所学的段玉裁的"小学"得到印证，也令他感到兴奋。受了这样的启发，郭沫若便开始研读《皇清经解》，觉得最为有趣的是阎若璩的"伪尚书考"，因为他把《古文尚书》的每一处伪撰都考察并列举了出来。

1907 年郭沫若进入嘉定府中学，由于校长对于办学没有经验，聘请的中学老师大都水平不够。学生虽然能够学习英文、日文，但日文用了一两个学期连五十音也学不好。

---

① 　郭沫若：《我的童年》，《郭沫若全集·文学编》第 11 卷，第 73 页。

② 　郭沫若：《敝帚集》，秦川、郭平英编注《敝帚集与游学家书》，中国社会科学出版社 2012 年版，第 4—5 页。

在中学各种令人荒废的学科中，经学是郭沫若唯一有兴趣的功课，这无疑奠定了他未来进行古代思想研究的基础。经学老师黄经华也是廖平的学生，曾借过不少书给郭沫若。郭沫若回忆道：

> 在小学校对于今文学发生的趣味是他为我护惜着的。他教的是《春秋》，就是根据廖季平先生三传一家的学说。他很有把孔子宗教化的倾向，他说唐虞三代都是假的，"六艺"都是孔子的创作，就是所谓托古改制。为甚么《左传》里面在孔子以前人的口中征引"六艺"的文字？他说这便是孔门的有组织有计划的通同作弊了。他怕空言无益，所以才借重于外，托诸古人，又怕别人看穿了他的伪托不信任他，所以才特别自我作古的假造出许多的历史。他这种见解在当时是很新鲜的。[1]

中学时期，郭沫若开始阅读《国粹学报》和梁启超的《清议报》。前者的学术文章对于中学生来说很难懂，后者就较为易读，郭沫若认为其中表现出某种新的气象。《国粹学报》创办于1905年，主要编辑有邓实、章太炎和刘师培等，是清末国粹学派的主要阵地。《清议报》创办于1898年，是维新派的主要刊物。1901年梁启超概括其特色为"倡民权""衍哲理""明朝局"和"厉国耻"，一言以蔽之是"广民智，振民气"。[2]郭沫若虽未详谈自己读这两种刊物的感受，但相信前者对"国粹"的弘扬和后者对时事的议论对他的影响是潜移默化的。

1908年秋，郭沫若罹患伤寒并发中耳炎，使其听力终生受损。在病中他广泛阅读古籍，对《庄子》《列子》尤为嗜好。

1909年10月，郭沫若因为要求校方和政府交出打伤同学的肇事者，带领同学罢课，被嘉定府中学堂斥退。次年2月，他考入四川官立高等分设中学堂，来到成都上学，这一向是他所期冀的，然而实际情形依然让他大失所望。那里的教师大多照本宣科，经学教授《左传事纬》，

---

① 郭沫若：《我的童年》，《郭沫若全集·文学编》第11卷，第120页。
② 梁启超：《本馆第一百册祝辞并论报馆之责任及本馆之经历》，《清议报》1901年第100期。

国文学习《唐宋八大家文》，历史仅仅教授历代帝王表，国学方面，连嘉定府中学的老师都还不如。新学方面，老师连照本宣科的能力都没有，学生们也是为了混文凭而学习。

学校中没有可学的知识，郭沫若只能在课外读一些感兴趣的书籍。梁启超的论文和章太炎的学术著作都是他的常读之物，只是后者依然很难懂。例如，他觉得章太炎的《齐物论释》"用佛学来解《庄子》，觉得比《庄子》的原文还要莫名其妙"①。郭沫若依然喜爱《庄子》，觉得是"古今无两"，此外还喜好《楚辞》《文选》《史记》。"新书"方面他阅读林纾翻译的小说，如司格特的《艾凡赫》（林译名为《撒喀逊劫后英雄略》），其浪漫主义的精神对郭沫若的文学倾向有决定的影响。此外还有严复翻译的《天演论》《群学肄言》等。

以上便是郭沫若对童年和少年时代的回忆，他写作回忆录时已年届而立，这些无疑是他记忆中最为深刻的部分，可以看出对他影响最大的书籍既有中国传统之经典，也有当时随大潮传入中国的各种新学。家塾的启蒙教育为郭沫若的知识结构打造了最初的基础，沈焕章先生教授中国传统文化和新学，这种顺应时代潮流的精神是值得称赞的。从小学到中学，郭沫若主要还是受到中国传统文化的深度影响，他因为自己的浓厚兴趣主动研习了经学，并对诸子有了初步的阅读。学校里教授的新学仅仅有着形式上的新，而非思想或理论性的新，郭沫若通过自学，对西方思想也有了初步的了解，但并不深入。总之，在童年与少年时代，郭沫若打下了中国传统文化的深厚根基，对于新学（西学）他也有了最初的接触。

二　天性与人生基调

郭沫若的幼年便具有强烈的求知欲，其性格中又具有叛逆性，此二者可谓其天性。如前文所及，他 4 岁便向父母要求读书。上学之后，尤其是在中学时期，他"对于学校的课程十二分不满意，能够填补这种不

---

① 　郭沫若：《我的学生时代》，《郭沫若全集·文学编》第 12 卷，第 12 页。

满意的课外研究又完全没有，我自己真是焦躁到不能忍耐的地步了"。这使他第一次有了离开的强烈渴望："奋飞，奋飞，这是当时怎样焦躁的一种心境哟。"① 他对于欧美最为憧憬，也很想去日本，或者去往北京、上海甚至省城也可以，然而父母并不允许。后来如愿到成都读书后，他的求知欲也没有得到满足。尽管如此，他还是在自己能触及的范围内钻研经学、阅读诸子和新式的报刊书籍。直到走上了学术研究的道路后，他才真正解放了自己的这种天性。

郭沫若"叛逆"的天性，则与他人生最初的选择息息相关。1906年郭沫若在小学第一学期的成绩名列第一，引发了学校里三四十岁的老童生们的嫉妒，他们认为老师偏心，便将成绩榜撕毁，学校为平息这场风波却将郭沫若的成绩改为第三名。这是他人生的"第一个转扭点"，让他第一次接触到了人性之恶，因此培植出了他的叛逆性。从此在各级学校里，郭沫若成为最令人头痛的学生，不断被开除。

1907年，因反对中学教师的专制，郭沫若被嘉定府中学开除，后经过斡旋复课。1909年又因参加罢课被除名。1910年冬—1911年初，成都学界发生国会请愿风潮，郭沫若被推举为分设中学堂代表之一参加了罢课。逐渐地，他从反抗学校的种种不公到结合时势与革命走在了一起。1911年，为反对铁路收归国有，四川兴起了轰轰烈烈的保路运动。郭沫若称，"回想起来在成都的几年中，实在是甚么收获、甚么长进也没有。差可自慰的或者可以说是使我们得以看见了保路同志会的经过"②。与当时的大多数青年一样，郭沫若鄙视康有为和梁启超的保皇立宪，赞成孙中山和黄兴的"排满兴汉"，崇拜徐锡麟、秋瑾和黄花岗七十二烈士。辛亥革命成功后，在四川宣布独立的前夜，郭沫若立即与同学剪掉了发辫。他们有一种错觉或者说虚妄的希冀，认为只要这样中国就可以跃入强国之列。他后来回顾道：

---

① 郭沫若：《我的童年》，《郭沫若全集·文学编》第11卷，第105页。
② 郭沫若：《反正前后》，《郭沫若全集·文学编》第11卷，第234页。

中国那时的少年人大都是一些国家主义者，他们有极浓重的民族感情，极葱茏的富国强兵的祈愿，而又有极幼稚的自我陶醉。他们以为只要把头上的豚尾一剪，把那原始的黄色大龙旗一换，把非汉族的清政府一推倒，中国便立地可以成为"醒狮"，便把英、美、德、法、意、奥、日、俄等当时的所谓"八大强"，当成几个汤团，一口吞下。①

郭沫若本性的叛逆与时代的革命精神结合，形成了一种朴素的爱国思想。1911年，他在给友人的信中说"且降生不辰，遭国阽危，奋飞高举，以薪去患，吾辈之职也"②。他在那两年写下了许多与国事相关的文句，例如以下的联语：

横磨剑利，赤血流漂，问他犬族胡儿，后此年时，敢否南来牧马？
汉字旗翻，国光辉耀，祝我神明胄裔，从兹振刷，永为东亚雄狮。③
故国同春色归来，直欲砚池溟渤笔昆仑，裁天样大旗横书汉字。
民权如海潮暴发，何难郡县欧非城美澳，把地球员幅竟入版图。④

这种爱国思想就是贯穿郭沫若一生的基调，影响了他人生中几乎每一次的重大选择。从留学日本，到心向马克思主义，再到回国参加大革命、加入中国共产党、投身抗战，郭沫若始终被爱国思想和社会责任感所牵引，成为一个不折不扣的变革主义者。

1910年郭沫若的大哥郭开文考中"法科举人"，在北京的法部衙门做了七品官。郭开文是除了父母和沈焕章先生外，对郭沫若影响最深的人。他自己接受了新思想并将之传回故乡和家中，他让族中女子放足、读书，在乡中提倡兴建蒙学堂。早在郭沫若12岁时，大哥便建议他以后学习实业，进而可以"富国强兵"。不过郭开文后来到日本学习的并

① 郭沫若：《黑猫》，《郭沫若全集·文学编》第11卷，第285页。
② 郭沫若：《敝帚集·答某君书》，郭平英、秦川编注《敝帚集与游学家书》，第16页。
③ 郭沫若：《敝帚集·联语五十二副》，郭平英、秦川编注《敝帚集与游学家书》，第26页。
④ 郭沫若：《黑猫》，《郭沫若全集·文学编》第11卷，第284—285页。

非实业，而是跟随时流学了法政。此时大哥回国做官后，却也要郭沫若进入法政学校，这令郭沫若十分惊讶。

1913 年，郭沫若考入天津军医学校，他承认自己当时并没有学医的愿望，报考天津军医学校只是为了借机离开四川，但到了天津他依然没有心情入学。一番挣扎之后，郭沫若决定接受大哥的资助，前往日本留学。

第二节　东洋十年

一　留日学生与爱国主义

早在 1904 年，郭沫若就曾接触过日本人。当年暑假，大哥郭开文带了两个日本教习回乡，郭沫若还跟着学了几句东洋话。1905 年大哥将要去日本留学，想带上弟弟一起去，父母心系幼子，未能容许。郭沫若后来回想，如果当时便去了日本，他一生的路径肯定有所改变，很可能会成为一位纯粹的科学家。

在成都读中学时，同学中有一位去过日本的，科学知识还不如郭沫若。这种到国外混一混的"留学生"一向不少，甚至到了 1929 年前后，也多的是去美国"鬼混了两三年，一回国来便是甚么'博士'、'硕士'，巍然泰然地便做起了甚么机关的委员，甚么大学的教授，甚么印书馆的编辑"[1]。后来郭沫若并没有获得"硕士""博士"学位，也没有做委员教授，那么他的留学生涯是如何度过的，这段十年的经历给他的人生留下了什么呢？

1913 年底，郭沫若从北京出发，乘火车从东北先往朝鲜，1914 年 1 月乘船来到日本，开始了"一生之中最勤勉的一段时期"。他拼命学习日文和科学，目的是尽早考上官费学校。他在家书中说：

> 拼此半年功夫，极力予备，暑假之内，如万一能考得官费学

---

[1]　郭沫若：《反正前后》，《郭沫若全集·文学编》第 11 卷，第 186 页。

校，则家中以后尽可不必贴补，已可敷用。勤苦二字，相因而至。
富思淫侠，饱思暖逸，势所必然。故不苦不勤，不能成业。男前在
国中，毫未尝尝辛苦，致怠惰成性，几有不可救药之概。男自今以
后，当痛自刷新，力求实际。学业成就，虽苦犹甘，下自问心无
愧，上足报我父母天高地厚之恩于万一，而答诸兄长之培诲之勤，
所矢志盟心日夕自励者也。①

功夫不负有心人，郭沫若仅用了半年时间就考上了东京第一高等学
校的官费生，在当时没有比他用时更短的了。日本的高等学校是大学的
预科，分为文科、理工科与医科。郭沫若选择方向的理由是为了"拯
救中国"，他厌恶法政，认为文科对实际无用，但由于理工科要学习数
学，让他有些畏惧，于是便选择了医科。他说："民国三年我到了日本，
曾决心抛弃文艺，专心致志于科学。当时的号召是富国强兵，总想学些
实际的东西来达到这层目的，因此选了医学。我在留学的初期，态度是
很坚决的，所有的新旧文艺书籍我都一概摒弃了。"②此时郭沫若的心理，
已经与当年报考天津军医学校时完全不同了，他的确是想为国家社会做
实际贡献的。

1914 年 9 月郭沫若入东京第一高等学校读书，1915 年 7 月毕业，
同年秋进入冈山第六高等学校，1918 年毕业。日本的医学模仿德国，
高等学校的课程中学习德文的时间最多，此外还要学拉丁文、英文，科
学方面要学习数理化、动植物学等。学习外语时，日本老师教授的方法
并不是单词、语法、段落的逐步讲解，而是让学生直接阅读外语文学作
品，这对外语的学习虽非良策，但却启发了郭沫若的文学之路：

　　　　在高等学校的期间，便不期然而然地与欧美文学发生了关系。
我接近了太戈尔、雪莱、莎士比亚、海涅、歌德、席勒，更间接地

---

① 　《郭沫若致父母函》（1914 年 2 月），唐明中、黄高斌编注《樱花书简》，四川人民出版社 1981
年版，第 13 页。
② 　郭沫若：《我怎样开始了文艺生活》，《文艺生活》1948 年第 41 号。

和北欧文学、法国文学、俄国文学，都得到接近的机会。这些便在我的文学基底上种下了根，因而不知不觉地便发出了枝干来，终竟把无法长成的医学嫩芽掩盖了。①

1918 年 9 月，郭沫若免试进入位于日本福冈的九州帝国大学医科，最初的两年学习基础课，如解剖学、生理学、医化学等，此时他还对探求人体的秘密很感兴趣。但后两年学习临床医学时，因为听力受损、双耳重听和脊柱弯曲等疾病，郭沫若不能使用打诊和听诊等基本医术，因此感到非常吃力，内心也较为苦闷。1921 年 1 月，他还曾欲前往京都改学文科专业，这想法遭到了好友成仿吾的反对。成仿吾认为研究文学并没有学习文科的必要，这倒说服了郭沫若。其后，他休学半年，往返于上海和日本之间筹备创造社刊物。1923 年 3 月，郭沫若自九州帝国大学医学部毕业，获得"医学士"学位，但他最终并没有从医。

近代以来，日本对中国的侵害逐步加深，而中国留日学生是更能感受到这种压迫与屈辱的群体，他们也站在了反抗的最前线。郭沫若在留日期间经历过两次学生运动。

1915 年 1 月，日本向袁世凯提出"二十一条"的秘密条款，中国国内掀起了大规模的反对"二十一条"的运动，这也影响了在日的中国留学生。起初郭沫若认为："此次交涉，本属险恶，然使便致交战，或恐未必"，若万一中日真的开战，中国也不一定会失败，而"日本鬼国，其骄横可谓绝顶矣，天其真无眼以临鉴之耶！今次吾国上下一心，虽前日之革命党人，今亦多输诚返国者，此则人和之征也。"②3 月 5 日至 4 月 20 日，中日召开会议进行交涉。然而到了 5 月，局势更加紧张，5 日郭沫若致信父母说："交涉险恶，不久便归，际此机局，自当敬慎，请勿驰念。"③

5 月 7 日，日本政府发出了最后通牒，同日，郭沫若与同学一道回

---

① 郭沫若：《我的学生时代》，《郭沫若全集·文学编》第 12 卷，第 17 页。
② 《郭沫若致父母函》（1915 年 3 月 17 日），唐明中、黄高斌编注《樱花书简》，第 57 页。
③ 《郭沫若致父母函》（1915 年 5 月 5 日），唐明中、黄高斌编注《樱花书简》，第 63 页。

到上海，他们认为如果两国开战，在日本将无法停留。他写下一首诗，表达了回国参加斗争的愿望：

> 哀的美顿书已西，冲冠有怒与天齐。
> 问谁牧马侵长塞，我欲屠蛟上大堤。
> 此日九天成醉梦，当头一棒破痴迷。
> 男儿投笔寻常事，归作沙场一片泥。①

　　然而这次回国的结果却是："慨当以慷地回了国的'男儿'在上海的客栈里呆了三天，连客栈附近的街道都还没有辨别清楚，又跟着一些同学跑回日本。"② 因为 5 月 9 日袁世凯基本接受了"二十一条"，郭沫若认为这件事已得到和平解决，所以 11 日便返回了日本，而且庆幸两国没有开战。对于这次往返十日的空途，大哥写信予以斥责，郭沫若也颇为后悔，承认是浪费了时间与金钱。

　　有学者认为这一次回国风潮反映出，对于郭沫若而言，"虽然爱国是本分，但决不可以忽视在实际生活中遇到个人和国家利益相冲突时身为政府官员的长兄郭开文对他施加的影响"，这造成了他认识上的摇摆。③ 这样的论断有一定道理，但笔者认为更为重要的原因是，此时的郭沫若心中尚未真正形成"如何救国"的思想，他的爱国之情仍然与其少年时代一样，是朴素而模糊的。

　　例如，郭沫若认为："此次交涉之得和平解决，国家之损失实属不少。然处此均势破裂之际，复无强力足供御卫，至是数百年积弱之敝有致。近日过激者流，竟欲归罪政府，思图破坏，殊属失当。将来尚望天保不替，民自图强，则国其庶可救也。"④ 在国家无力抵抗的形势下，他仅仅是希望天公保佑，民众自强，并未提出任何解决国家积弱的办法，

---

①　郭沫若：《创造十年》，《郭沫若全集·文学编》第 12 卷，第 41 页。"哀的美顿书"即最后通牒（ultimatum）。

②　郭沫若：《创造十年》，《郭沫若全集·文学编》第 12 卷，第 41 页。

③　武继平：《郭沫若留日十年》，重庆出版社 2001 年版，第 29—30 页。

④　《郭沫若致父母函》（1915 年 5 月），唐明中、黄高斌编注《樱花书简》，第 65 页。

同时还为政府做辩护，可谓是幼稚的。又例如，1917 年 7 月张勋复辟，郭沫若的看法是："张勋造反，破坏民国，奈有段祺瑞一人奋起义师，十日之内，削平大乱。……段氏功业甚伟，众望所归。如天佑中华，使段氏得安于位者十年，国家其庶几有起色乎！"① 这还是寄希望于"天佑"和段祺瑞长期执政，并不能看透中国社会积弊的本质。当然，指望只有二十多岁的青年有完善的救国之策也是颇为勉强的。

第二次学生运动是 1918 年 5 月，留日学生为了反对"中日军事协约"而发动了一场激烈的全体罢课。然而这次事件也并没给郭沫若表现爱国心的"机会"。因为运动中成立了一个"诛汉奸会"："凡是有日本老婆的人都被认为汉奸，先给他们一个警告，叫他们立地离婚，不然便要用武力对待。这个运动在当时异常猛烈，住在东京的有日本老婆的人因而离了婚的很不少。"② 郭沫若正是"有日本老婆的人"。

1916 年 8 月，他与日本护士佐藤富子相识，二人从通信开始恋爱，后来同居在一起，郭沫若为富子取名"安娜"，1917 年 12 月他们的长子出生。罢课风潮时，郭沫若一家住在乡下，没有被"诛汉奸"事件波及。经过两周的罢课，留学生们又决议全体回国，郭沫若因为经济问题没有参加。他自嘲道："不幸像我这样的'汉奸'每月所领的三十二元的官费是要养三个人口的，平时所过的早就是捉襟见肘的生活，更那有甚么余钱来做归国的路费呢？没有钱便失掉了'爱国'的资格，'汉奸'的徽号顶在头上，就好像铁铸成的秦桧一样。"③

1919 年的中国，五四运动风起云涌，这在日本被视为"天变地异"的事件而进行新闻报道。身处历史中的人往往不能准确地对近期发生的事件作宏观评价，但影响一个时代的大事件不属于此列，它们能让近处之人也感受到历史的震颤。郭沫若认为五四运动"形式上是表示为民族主义的自卫运动，但在实质上是中国自受资本主义的影响以来所培植成的资本主义文化对于旧有的封建社会作决死的斗争。自从那次运动以

---

① 　《郭沫若致父母函》（1917 年 7 月 16 日），唐明中、黄高斌编注《樱花书简》，第 130 页。
② 　郭沫若：《创造十年》，《郭沫若全集·文学编》第 12 卷，第 40 页。
③ 　郭沫若：《创造十年》，《郭沫若全集·文学编》第 12 卷，第 40 页。

后，中国的文化便呈出了一个划时期的外观"①。

五四运动对郭沫若产生了直接影响，他与在福冈的几个同学组织了一个义务通讯社，他们在夏禹鼎家中开了一次会，将通讯社定名为"夏社"，同时具有几层含义——夏天，夏君家中，中国（华夏）人。夏社成立的目的非常直接，就是"抗日"，主要工作是翻译日本报章杂志上意图侵略中国的言论，或者由社员自撰抗日的文章。他们自费购买油印机，印出寄往国内的学校和报馆②。

同年 8 月 25 日，郭沫若在诗歌《箱崎吊古》中写道："惊砂扑面来，我看见范文虎同蔡松坡指挥着十万多的同胞战——同怪风战，狂涛战，怒了的自然战，宇宙间一切的恶魔战……／我的同胞哟！我奋勇的同胞哟！／永劫的荣光早在我头上照临，／我在替你们唱着凯旋歌，／我们努力，奋迈，战！战！战哟！"③箱崎位于福冈，是元军第二次征讨日本的古战场，即千代松原。范文虎是元军征日将领，蔡松坡即名将蔡锷，1916 年病逝于福冈。郭沫若幻想着由这两位将领带领中国同胞与怪风作战，而怪风正是当年"阻挡"了元军的所谓日本"神风"，整首诗即是一种抗日情绪的宣泄。

10 月，他署名"夏社"发表了一篇《抵制日货之究竟》，文中统计了中国进口的日货种类，认为奢侈品占四分之三，必需品占四分之一，因此"消灭国人奢侈苟且之习惯，实亦救国之要图"。郭沫若认为抵制日货只是各种方法之一，更为长久的策略是摒弃奢侈品，奖励采办国货，振兴实业、开办工厂等，他呼吁各界同胞速起奋斗④。

同时在《黑潮》上，郭沫若还发表了《同文同种辨》，其论点是"中日两国并非同文同种"。郭沫若首先分析了两国的言文，认为中文与日文的发音、构字、文法皆为不同。日本的普通文体由假名和汉字组

---

① 　郭沫若：《创造十年》，《郭沫若全集·文学编》第 12 卷，第 63 页。

② 　据《创造十年》，"夏社"成立时间为 1919 年 6 月。据《凫进文艺的新潮》，时间为 5 月中旬（郭沫若：《凫进文艺的新潮》，《文哨》1945 年第 1 卷第 2 期）。

③ 　郭沫若：《箱崎吊古》，原载《黑潮》1920 年第 1 卷第 3 期，转引自《郭沫若年谱长编》第 1 卷，中国社会科学出版社 2017 年版，第 117 页。

④ 　郭沫若（夏社）：《抵制日货之究竟》，《黑潮》1919 年第 1 卷第 2 期。

成，日语汉字分为训读与音读，训读仅用字形，音读的发音是唐宋的死音。因此所谓中日的同文，"仅同此空髑髅之汉字耳"。日本当时还要力图废除汉字，其理由有汉字与近代文明不适，使用范围仅限于亚洲，字数太多、字形复杂，且与日本的表音文字不符等。因此日本一方面减少汉字的使用，另一方面渐进使用新式词语。

而后郭沫若讨论中日"种族"，他认为日本民族是虾夷、汉人、通古斯人和马来人种的混血人种，并引用了"拉枯逋里氏"的学说，后者认为中国人在黄帝时代从里海迁徙到中国。郭沫若觉得此说"殊觉未易失坠也"，他不但认同，还补充考证出所谓迁徙的时间是在伏羲之前。郭沫若坚决否认中日在民族和文化上有亲缘关系，揭露日本野心家利用所谓"同文同种"作掩饰，却在东亚实行"门罗主义"的面目。最后他发出了这样的议论："夫以仁道正义为国是，虽异文异种，无在而不可亲善。以霸道私利为国是，虽以黄帝子孙之袁洪宪，吾国人犹鸣鼓而攻之矣。"①这为全面批判日本建立了道义性的前提，日本正是"霸道"的代表。

在此文中，郭沫若是这样推理中国人在伏羲之前从西方迁徙的：他认为八卦卦象是中国最古老的象形文字，乾卦和坤卦的卦象是黄河流域的"平面图"，作卦的伏羲氏一定是见到黄河流域的地形后才能作出乾坤二卦。传说伏羲的母亲太昊"居于华胥之渚"，华的唐音为 Kwg或 Ka，"华胥"疑似是里海（Kaspi）的音译，里海南岸是中国人的"故土"。

"中华民族西来说"早已被科学研究证伪，不过在清末民初却有着一定的市场。郭沫若引用的"拉枯逋里氏"，今译拉克伯里（Terrien De Lacouperie），1894 年在其著作《中国上古文明的西方起源》中论述说，两河流域的 Nakhunte 带领"Bak 族"来到黄河上游，这是中国文明的源头。刘师培、章太炎、黄节等国粹学派人士都曾固信不疑，有人也

---

① 　郭沫若：《同文同种辨》，《黑潮》1919 年第 1 卷第 2 期。

在《国粹学报》上发表了类似之说。①郭沫若曾是《国粹学报》的忠实读者，应是受了此说不小的影响。他出于民族主义的情绪，为了论证一个自己已经认定的结论，在使用史料时是比较随意和生搬硬套的。值得肯定的是，这是郭沫若第一次运用文献学、音韵学等方法研究撰写的文章，可被视为他最早的"学术研究"。

1921年，郭沫若作《日本之煤铁问题》，撰文的起因是他在《大阪朝日新闻》看到日本八幡制铁所长官白仁武的一篇题为《我制铁业之将来》的讲话，其内容大意为：日本所需的原料全部有赖于中国，要在英美投资之前研究对中国的投资。郭沫若读后受到了很大的刺激，于是提笔撰文来警醒国人。他认为日本军国主义以及世界战乱的根源都在于煤铁问题，帝国主义猖獗的帮凶——武装、兵器和经济都依赖于煤铁，"煤铁是军国主义底双轮，煤铁亦是平和生活底两翼"。据他考察，日本所需的煤铁逐年增加，但其本国矿产有限，如八幡制铁所等钢铁厂的煤铁原料都来源于中国。"日本人煤铁既不足，军国主义之梦犹未醒，就对中国磨刀而向。"大资本家安川敬一郎、松本健次郎，工学士石川成章、石渡信太郎等都有此类言论。郭沫若号召中国人不要做守财奴，矿藏应当由中国人自己去挖，这样"日本的军阀主义自会倒产，东亚底平和自有确立之一日"②。

至此我们看到，郭沫若在留日十年中彻底形成了爱国主义的人生基调。他在《炉中煤——眷念祖国的情绪》中将祖国比作女郎，对于所爱的祖国（女郎）他吟咏道："啊，我年青的女郎！我自从重见天光，我时常思念我的故乡，我为我心爱的人儿，燃到了这般模样！"③后来他充满温情地回忆说，"五四"以后的中国，就像一位"葱俊的有进取气象"的姑娘，"简直就和我的爱人一样"。他的《凤凰涅槃》象征着中国的再

---

① 孙江：《拉克伯里"中国文明西来"说在东亚的传布与文本之比较》，《历史研究》2010年第1期。

② 郭沫若：《日本之煤铁问题》，《少年世界》1921年4月增刊日本号。

③ 郭沫若：《炉中煤——眷念祖国的情绪》，《女神》，泰东图书局1921年版，第87—88页。

生，而《炉中煤》便是对于祖国的恋歌。[①]同时，与少年时期和初到日本参加学潮时的随波逐流式的爱国情感不同，他逐渐开始诉诸理性与研究，用社会分析、历史考证的方法来论证自己的观点，俨然已具备了一个学者的初步素养。可以认为，这种蜕变与其留日的经历密不可分。

二 精神生活的"导师"

在郭沫若的留学生涯中，不仅爱国主义的人生基调得到了升华，其精神生活也得到极大的发展。相较于人生前 20 年受到中国传统文化的熏陶，东洋十年带给他的更多的是新知新学，这种新学并非简单的世界局势或者工具性的科学知识，而是各种哲学和思想，其中有几位精神"导师"的影响尤为突出。

王阳明

1915 年郭沫若从东京第一高等学校毕业时，得了重度神经衰弱症，心悸、胸痛，头脑昏聩，睡眠不安，他每天只能睡三四个小时，记忆力严重衰退，甚至产生了自杀的念头。患病的原因既有来自学业上的压力，也有客居异乡的悲苦，"临到这样对于精神修养的必要的呼声，才从我灵魂深处呼喊了出来"[②]。

郭沫若是在这样身心糟糕的状态下"遇到"了王阳明。当年 9 月，他买到一部《王文成公全集》并开始诵读，还萌生出了静坐的想法。之后又买到一本《冈田式静坐法》，便依法开始静坐，每日早晚各三十分钟，并读《王文成公全集》十页。坚持了两周之后，他的睡眠时间延长了，睡眠质量提高，心脏的疾病也得到缓解。尽管两年之后，他就把《王文成公全集》转赠给了他人，但静坐的工夫仍坚持了下去，使得他的身体状况保持了健康。

---

① 郭沫若：《创造十年》，《郭沫若全集·文学编》第 12 卷，第 73 页。

② 郭沫若：《伟大的精神生活者王阳明》，《文艺论集》，光华书局 1925 年版，第 69 页。该文作于 1924 年 6 月，是郭沫若为泰东图书局 1925 年版《阳明全集》所作的序言，又收入光华书局 1925 年版《文艺论集》。后收入《沫若文集》时，改题为《王阳明礼赞》，内容有较大的改动。

王阳明对他还有更重要的一种影响，那便是精神上的引导。郭沫若用了一段奇幻的比喻来形容："在我的精神上更使我澈悟了一个奇异的世界。从前在我眼前的世界只是死的平面画，到这时候才活了起来，才成了立体，我能看得它如像水晶石一样澈底玲珑。"①郭沫若承认，自己对于王阳明的生平和学问并不曾进行过系统、精细的分析研究。因此，王阳明对于他更多的是具有"引路"的作用。

因为喜爱读这种哲学，郭沫若被引导走近了老子、孔门哲学、印度哲学以及欧洲大陆唯心派哲学家，尤其是斯宾诺莎。而对于素来喜欢的庄子，他更是"看透他了，我知道'道'是什么，'化'是什么了"②。庄子与王阳明，不止一次地被郭沫若相提并论，二十年后他还记得"在少年时所爱读的《庄子》里面发现出了洞辟一切的光辉，更进而开始了对于王阳明的礼赞，学习静坐"③。

1916年郭沫若曾因研究王阳明而关注到其同乡朱舜水，方知前一年就读的东京一高里有他的墓，于是在暑假的时候到一高凭吊。④年底他在家书中也提及了王阳明："阳明先生学行万古，忠孝两全，男则内怀多疚，徒自媿汗已耳！"⑤

如上所述，王阳明"静坐法"解决了他的失眠和神经衰弱，其思想又引导了郭沫若对各类哲学的兴趣。但值得注意的是，郭沫若在另一处记述了一段颇为矛盾的回忆，表明在1916—1917年时他在精神上仍沉浸在苦闷之中，王阳明并没有能解决郭沫若自己的问题。他说，"民国五六年的时候正是我最彷徨不定而且最危险的时候。有时候想去自杀，有时候又想去当和尚。每天只把庄子和王阳明和《新旧约全书》当做日课诵读，清早和晚上又要静坐"，他常对自己发出质问，是肯定一切的本能来

---

① 　郭沫若:《伟大的精神生活者王阳明》，《文艺论集》，第70页。

② 　郭沫若:《伟大的精神生活者王阳明》，《文艺论集》，第70页。

③ 　郭沫若:《我的作诗的经过》，《郭沫若全集·文学编》第16卷，人民文学出版社1989年版，第213页。

④ 　郭沫若:《自然底追怀》，《时事新报》1934年3月4日。

⑤ 　《郭沫若致父母函》（1916年12月27日），唐明中、黄高斌编注《樱花书简》，第106页。

执着这个世界呢，还是否定一切的本能去追求那个世界？ ① 这是颇有一些
"to be or not to be" 意味的灵魂拷问，体现出了他的煎熬。此时，也正是
他读泰戈尔的时候，尽管泰戈尔也并不能完全回答他的问题。

泰戈尔

　　郭沫若在刚到日本的 1914 年便知道泰戈尔的名字，当时在日本正
流行泰戈尔"热"。1915 年上半年，与他同住的一位亲戚某日从学校拿
回几张英文的课外读物，题目是 "Baby's Way" "Clouds and Waves"，
郭沫若读后非常惊异，觉得："第一是诗的容易懂；第二是诗的散文式；
第三是诗的清新隽永。"② 因为泰戈尔的诗集非常受欢迎，一出版就脱销，
郭沫若直到 1916 年才买到一部《新月集》，他心中竟然像小孩子得到
画报一样快乐。同年秋，他在冈山图书馆发现了泰戈尔的作品，如同获
得了新的生命一般，每日捧书默诵，有时还一边流泪一边暗记。后来他
在回忆中记述了所读的作品名称，有《葛檀伽里》《园丁集》《暗室王》
《吉檀伽利》《爱人的赠品》《暗室王》等。

　　泰戈尔在两个方面对郭沫若有重大影响。第一，泰戈尔对其诗歌创
作的直接影响。郭沫若新诗的风格有这样一种演变："五四"以前是清
淡、简短的泰戈尔式，"五四"时期是豪放、粗暴的惠特曼式，再到歌
德式的韵文。郭沫若自称作诗"先受了太戈尔诸人的影响力主冲淡，后
来又受了惠特曼的影响才奔放起来的"③ 。而他本来就喜欢冲淡类型的诗
歌，如陶渊明、王维等，喜爱泰戈尔是符合郭沫若个人一贯的口味的。

　　第二，泰戈尔是郭沫若泛神论思想的最早来源。郭沫若的泛神论
思想来源并不是单一的，而泰戈尔是其源头。1916 年泰戈尔访问日本，
郭沫若在日本刊物上读到他的演讲《从印度带去的使命》，感到他的思
想"是一种泛神论的思想"。郭沫若除了受到泰戈尔"梵""我""爱"

---

① 　郭沫若：《太戈儿来华的我见》，《郭沫若全集·文学编》第 15 卷，第 270 页。郭沫若曾使用
　　"太戈儿""太戈尔""泰戈尔"几种译名，今在引文之外一律作"泰戈尔"。
② 　郭沫若：《太戈儿来华的我见》，《郭沫若全集·文学编》第 15 卷，第 269 页。这两首诗均出
　　自泰戈尔的《新月集》。
③ 　郭沫若：《我的作诗的经过》，《郭沫若全集·文学编》第 16 卷，第 220 页。

思想的影响外，他还通过阅读泰戈尔所编的"伽比尔百吟"认识了古印度诗人伽比尔（Kabir），并开始阅读《奥义书》。

1917年，即将迎来第一个孩子诞生的郭沫若被"面包"所困。他从泰戈尔的《新月集》《园丁集》《曷檀伽里》中选取了若干篇，翻译出了一部《太戈儿诗选》，然而当时泰戈尔在国内还不算热门的诗人，商务印书馆、中华书局都拒绝了郭沫若。郭沫若自嘲道这是"向我精神上的先生太戈儿求过点物质的帮助"①，译稿遭拒后，郭沫若对泰戈尔也有了疏离，他和泰戈尔在精神上的连络从此便遭到了打击。于是听闻泰戈尔将于1924年访华时，郭沫若早已不会有兴奋雀跃的情绪，而是用批判的眼光对他的诗与思想进行评述了。郭沫若形容道，近年频繁邀请外国名人来华讲演，好似乡下请神办神会，神走了只留几张符箓。请神的赚够了，国人却并未对该名人的思想有什么深刻的研究，只是一种虚荣的偶像崇拜罢了。

歌德

与前面两位"导师"相比，郭沫若在一生中与歌德的接近更加长久。最早，歌德似乎是接了泰戈尔的"班"，将郭沫若的精神生活充盈了起来。1917年下半年，学校的德文课教材便是歌德的自传《创作与真实》②，而歌德作品中的泛神论倾向也果然吸引着郭沫若。他曾在给宗白华的信中说："哥德底宇宙观和人生观我虽不曾加以精密的分析，具体的研究，可是我想他确是个 Pantheist。"③

1919年的夏天，郭沫若开始翻译《浮士德》，最初的译文是《浮士德》中的一段述怀，以《Faust 钞译》为题目发表于《时事新报》。郭沫若一生译作颇丰，据统计其译诗有238首，其中所译歌德的诗作就有29首。④郭沫若虽然先着手翻译《浮士德》，但先出版的是歌德的另一

---

①　郭沫若：《太戈儿来华的我见》，《郭沫若全集·文学编》第15卷，第271页。

②　现通译名《诗与真》。

③　《郭沫若致宗白华函》（1920年1月18日），田寿昌、宗白华、郭沫若《三叶集》，亚东图书馆1920年版，第17页。

④　俞森林、傅勇林、王维民：《郭沫若译著详考》，《郭沫若学刊》2008年第4期。

部名著《少年维特之烦恼》，该书 1922 年由上海泰东图书局初版后大受欢迎，在新中国成立之前，再版的出版社就有创造社出版部、上海现代书局、群益出版社、天下书店和激流书局 5 家。郭沫若所译《浮士德》于 1928 年初版，新中国成立之前有 3 家出版社再版。1942 年郭沫若翻译的《赫曼与窦绿苔》也出版了单行本，此外 1931 年他还译完了歌德自传，译名为"真实与诗艺"，遗憾的是保存于上海商务印书馆的译稿不幸被焚毁，未能出版。

郭沫若翻译歌德作品不仅是出于感情上的喜爱，更是对其作品价值的肯定。例如，他针对沈雁冰（茅盾）所说翻译《浮士德》并不是"现在切要的事"，写作了《论文学的研究与介绍》，认为《浮士德》作为文学杰作是有"永恒生命的"①。他在翻译的过程中与歌德有着相当的共鸣，如其"主情主义"（感伤主义）、"泛神思想""赞美自然""景仰原始生活"等。② 在歌德逝世 90 周年之际，郭沫若还陈述了他对自然科学的贡献，认为其"科学上之发现乐与文艺上之创作乐，并一身而兼两之，吾人不能不敬仰歌德之天才，吾人不能不羡慕歌德之幸福"③。

阅读与翻译歌德对郭沫若产生了影响，然而当他后来自述这种影响时，却与留日时的崇敬心情截然不同。例如他认为受歌德对自己诗歌创作的影响是很不好的，自己失去了惠特曼式的热情，成了"韵文的游戏者"④。1936 年，蒲风采访郭沫若时曾询问他是否最受歌德的影响。郭沫若答曰"歌德对我的影响实在不见得多，说我最受他的影响，恐是由于我翻译过了他的《浮士德》,因而误会"⑤。这是因为郭沫若对歌德的认识也发生了改变，然而与最终抛却泰戈尔不同，他对歌德从崇敬到批判，后来又回归了相对客观的评价。例如，1941 年他曾为"歌德晚会"题词说：

---

① 　郭沫若：《论文学的研究与介绍》,《郭沫若全集·文学编》第 15 卷，第 262 页。
② 　郭沫若：《〈少年维特之烦恼〉序引》,《郭沫若全集·文学编》第 15 卷，第 310—313 页。
③ 　郭沫若：《歌德对于自然科学之贡献》,《时事新报·学灯》1922 年 3 月 23 日。
④ 　郭沫若：《创造十年》,《郭沫若全集·文学编》第 12 卷，第 77 页。
⑤ 　《郭沫若诗作谈》,《现世界》1936 年创刊号。

　　歌德的才智发展是多方面的，他不仅是文学家，而同时是政治家、科学家、思想家，在自然科学方面，他是进化论的前驱，他在人体解剖上曾经有所发现，在色彩学中有独到的研究，作为文学家时，他是德意志近代文学的开山祖，他的诗歌有好些是不朽的，他在文学中也是多方面的，不过他的小说和剧曲，用现代的眼光看来，不免是过去了，他值得我们学习的是他不断的努力，和健全的博爱思想。①

　　再回到留日时期，歌德在精神上最直接的导向是将郭沫若引到"歌德最崇拜的斯宾诺莎"，郭沫若因此走向了泛神论"哲学"。

斯宾诺莎与泛神论

　　受歌德影响，郭沫若开始阅读斯宾诺莎，与前述三者不同的是，虽然斯宾诺莎的作品是更加系统性的哲学，但郭沫若并未留下对其专门性的研究和评述文章。郭沫若读过斯宾诺莎《伦理学》《论神学与政治》《理智之世界改造》②，将其与庄子、伽比尔一起赞美③，称他的哲学"在苏俄给予了新的评价，他的思想是黑格尔、马克思的先导"④。

　　郭沫若 1941 年在《五十年简谱》中曾回忆，1915 年自己"与王阳明及斯宾诺沙之思想有深契之接近"⑤。但他又多次在其他文字中提到"我由歌德又认识了斯宾诺莎"⑥，"因此我便和欧洲的大哲学家斯宾那沙（Spinoza）的著作，德国大诗人歌德的诗，接近了"⑦，"在西洋是崇拜着斯宾诺莎与歌德等"⑧。除了《五十年简谱》，并没有他在 1915 年就阅读斯宾诺莎的第二种自述，可见其的确是 1917 之后被歌德引向了斯宾诺

①　郭沫若演讲，爱兰记录：《关于歌德》，《诗创作》1942 年第 16 期。
②　郭沫若：《创造十年》，《郭沫若全集·文学编》第 12 卷，第 67 页。
③　郭沫若：《三个泛神论者》，《女神》，第 103—104 页。
④　《郭沫若诗作谈》，《现世界》1936 年创刊号。
⑤　郭沫若：《五十年简谱》，《郭沫若全集·文学编》第 14 卷，人民文学出版社 1992 年版，第 545 页。
⑥　郭沫若：《创造十年》，《郭沫若全集·文学编》第 12 卷，第 66—67 页。
⑦　郭沫若：《我的作诗的经过》，《郭沫若全集·文学编》第 16 卷，第 216 页。
⑧　郭沫若：《自然底追怀》，《时事新报》1934 年 3 月 4 日。

莎。那么为何他误记为1915年？可能的一种解释是，留学时期作为一个整体，给20多年后的郭沫若留下最深刻印象的就是以斯宾诺莎为代表的泛神论。哪位导师在先，又引向了哪位导师并不十分重要，重要的是这一时期处于泛神论的笼罩之下。

根据郭沫若的相关叙述，留日阶段他的精神生活受到上述"导师"的影响，总结来说实际的顺序大约是：他于1915年开始读王阳明，而后投入泰戈尔的怀抱，1917年下半年开始接近歌德，并因此阅读了斯宾诺莎。泰戈尔、歌德和斯宾诺莎的共通之处便是泛神论，或者说郭沫若本来便有泛神论的倾向，因此才被他们吸引。进而郭沫若再发现了庄子，将泛神论与庄子、老子和孔子印证起来，开启了他最早的诸子研究。

三　新文化与创造

五四新文化运动

在郭沫若远离祖国之时，中国发生了近代以来，辛亥革命之后最伟大的变革之一——五四新文化运动，其广义的时间范围始于1915年陈独秀创办《青年杂志》（后改名《新青年》），止于1923年"科学与玄学"论争，是一场几乎与郭沫若留日同期的思想、文化与文学革命。

然而受限于在国外的条件，郭沫若在日本时并未读过《新青年》，当胡适等人在该杂志上提倡并发表白话诗时，郭沫若仅仅是听过其名声，却不曾见过原文，直到1920年回国在上海才首次与《新青年》"见面"①。新文化运动时期的各种报章杂志，郭沫若只阅读《时事新报》，其副刊《学灯》是他的最爱，几乎要与其"相依为命"了②。可以说，他并没有享用前期新文化运动的"果实"，既没有被其成就所滋养，也没有被其激进所影响。

1919年，陈独秀为《新青年》辩护道："本志同人本来无罪，只因

---

① 郭沫若：《我的作诗的经过》，《郭沫若全集·文学编》第16卷，第214页。
② 《郭沫若致宗白华函》（1920年1月18日），田寿昌、宗白华、郭沫若《三叶集》，第20页。

为拥护那德莫克拉西（Democracy）和赛因斯（Science）两位先生，才犯了这几条滔天的大罪。要拥护那德先生，便不得不反对孔教、礼法、贞节、旧伦理、旧政治。要拥护那赛先生，便不得不反对旧艺术、旧宗教。要拥护德先生又要拥护赛先生，便不得不反对国粹和旧文学。"① 这便是新文化运动的著名口号"科学与民主"，此处也道出了其内在要求，即反对孔教、反对国粹、提倡文学革命，反对旧文学乃至旧的一切。

远离"新文化"影响的郭沫若，在当时并未激烈地反对孔子与儒家、反对国粹，反而在泛神论的影响下对老庄和孔子愈发接近。若干年后，郭沫若曾以专文回顾说："《新青年》所尊崇的两位导师：一位是德先生的'德谟克拉西'（民主），其它一位是赛先生的'赛因士'（科学）。这德、赛二先生正是近代资本社会的二大明神。德先生的德业是在个权的尊重，万民的平等；赛先生的精神是在传统的打破，思索的自由，更简切了当的说，《新青年》的精神仍不外是在鼓吹自由平等。"② 对于彼时已信奉马克思主义的郭沫若来说，这种精神是资产阶级革命的内容，是受到帝国主义束缚的"三寸侏儒"，而对于留日时期的郭沫若来说，他并未受到其多深的影响，从日后他累次的回忆来看，此时对于他最重要的依然是泛神论。

五四新文化时期，"从新实在论到尼采主义、国家主义，从柏格森、倭铿、杜里舒以及康德的先验主义到马赫、孔德以及英美经验主义、实验主义，从资产阶级启蒙时代的民主主义、自由主义、个人主义、人文主义到旨在救治资本主义社会弊端的社会主义学说，都曾化为众多中国人的言谈和文章。"③ 对于这些被五四人拿来作为新文化对抗旧传统的西方思潮，郭沫若仅对尼采和柏格森有过阅读。他最早读尼采作品是在冈山六高时期的冈山图书馆，1919 年在《匪徒颂》中提及，1923 年翻译了《查拉图斯特拉如是说》（郭译名《查拉图司屈拉》），后于 1928 年出版。1920 年前后郭沫若曾研读过柏格森的《创造进化论》，次年在给郑

---

① 陈独秀：《本志罪案之答辩书》，《新青年》1919 年第 6 卷第 1 号。
② 郭沫若：《文学革命之回顾》，《郭沫若全集·文学编》第 16 卷，第 91—92 页。
③ 陈旭麓：《近代中国社会的新陈代谢》，上海社会科学院出版社 2006 年版，第 408 页。

振铎的一封信中提过其名。他最后转向了社会主义、马克思主义思想，这是他与中国社会共同完成的历史选择。

对于五四新文化运动，郭沫若并不是吸收者，而是独立一隅的创造者，他个人的创造以及他创建的组织在文坛异军突起，成为新文化运动后期的代表。

创造力的迸发

留日初期如饥似渴地阅读泰戈尔，使郭沫若接触并学习了其诗歌的形式。1916 年，郭沫若开始写作白话文诗歌，创造力的源泉是与安娜的爱情："《女神》中所收的《新月与白云》《死的诱惑》《别离》《维奴司》，都是先先后后为她而作的。"①1918 年，郭沫若在上解剖课的时候获得了灵感，有了最初的创作欲望，构思了一篇渔师与女尸的故事，题为《骷髅》，他将这篇得意之作寄给了东方杂志社，然而却石沉大海。

1919 年，郭沫若等人运作夏社时需要阅读大量报纸，国内报纸订阅的是上海《时事新报》，直到 9 月收到国内寄来的报纸，郭沫若才第一次见到中国的白话诗歌，他暗暗惊异："这就是中国的新诗吗？那吗我从前做过的一些诗也未尝不可发表了"②。于是他将诗作投稿到《时事新报》的副刊《学灯》，受到编辑宗白华的赏识，接连发表了多篇诗歌，一个震惊国内文坛的诗人诞生了，取自家乡两条河的笔名"沫若"也响彻开来。

那一段时间郭沫若几乎每日都有诗的灵感袭来，他最著名的《凤凰涅槃》《天狗》等狂放风格的诗作，十分符合五四"暴飙突进"的精神，反而与郭沫若自己原本喜爱的清淡型诗歌不同。郭沫若认为《凤凰涅槃》象征着中国的再生，同时也是他自己的再生。1921 年 8 月，他的第一部诗集《女神》问世，1923 年又出版诗歌散文集《星空》，《女神》成为中国新诗的奠基之作。

个人创造力的爆发带给他名誉，也唤起了他曾经被退稿打击的自

---

① 　郭沫若：《我的作诗的经过》，《郭沫若全集·文学编》第 16 卷，第 213 页。

② 　郭沫若：《创造十年》，《郭沫若全集·文学编》第 12 卷，第 64 页。

信，早些时候曾萌生的一个念头有了实现的基础。1918 年，郭沫若偶遇东京一高的同学张资平，两人闲谈间说到国内的杂志，张资平认为《新青年》差强人意，仅仅刊登一些启蒙的"普通文章"，《学艺》杂志又过于专门与复杂，总体上国内的杂志内容混杂，缺乏浅显的科学刊物以及纯文学杂志。这正中郭沫若之意，他表示自己早就想创办一种白话文的纯文学杂志，二人随即开始思考人选，最后数出四人——郭沫若、张资平、郁达夫、成仿吾。这场谈话到此为止，却在郭沫若心里埋下了种子，在回忆创造社历史时，将其作为最早的孕育期。

1920 年，成仿吾在给郭沫若的信件中评论了时下的新文化运动形势，认为国内的杂志"几乎把鼓吹的力都消尽了"，若不力挽狂澜，顽固势力将再次嚣张，提出与郭沫若等人共同创办文学杂志的想法①。

1921 年，处于医学严重厌恶期的郭沫若与同样因学业与文学道路冲突的成仿吾约好回国，二人于 4 月 3 日抵达上海。此次回国收获颇丰，郭沫若等面见了上海泰东图书局经理赵南公，与其商议出版《创造》季刊事宜。同年 9 月，郁达夫所拟的《纯文学季刊〈创造〉出版预告》发表于上海《时事新报》，共同署名者有田汉、成仿吾、郁达夫、郭沫若、张资平、郑伯奇、穆木天。《预告》向国内文坛发起宣言：

> 自文化运动发生后，我国新文艺为一二偶像所垄断，以致艺术之新兴气运，渐灭将尽。创造社同人奋然兴起打破社会因袭，主张艺术独立，愿与天下之无名作家共兴起而造成中国未来之国民文学。②

《创造》季刊于 1922 年 5 月出版第 1 期，发表了郭沫若的一首新诗，赞美了古今中外伟大的文学"创造者"们是永不磨灭的太阳，幻想盘古如何创造出光明的世界，结尾他高歌道："我要高赞这最初的婴儿，

---

① 《郭沫若致田汉函》(1921 年 1 月 18 日)，《沫若书信集》，泰东图书局 1933 年版，第 108 页。
② 郁达夫：《纯文学季刊〈创造〉出版预告》，《郁达夫文集》第 12 卷，花城出版社 1981 年版，第 230 页。

我要高赞这开辟鸿荒的大我"①,这首诗便是他对自己与同仁们的《创造》季刊和创造社的赞歌。

经过早年中国传统文化熏陶的郭沫若具有相当的国学素养，同时天性中的求知欲促使他通过自己的学习和探索，吸收了"泛神论"新学。他的留日生涯激发并巩固了他的爱国情怀，并且使之理性化和现实化。这种人生的基调终其一生伴随着他，无论他的思想和行为走向何处，解决中国的社会问题、唤醒中国的文化自信都是郭沫若做出人生选择的主要动力。在留学时期，受到爱国主义与泛神论的影响，郭沫若的思想生产逐渐从浪漫主义的文学创作向学术领域延伸，其真正意义上的最早的学术研究是 1921 年的《我国思想史上之澎湃城》，他试图使用泛神论的方法来解析中国思想文化的根源——从上古思想到先秦诸子，其目的无疑也是为了发掘中国固有文化的精华。

---

① 　郭沫若:《创造者》,《郭沫若全集·文学编》第 5 卷，人民文学出版社 1984 年版，第 405 页。

第二章 研究的选择与转向

第一节 泛神论影响下的早期观点

一 郭沫若与泛神论

两种来源和一种"再发现"的泛神论

郭沫若曾多次谈及留日时期个人的思想状况，虽然他有时对时间的记忆不清，但至少其泛神论的来源路径是明晰的。郭沫若的泛神论思想有前后两种来源——由泰戈尔上溯到《奥义书》的印度泛神论和由歌德上溯到斯宾诺莎的西方泛神论，郭沫若由此"再发现"了以庄子为代表的中国传统思想中的泛神论。1936 年，他谈及泛神论时说："我在未转换前（一九二四年前），在思想上是接受泛神论，喜欢庄子，喜欢印度的佛教以前的优婆尼塞图的思想，喜欢西洋哲学家斯皮诺若（Spinoza）的。"①此处三个关键词便是庄子、优婆尼塞图（《奥义书》）和斯宾诺莎。

以下是他更详细一些的回忆：

> 因为喜欢太戈尔，又因为喜欢歌德，便和哲学上的泛神论(Pantheism) 的思想接近了。——或者可以说我本来是有些泛神论

---

① 《郭沫若诗作谈》，《现世界》1936 年创刊号。"优婆尼塞图"与下面引文中的"乌邦尼塞德"，即《奥义书》。

的倾向，所以才特别喜欢有那些倾向的诗人的。我由太戈尔的诗认识了印度古诗人伽毕尔 (Kabir)，接近了印度古代的《乌邦尼塞德》（Upanisad）的思想。我由歌德又认识了斯宾诺莎（Spinoza），关于斯宾诺莎的著书，如象他的《伦理学》《论神学与政治》《理智之世界改造》等，我直接间接地读了不少。和国外的泛神论思想一接近，便又把少年时分所喜欢的《庄子》再发现了。①

郭沫若使用的泛神论 "Pantheism" 是西方哲学专有名词，最早使用这一概念的是英国思想家约翰·托兰德（John Toland，1670—1722），其《泛神论要义》出版于 1720 年。广义的泛神论指如下的一种思想：宇宙本身具有神性，神存在于宇宙中一切事物之中，宇宙中一切事物俱为神，个体包括"我们"都是宇宙整体的一部分。

印度泛神论

郭沫若最先接受的是由泰戈尔上溯的古代印度思想，这种思想并不自称"泛神论"，但因其与广义的泛神论内涵有相印之处，至今也被归为是"泛神论"的。

印度后期吠陀时代（约公元前 1000—前 600 年）形成的婆罗门教文献中，其中一类是《奥义书》（Upanisad），该词从 upa-ni-sad 引申而来，意为"坐在某人身边"。《奥义书》现存约 200 种，最古老的且重要的有 5 种：《歌者奥义》《广林奥义》《他氏奥义》《乔尸多基奥义》《鹧鸪氏奥义》，其余较重要的还有八种，合称"十三奥义书"。②

《奥义书》的哲学思想对后世印度哲学与文化产生了极大影响，因为种类多、成书时间不一，所以其思想总体是庞杂的，大致可归纳为：第一，"创世说"，即神在创造世界的过程中，与万物合一；第二，"梵与我"理论。"梵"是"主宰""最高实在""哲学的本体"，梵无所不在。"我"指个体灵魂，与"梵"等同起来。《奥义书》中常有"我是

---

① 郭沫若：《创造十年》，《郭沫若全集·文学编》第 12 卷，第 66—67 页。

② 尚会鹏：《印度文化史》，浙江大学出版社 2016 年第 3 版，第 67 页。

梵"的说法，人生最大的追求是梵与我的合一。①

　　神与万物合一、"梵"无处不在、"我"的个体灵魂与"梵"等同，这些思想显然与广义的"泛神论"相通。《奥义书》对泰戈尔产生了巨大影响。季羡林先生说："古今东西世界上各种主要思想几乎都对他（泰戈尔）发生了影响。但是其中也并不是没有线索可追寻，没有纲领可提挈。这个线索和纲领我觉得就是从《梨俱吠陀》一直到奥义书和吠檀多印度所固有的一种泛神论的思想。"他将这种泛神论思想总结为"宇宙万有，本是同体；名色纷杂，胥归于一。"即"梵"是宇宙万有的统一体和本质，人与"梵"是统一体。②

　　泰戈尔"泛神论"思想集中反映在他的《吉檀迦利》中，诗人凭此获得诺贝尔文学奖，这部作品本身就是他对神的献祭，表达出十分的虔敬与热忱。多数时候，泰戈尔用第二人称的"你"呼唤"神"，有时又称其为"万王之王""主"。神就是万物，万物是神的分身："你在你自身里立起隔栏，用无数不同的音调来呼唤你的分身"；神的万物分身又与"我"同体，"你的分身已在我体内成形。"梵我合一之后，"只要我一息尚存，我就称你为我的一切。只要我一诚不灭，我就感觉到你在我的四围，任何事情，我都来请教你，任何时候都把我的爱献上给你。"③

　　郭沫若在泰戈尔1916年访日时便意识到，后者的思想是"泛神论的"，他认为这种泛神论是将印度传统思想披上了西式外衣，他将泰戈尔的思想精确地概括为"'梵'的现实，'我'的尊严，'爱'的福音"，这也是古印度婆罗门教从《奥义书》以来哲学思想的影响，这种思想可以总结为："梵天 (Brahma) 是万汇的一元，宇宙是梵天的实现，因之乎生出一种对于故乡的爱心，而成梵我一如的究竟。"④

　　郭沫若不但准确把握了"印度泛神论"的精髓，也看到了泰戈尔经

---

① 尚会鹏：《印度文化史》，第76—82页。

② 季羡林：《泰戈尔的生平、思想和创作》，《社会科学战线》1981年第2期。

③ ［印度］泰戈尔：《吉檀迦利》，《吉檀迦利　园丁集》，冰心译，四川文艺出版社2017年版，第36、78页。

④ 郭沫若：《太戈儿来华的我见》，《郭沫若全集·文学编》第15卷，第271页。

41

过西方思想熏陶后发展出的与古印度消极思想不同的一面，即"爱"。泰戈尔将爱与近现代的自由观与人性论联系起来："人在本质上既不是他自己的，也不是世界的奴隶，而是爱者，人类的自由和人性的完成都在于'爱'。"[①]

泰戈尔从《奥义书》的泛神论中获得的是宁静，他感悟到人与自然的关系："奥义书将获得人生目的的人们描写为'宁静的人''与神合一的人'的原因，这意味着他们生活在人和大自然的完全和谐中，因此，也生活在不受任何干扰的与神的统一中。"[②]这种宁静清淡的风格和对自然的赞美也被郭沫若在作品中继承。

西方泛神论

虽然 Pantheism 的观念最早为英国人托兰德所确立，但各类哲学辞典或西方哲学史讲到"泛神论"时首先提到的一定是荷兰人斯宾诺莎。海涅曾有名言道："所有我们今天的哲学家都是透过巴鲁赫·斯宾诺莎磨制的镜片在观看世界，也许他们常常并不知道这一点。"[③]托兰德在斯宾诺莎之后，后者不可能以泛神论者自居，他的哲学是对当时宗教神学的一种反叛，有人指责其为无神论者，其思想直到后世才被定义为泛神论，本人也被奉为泛神论者的代表。

斯宾诺莎作有《伦理学》《神学政治论》《知性改进论》和《政治论》等（郭沫若读过前3部），《伦理学》在其去世后出版，是其哲学思想的集大成之作。该书提出"神即实体"，神具有无限多的属性，一切存在的东西都存在于神之内，神是"万物的内因"而非外因。因此"意志不能说是自由因，只能说是必然的"，"万物都预先为神所决定"，强调决定论。[④]进而在伦理学上，如果承认一切都是非偶然的、被决定的，那么就必须承认邪恶也是宇宙计划的一部分。《伦理学》运用的是"命

---

① ［印度］泰戈尔：《人的亲证》，商务印书馆 2017 年版，第 9 页。

② ［印度］泰戈尔：《人的亲证》，第 9 页。

③ ［德］海涅：《论浪漫派》，《海涅全集》第 8 卷，河北教育出版社 2003 年版，第 96 页。

④ ［荷］斯宾诺莎：《伦理学》，商务印书馆 1997 年版，第 31、36 页。

题""证明"的几何学或者逻辑推理，斯宾诺莎的思想完全基于理性而非感情，他希望理性战胜感情。但"后来的浪漫派泛神论者倾向于从他身上读解出一种神秘的自然崇拜"①，反而偏离了他的精神。关于斯宾诺莎，郭沫若的理解也偏向于非理性，1920 年他引用霍夫丁的评述说"司皮诺志的 Ethik，我记得好象是 Hoffding 底《近代哲学史》底评语，说他是一部艺术的作品，是一部 Drama"②，认为其《伦理学》体现了哲学家的诗性或文学性。

与兴盛于英国的自然神论相对的（强调上帝是创世者，是最早的动因，是世界理性等），"德国是泛神论最繁荣的土地；泛神论是我国最伟大的思想家们和最优秀的艺术家们的宗教"③。从莱辛、赫尔德到歌德，从费希特、谢林到黑格尔，他们都曾被称为泛神论者，其中很多人受到斯宾诺莎的影响，歌德便是陶醉于泛神论的浪漫主义作家代表之一。

歌德作有《斯宾诺莎研究》，他在自传中回顾自己"曾将一个卓越人物的存在和思想纳入我的精神生活之中，纵使不完不备，生吞活剥，但我从此已意识到受了很有力的感染。这个给我以决定性的影响，对于我的整个思想有那么大作用的伟人，就是斯宾诺莎。我找遍天下，想找寻一种足以教育自己的特异的个性的教材，而仍是徒劳之后，我终于得到他的《伦理学》了"④。歌德从《伦理学》中得到启发，接受了泛神论思想："事实是神性广布寰宇，无所不在，永恒的爱也就无处不显示出力量"⑤。斯宾诺莎的"调和一切"的宁静以及理性的方法，与歌德自身激昂的创造力是相对的，反而吸引了他的崇拜，使得相异的特质也能够结合在一处。

1922 年，郭沫若为其所译的《少年维特之烦恼》作序，谈到歌德

---

① ［美］斯特龙伯格:《西方现代思想史》，中央编译出版社 2004 年版，第 55 页。
② 《郭沫若致宗白华函》（1920 年 1 月 18 日），田寿昌、宗白华、郭沫若《三叶集》，第 17 页。"司皮诺志的 Ethik"即斯宾诺莎的《伦理学》，Hoffding 是丹麦哲学家哈格尔德·霍夫丁（Harald Hoffding）。
③ ［德］海涅:《论德国宗教和哲学的历史》，商务印书馆 2017 年版，第 77 页。
④ ［德］歌德:《歌德自传》，上海三联书店 1998 年版，第 670—671 页。
⑤ ［德］艾克曼记录:《歌德谈话录》第 2 卷，河北教育出版社 2015 年版，第 483 页。

的泛神论思想与自己共鸣，随后他写下了如下的文字，可被视为郭沫若关于"泛神论"最集中和重要的表述：

> 泛神便是无神。一切的自然只是神的表现，自我也只是神的表现。我即是神，一切自然都是自我的表现。人到无我的时候，与神合体，超绝时空，而等齐生死。人到一有我见的时候，只看见宇宙万汇和自我之外相，变灭无常而生生死存亡的悲感。万物必生必死，生不能自持，死亦不能自阻，所以只见得"天与地与在他们周围生动着的力，除是一个永远贪婪、永远反刍的怪物而外，不见有别的。"此力即是创生万汇的本源，即是宇宙意志，即是物自体（Ding an sich）。能与此力瞑合时，则只见其生而不见其死，只见其常而不见其变。体之周遭，随处都是乐园，随时都是天国，永恒之乐，溢满灵台。"在'无限'之前，在永恒的拥抱之中，我与你永在。"人之究竟，唯求此永恒之乐耳。欲求此永恒之乐，则先在忘我。忘我之方，歌德不求之于静，而求之于动。以狮子搏兔之力，以全身全灵以谋刹那之充实，自我之扩张，以全部精神以倾倒于一切！①

"泛神便是无神"，此处的"无神"的"神"可以理解为一神论意义的"上帝"，"泛神"之神不是一神论意义上的人格神。"一切的自然只是神的表现，自我也只是神的表现"便是广义泛神论所谓宇宙、自然中的一切俱是神，神在万物之中。"我即是神，一切自然都是自我的表现"，即"梵我同一"，即人与"梵"是统一体。这几句话反映出，郭沫若把握了印度和西方泛神论的精髓。

需要注意的是之后郭沫若恣意写下去的语句及其内涵，"人到无我的时候""等齐生死""万物必生必死，生不能自持，死亦不能自阻"等，这无疑是庄子之思想，可类比《庄子》之"非彼无我，非我无所取"（《庄子·齐物论》），"生也死之徒，死也生之始""若死生为徒，吾

---

① 郭沫若：《〈少年维特之烦恼〉序引》，《郭沫若全集·文学编》第15卷，第311—312页。

又何患，故万物一也"(《庄子·知北游》)等。可见，郭沫若不但在吸收泛神论后"再发现"了庄子，还把庄子思想也转化为个人的泛神论思想。他认为："庄子的思想一般地被认为虚无主义，但我觉得他是和斯宾诺莎最相近的。他把宇宙万汇认为是一个实在的本体之表现；人当体验这种本体，视万汇为一体，摒除个体的私欲私念；以此养生则能恬静，以此为政则无争乱。他倒可以说是一位宇宙主义者。"[①] 所谓宇宙万物是一个本体（近似"神"），万物为一体，生死相同，最后抛弃个体达到"忘我"的境地。

综上所述，在以上一段文字中，郭沫若不但表达出西方与印度泛神论的内容，还融入了庄子思想。1920 年他作的《三个泛神论者》，恰好倒叙地将泛神论的三个来源之代表者——庄子、斯宾诺莎、伽比尔[②] 描述出来：

（一）
我爱我国的庄子，
因为我爱他的 Pantheism，
因为我爱他是靠打草鞋吃饭的人。
（二）
我爱荷兰的 Spinoza，
因为我爱他的 Pantheism，
因为我爱他是靠磨镜片吃饭的人。
（三）
我爱印度的 Kabir，
因为我爱他的 Pantheism，
因为我爱他是靠编鱼网吃饭的人。[③]

---

① 郭沫若：《创造十年续编》，《郭沫若全集·文学编》第 12 卷，第 208 页。
② 伽比尔（Kabir，1440—1518），是印度宗教虔信派运动领袖，其思想融合了印度教与伊斯兰教苏菲派，认为宇宙最高主宰是"梵"，"世界上的各种现象和个体灵魂（我）都是从梵那里显现出来的"。冯契主编：《外国哲学大辞典》，上海辞书出版社 2008 年版，第 753 页。
③ 郭沫若：《三个泛神论者》，《女神》，第 103—104 页。

此外，从引文中可以看出，郭沫若还发展了自己的泛神论思想，强调一种"力"，认为力不但是"创生万汇的本源"，也是宇宙意志，是"物自体"。显然，此处的"力"是泛神论之"神"的延伸，而"物自体"则是康德在《纯粹理性批判》中使用的概念，表示独立于观察而存在的客体，郭沫若将其引入此处，又扩大了"力"的范围。我与"力"合一后，就能体验永恒之乐，这便是人生的目的。达到这样的目的的方法是"动"，是自我之扩张，要用精神倾注和压倒一切。

有学者认为郭沫若所谓的"力"是"生命之力"，受到了尼采、柏格森"生之哲学"的影响，不能算泛神论思想。① 但这正可说明郭沫若"泛神论"的芜杂性，除了以上三个被他认定的泛神论者的思想，郭沫若还吸收了佛教思想，上段引文中还有"灵台""变灭无常"等佛教词汇，此外还有已提及的康德"物自体"概念。郭沫若认为所谓"泛神论"思想"不独印度有，印度的太戈儿有，便是我们中国周秦之际和宋时的一部分学者，欧西的古代和中世的一部分思想家都有"②。他甚至也在李白那里"发现"了泛神论，认为其《日出入行》的"吾将囊括大块，浩然与溟涬同科"就是"我与天地并生，与万物为一""本体即神，神即万汇"③。

这种认识并不能说是郭沫若对泛神论的理解不透彻，而是"泛神论"概念演绎发展的"观念史"本身，就是一个由后起的概念统筹先前思想的过程。前述的斯宾诺莎被归为泛神论者便是这一过程的体现，又例如后世学者认为埃及宗教、婆罗门教、斯多葛主义、新柏拉图主义都可以用泛神论解释④。对于自己认为可以归于泛神论概念之下的各种观念，郭沫若均加以吸收并内化于己，形成了一种个人的泛神论思想，本身也符合这种思想史的模式。

---

① 陈晓春：《在"泛神论"的背后——郭沫若早期哲学思想再探》，《郭沫若学刊》1994年第3期。

② 郭沫若：《太戈儿来华的我见》，《郭沫若全集·文学编》第15卷，第271页。

③ 《郭沫若致宗白华函》（1920年1月18日），田寿昌、宗白华、郭沫若《三叶集》，第20页。

④ ［美］安娜－露西·诺顿主编：《哈金森思想辞典》，江苏人民出版社2006年版，第360页。

另外，由于泛神论的定义与内容本身的复杂含混，使得郭沫若的泛神论思想也具有芜杂、模糊和粗糙的特点，因此这一哲学在指导郭沫若思想时的作用是有限的，郭沫若由诗人、文学家走近泛神论，但并不能利用泛神论走入哲学研究，而是凭借对其感性的理解，将广义泛神论的精神表现在文学创作之中。

泛神论在文学创作中

据郭沫若回忆，他的伯乐宗白华当时也是倾向于泛神论的，这更加促成了他们在精神上的接近，宗白华常常写信让郭沫若作一些泛神论思想的诗。1920 年前后，宗白华在给郭沫若的信中提及"你是一个 Pantheist，我很赞成"①，说明郭沫若此前去信时说过自己是泛神论者。宗白华主张诗人的宇宙观有泛神论的必要，称自己准备作一篇《德国诗人哥德 Goethe 的人生观与宇宙观》，在其中说明诗人的宇宙观应当是泛神论的。他请郭沫若帮忙提供材料，再作几首诗以证明诗人与泛神论的关系。宗白华同样是歌德的崇拜者，他从后者处吸收了泛神论思想，同时也融合了中国思想，例如在《论〈世说新语〉和晋人的美》中，他认为晋人发现了自然与自己的深情，"扩而大之，体而深之，就能构成一种泛神论的宇宙观，作为艺术文学的基础"②。

1920 年 1 月 18 日，郭沫若给宗白华回复了一封长信，阐述了自己对作诗的理解。他说："我想诗人底心境譬如一湾清澄的海水，没有风的时候，便静止着如像一张明镜，宇宙万汇底印象都涵映着在里面；一有风的时候，便要翻波涌浪起来，宇宙万汇底印象都活动着在里面。"③所谓"风"便是诗人的直觉和灵感，加之想象和适当的文字，诗便成了。他对比了诗人和哲学家，认为前者是感情的宠儿，后者是理智的实干家，二者的共同点是都以宇宙万物为对象，以透视它们为己任。而哲学中的泛神论正是以理智为父、以情感为母的"宁馨儿"，趋向泛神论

① 《宗白华致郭沫若函》（无日期），田寿昌、宗白华、郭沫若《三叶集》，第 4 页。
② 宗白华：《论〈世说新语〉和晋人的美》，《艺境》，商务印书馆 2017 年版，第 158 页。
③ 《郭沫若致宗白华函》（1920 年 1 月 18 日），田寿昌、宗白华、郭沫若《三叶集》，第 7 页。

的哲学家将宇宙视为有生命的有机体，而拥有理智的诗人，正适宜以泛神论为宇宙观。

宗白华的复信中表达了对郭沫若极大的共鸣，宗白华说"我已从哲学中觉得宇宙的真相最好是用艺术表现，不是纯粹的名言所能写出的，所以我认将来最真确的哲学就是一首'宇宙诗'，我将来的事业也就是尽力加入做这首诗的一部分罢了"①。正是在这位拥有共同世界观的友人的鼓励下，郭沫若的诗歌创作步入了高产期，其诗集《女神》中还专门分出了一个"泛神论之什"的类别，收录了10首诗歌②。这一时期，他的作品在几个方面显示出泛神论的影响。

第一，广义泛神论内涵下的神、万物与个体。

《女神》的题名便是神，诗集中包含神的意向的还有希腊罗马多神教之"亚坡罗"（希腊太阳神阿波罗，见《日出》）、"Bacchus"（罗马酒神巴库斯，见《新阳关三叠》）、"Hygeia"（希腊健康女神许革亚，见《司健康的女神》）；也有抽象的、比喻意义上的神如"自由之神""死神"（《胜利的死》）等。

泛神论的要义"神即宇宙，神即万物""神我合一"在郭沫若的诗歌中有更多的体现，如《凤凰涅槃》中"一切的一，更生了。一的一切，更生了。我们便是他，他们便是我。我中也有你，你中也有我。我便是你。你便是我。"又如"地球，我的母亲！我想这宇宙中的一切都是你的化身"（《地球，我的母亲》），"你这如象'大宇宙意志'自身的头脑"（《电火光中》），"我赞美你！我赞美我自己！我赞美这自我表现的全宇宙的本体！还有什么你？还有什么我？"（《梅花》）。这是郭沫若文学作品中泛神论的表层呈现，而被其混杂化、模糊化的泛神论不只有这一种内涵。

郭沫若在《我是个偶像崇拜者》中列出了许多个对象作为"偶像"加以崇拜，其中有自然事物如太阳、山岳、海洋、水、火、火山，有

---

① 《宗白华致郭沫若函》（1920年1月30日），田寿昌、宗白华、郭沫若《三叶集》，第22页。
② "泛神论之什"有：《三个泛神论者》《电火光中》《地球，我的母亲》《雪朝》《登临》《光海》《梅花树下醉歌》《演奏会上》《夜步十里松原》《我是歌偶像崇拜者》。

人类的功业如苏彝士（苏伊士运河）、巴拿马运河、万里长城、金字塔，还有抽象的概念如生、死、光明，以及"创造的精神"和"力"。在郭沫若那里，"偶像"就是泛神论中的"神"，或者说宇宙的精神，它覆盖万物，尤其呈现在自然的伟大之中，也呈现在个体的精神"力"之中。

第二，对自然的赞颂。

在泛神论的影响下，郭沫若亲近自然，将自然视为友人、爱人和母亲。他认为自己留日时期的文学作品多以日本的自然与人事作为题材。在散文《自然底追怀》中，郭沫若回忆了学生时代陶醉于自然的种种经历。在房州洗海水浴，月夜泛舟饮酒，在海滨散步；在冈山的东山独自徘徊，"置身在这伟大的时空间，招致了我汹涌澎湃的灵感"；在宫岛旅行，看到岛上的牌坊和苍郁"感觉到一种神秘的巨力"；游荡在福冈千代松原，那里是聚集神女伶人、孕有氤氲的南国。①

对当时的郭沫若来说，自然是神的表现，是"神体之庄严相"，他与歌德的共鸣也在于后者对自然的肯定，以自然为慈母、朋友、爱人、师父。因为崇敬自然，自然会反馈以无穷的爱抚、慰安、启迪和滋养。②在自然"神性"的浸润下，个体生命和精神得到了升华，以至于"无限的大自然，简直成了一个光海了！到处都是生命的光波，到处都是新鲜的情调，到处都是诗，到处都是笑"③。

第三，无限延伸的"力"。

郭沫若将泛神论的内涵扩展出了"力"的意义，神即是力，是创造宇宙万物的本源，是宇宙意志："宇宙自有始以来。只有一种意志流行，只有一种大力活用。"④作为创世之力，它具有创造和毁灭的巨大能量，郭沫若以爆发性的诗句歌颂道：

---

① 　郭沫若:《自然底追怀》,《时事新报》1934 年 3 月 4 日。
② 　郭沫若:《〈少年维特之烦恼〉序引》,《郭沫若全集·文学编》第 15 卷，第 312—313 页。
③ 　郭沫若:《光海》,《女神》，第 129 页。
④ 　郭沫若:《波斯诗人莪默伽亚谟》,《郭沫若全集·文学编》第 15 卷，第 296 页。

无数的白云正在空中怒涌，

啊啊！好幅壮丽的北冰洋的晴景哟！

无限的太平洋提起他全身的力量来要把地球推倒。

啊啊！我眼前来了的滚滚的洪涛哟！

啊啊！不断的毁坏，不断的创造，不断的努力哟！

啊啊！力哟！力！

力的绘画，力的舞蹈，力的音乐，力的诗歌，力的 Rhythm 哟！①

这种巨大的能量不但在自然中毁天灭世、铸造一切，也是生命的"energy"能量。郭沫若认为自然中的一切都有生命，生命之间的交流靠的是能量，能量是运动不息的，不断地收敛或发散。发散即创造，这也是生命之力的作用，创造"便是广义的文学。宇宙全体只是一部伟大的诗篇。未完成的、常在创造的、伟大的诗篇"②。生命的"文学"是个人感情、冲动、思想、意识的发散，也是生命能的创造。生命的创造必然真、善、美，并且是个性、普遍和不朽的，这是生命之性质决定的。因此要创造生命的"文学"，就要积蓄能量，摒弃假恶丑，做一个伟大纯真的"婴儿"。郭沫若认为："一切艺术作如是观。一切创作均作如是观。"这是他精神生产的原动力。

"力"在郭沫若心中的前两种引申义是自然（神）之力、生命之力，此外还有人的创造力。他赞美历史上伟大的人工建筑，尤其是不可思议的金字塔。他为其专门作诗："三个金字塔底尖端 / 好像同时有宏朗的声音在吐：/ '创造哟！创造哟！努力创造哟！/ 人们创造力底权威可与神祇比伍！/ 不信请看我，看我这雄伟的巨制罢！/ 便是天上的太阳也在向我低头呀！'"③郭沫若歌颂拥有创造力的伟大英雄，以及他们用创造力完成的伟大事业。传说中治水的夏禹与今日的劳工都是伟大的开拓者，而所谓伟大事业可以是文学作品，如屈原的创造是效法"造化的精神"，

① 　郭沫若：《立在地球边上放号》，《女神》，第 101 页。
② 　郭沫若：《生命底文学》，《时事新报·学灯》1920 年 2 月 23 日。
③ 　郭沫若：《金字塔》，《女神》，第 151—152 页。

自由地表现他自己，在作品中创造尊严的山岳、宏伟的海洋，"萃之虽仅限于我一身，放之则可泛滥乎宇宙"[①]。革命的伟业也是力的表现，宇宙中所有变化都是革命的过程，"革命底精神便是全宇宙底本体了！宇宙只是一个动！宇宙只是一颗心！心是一个炸弹哟！他的炸药便是这股真情！这边是革命底精神！"[②]。

郭沫若将泛神论要义中的神与万物、神与人的关系全部表现在勃发的诗性里，并且演化出了"力"的各种引申义。泛神论虽然不是严谨的、系统的哲学，但他一旦掌握了这种世界观，除了将其在感性的文学创作中发挥到极致，还试图将其应用在新的"精神生产部门"里，即理性的学术研究领域。泛神论引导他"再发现"并内化了中国传统思想，也提供了解析古代思想的某种方法。尽管事实证明泛神论并不是打开中国思想秘密之门的合适钥匙，却启发了郭沫若最初的研究思想。

二 以泛神论探索中国思想文化

受到外国泛神论思想的影响，郭沫若从中国传统文化中看到了与之相应的思想与哲学，在少年时代打下的传统文化根基之上，在爱国主义的影响下，他开始了学术性探索。这种早期探索是不成熟的，其方法并不完全科学，不过千里之行，始于足下，这是其迈向学术之路的第一步。

1921 年 1 月 24 日郭沫若致函张资平，谈到五年前自己有意加入丙辰学社，吴永权和陈启修是他的介绍人。他准备写一篇文章"和我一齐入社"，但至今犹未撰成，因此没有入社。后来曾慕韩又想介绍他加入，但因文章未成而被他再次推拒了。[③]

1916 年 12 月，丙辰学社由一批留日学生创立，其社刊《学艺》创办于 1917 年，社章阐明了他们的纲领，即"本学社不分畛域，不拘党见，专以研究真理、昌明学术、交换智识为宗旨；本学社对于有关学术

---

① 郭沫若:《湘累》,《女神》, 第 28 页。
② 郭沫若:《宇宙革命底狂歌》, 朱谦之《革命精神》"序诗", 上海大新书局 1935 年版, 第 3 页。
③ 《郭沫若先生来函》,《学艺》1921 年第 2 卷第 10 号。

事业皆量力次第举办，期达立社本旨"①。据此可知，该学社的性质是一个学术团体。不过其社章中的入社条件是"有本社正社员两人以上之介绍，经理事认定者"，并没有"带文入社"的要求。郭沫若希望完成一篇有水平的论文再同意入社，应该是他对自己的一种要求。

1919 年 12 月 27 日，郭沫若在给宗白华的信中，对此前《时事新报》刊登的抱一《墨子的人生学说》一文发表看法，他反对后者对墨子的若干理解，提出了自己对中国先秦社会和思想的研究结论，这是可查最早的郭沫若关于中国上古史较为全面的见解（同年 10 月的《同文同种辨》只涉及中华民族西来说）。此信从未发表，也未收入各类郭沫若文集、书信集，仅被作为附录收入《宗白华全集》，兹录结论部分如下：

> 我想家族制度是 Capitalism 产物，人格神的观念也是 Capitalism 的产物。我国羲农黄帝时代只有素朴的客观论的宇宙观，到了唐虞时代，我国与国俱来的哲学的思想渐渐宗教化了，于是才有"上帝"出现。可是《皋陶谟》中说"天视自我民视……"，他明明是种 Pantheism 的观念，到了夏禹，我国的"国家 Capitalism"出现。夏禹要以天下传子，他才倡出个君权神授说来。《洪范》天锡禹九畴曰："天子作民父母，以为天下王。"王是天之子，一切的人民是天子之子，他这天的观念与《皋陶谟》的天的观念是迥不相侔的。夏殷西周的宗教思想都是本于夏禹，夏殷西周的神观，都是一种人格神的观念。政教专制，千有余年，到了周厉王的时候，才有纯粹的平民革命出现，君权已扫地殆尽，当时变风变雅之诗作，忧愤热血的诗人骂得个上帝醉梦无灵，于是而神权又大见摇动。所以不久之间，才有东周以往的文艺复古的运动的出现。道家复羲农黄帝的古，儒家复唐尧虞舜的古。只有后起的墨先生，他偏偏要复夏禹的古，如以改革宗教的功绩而言，他可以说是古代的南海圣人。墨学终究失传的史事，早话尽了此中消息。②

---

① 《丙辰学社社章》，《学艺》1917 年第 1 卷第 2 号。
② 《郭沫若致宗白华函》（1919 年 12 月 27 日），《宗白华全集》第 1 卷，第 151—152 页。

从中可见，郭沫若认为羲农黄帝时代的客观论的宇宙观，到尧舜时被宗教化，但仍然是泛神论的。到夏禹之后演变为"君权神授"，自此到西周都是政教专制的"人格神"的思想。周厉王"平民革命"（国人暴动）之后，神权动摇，东周发生了文艺复古运动，诸子各复不同时期的古。

可以推测，从 1916 年到 1919 年，郭沫若一直在思考中国上古社会的某些问题，构思着一篇相关学术论文。他对中国古代社会思想的观点初见于以上这封信，之后经过两年的继续研究，郭沫若在《学艺》1921年第 3 卷第 1 号上发表了论文《我国思想史上之澎湃城》，将自己思考的结论进行了表述与论证，并终于带着这篇文章加入丙辰学社。

《我国思想史上之澎湃城》

1921 年 1 月郭沫若给张资平写信时，这篇论文已完成了一部分，据他自己说"是我对于秦火以前我国传统思想之一种发生史的观察"。郭沫若认为中国古代思想的命运如同古罗马之"澎湃城"（现通译为庞贝）被火山毁灭并埋葬一样，被秦始皇焚书所毁。汉代之后的经解、清谈、训诂、笺注都是火山灰而已，真正的思想沉睡地底。郭沫若"五六年前"就萌发了对中国古代思想的挖掘工作，至此已有成果。

他将中国古代思想与欧洲相比较，认为前者与后者的路径非常类似，都可分为三个时期。第一期是尧舜以前的历史，与希腊拉丁文明的黄金时代类似；第二期是夏殷西周，与中世纪宗教专制之黑暗时代类似；第三期是东周以后，是中国的"文艺复兴"时代。郭沫若认为："在春秋战国时代我国科学思想已渐见萌芽，邹衍、公孙龙、惠施之唯物的思想与分析的归纳的研究法与笛卡尔、倍根、莱伯尼刺等之精神颇有相契合处。"[1] 这种对比方法无视了两种文明各自的社会历史发展进程与阶段，是一种跨越式、机械性的比较。郭沫若认为，如果欧洲在 16世纪也有"秦火"似的毁灭，其近代科学就不可能发达，而中国历史如

---

[1]　《郭沫若先生来函》，《学艺》1921 年第 2 卷第 10 号。

果没有"秦火"，恐怕也不必对西方"沿门托钵"。

后来正式发表的论文《我国思想史上之澎湃城》的大纲与此前致信张资平时有所调整，可见下表：

1921 年 1 月 24 日郭沫若致张资平函	《我国思想史上之澎湃城》
上篇　泛论之部	上篇　泛论之部：思想与政治之交错
一、滥觞时代之社会组织	1.滥觞时代政治之起源
二、哲学思想之宗教化	2.玄学思想之宗教化
三、私产制度之诞生与第一次政教专制时代	3.私产制度之诞生与第一次黑暗时代
四、神权思想之动摇与第一次平民革命之成功	4.第一次平民革命之成功与神权思想之动摇
五、我国之"文艺复兴"	5.第一次再生时代 Renaissance
下篇　各论之部	下篇　各论之部：再生时代各家学术之评述
一、易之原理	1.再生时代之先驱者老聃
二、洪范中之思想	2.孔丘晚年定论
三、文艺复兴之先觉者——老聃	3.墨翟之宗教改革
四、孔子之晚年定论	4.庄周之真人哲学
五、墨子之宗教改革	5.惠施之唯物思想
六、唯物思想之勃兴	

对比可知，改动较大的是"下篇"部分，原计划中对《易》和《洪范》进行研究的小节被删去，补充了"庄周之真人哲学"，下篇完全成为所谓"再生时代"（文艺复兴）诸子思想的分论。然而《我国思想史上之澎湃城》是一篇未完之稿，只写到"上之三"，即"私产制度之诞生与第一次黑暗时代"，对《易》和《洪范》思想的研究被放到"上篇"之中论述。

论文第一部分讲政治的起源。郭沫若将盘古开辟天地的传说与《圣约·创世纪》相比较，认为中国的传统精神与希伯来是完全不同的。希伯来精神是讲神创造了包括人类的一切，中国精神则是人创造一切，"人即是神"，这便是中国的"自由独创之精神"，与希腊精神有契合之处。从中可见，郭沫若是反对基督教一神论而亲近欧洲文艺复兴之后崇尚的希腊罗马传统的。他认为中国的传说时代到伏羲而止，认定伏羲是"我国合理的思想与同一切文物制度之创始者"。

相承于《同文同种辨》，郭沫若认为与伏羲相关的"八卦"是中国最早的文字，由《易》推断当时的社会状况是：伏羲时代中国进入了渔猎时代，并且是世界最早的"民约建国"。他认为，由《易》"履而泰然后安，故受之以泰。泰者通也，物不可以终通，故受之以否。物不可以终否，故受之以同人。与人同者，物必归焉，故受之以大有"，可以还原人类"民约建国"的历史过程，人类最初是群体相争不止的，后来明白互相伤害则两败俱伤，于是开始协力互助。

第二部分讲古代思想的起源。郭沫若对 1919 年给宗白华的信中所做的结论进行了扩充，不过其基本观点未变。中国羲农黄帝时代的思想，是一种素朴的客观观念论，是一种动的、进化的宇宙观。他用《列子》的内容作为论据，认为："古代哲人以为宇宙万汇出于一元，而此一元之本体，超越乎感官世界，而不为时空所范畴。且此一元之本体，乃为一种实质的存在，变化无常，由其自体中演化出宇宙万汇，一切种种。"这种思想因其变化而被命名为"易"，"易"是本体，也即老庄所谓之"道"。

人们体会到宇宙全体类似于"一个绝大的交响曲"，这种思想是让人陶醉的，于是他们在客观的自然观察所获得的理性之中，加入了感性，思想逐渐带有神秘的色彩。创造了一切的宇宙被取名为"神"，神的观念到虞舜时代演化为"上帝"或"天"，并发展出一套宗教仪式，这时中国最早的形而上学思想演变为自然神教。郭沫若认为，《尚书·虞书》中神的观念是"宇宙神"的，并且由《尚书·皋陶谟》可知"天即是民，民即是天"，这是一种泛神论的宇宙观。然而到三代之后，"宇宙神"则变为"人格神"。

第三部分讲"黑暗时代"三代的社会与思想演化。郭沫若认为三代之前的政治思想是民约建国、平等思想、以人民为本位的，政治制度是民主主义和传贤禅让，在经济上土地是公有的。然而这一切都被"野心家"禹所破坏。从夏禹开始，中国社会从天下大同的状态堕落了，"大道既隐，天下为家，各亲其亲，大人世及以为礼，城郭沟池以为固，礼义以为纪""故谋用是作，而兵由此起"（《礼记·礼运》），他认为这些是中国从公产制度变而为私产制度的证明，并且道破了私产制度为一切争夺之起源，批判禹是秦始皇之前身。

郭沫若认为，夏禹思想表现在《尚书·洪范》之中，该篇表明夏代"一切宇宙原素，自然现象，人体官能，道德刑政，历数教育，吉凶祸福，纯由一个人格神之天悉以授之于其唯一之宠子"，天的宠子就是地上的"王"。王高于万民，从此没有了平等的观念。不仅是土地，所有"一切金木水火土之宇宙原素，貌言视听思之人体官能"都是王的私产。这种"王国"与基督教的"天国"类似，"天子"类似于"神子"。

在《我国思想史上之澎湃城》结尾，郭沫若做出了结论，即虞夏之际是中国历史上一个极大的转换时期："古代思想由形而上学的，动的宇宙观，一变而为神学的，固定的宗教论；而政治组织由公产制度一变而为私产制度，由民主主义一变而为神权政治 Theocracy。"

这篇论文反映出郭沫若的若干认识。

第一，郭沫若认为思想的发展是人类历史发展最重要的方面。该文在正文之前还有一个"导言"，是郭沫若对全篇的总论。他从自由思想说起，认为秦代焚书和汉代专制，对于不符合专制的思想全部毁灭，使得后世学者没有创造的才能，中国"自由独创"的传统精神因此失传。

进而，郭沫若以一大段宏论议论道，思想是人类自由精神"至高之产物"，应超越一切"实际"之上去引导人生，此处"实际"可被解释为客观的、外在的社会状况。当实际是进步思想的表现时，生活在这样实际状况之中的人类最幸福；当实际阻碍了自由思想时，甚至以不合理的存在与思想宣战时，"是乃人类之自杀"。郭沫若称，政治是"实际"的一部分，很多人常常将政治与思想的"主从关系"颠倒，这些人对不符合某种现成政治的进步思想加以排斥。他认为这是中国自秦汉以来两千年之后变成"木乃伊"的原因，他个人的观点是，一旦政治阻碍了思想，就应当"自归于消灭"。

郭沫若在论述夏禹时代的思想时说，人格神的宗教思想将权力赋予了"王"，王高于万民，万物皆为王私有，这是私有制的产生过程。这看似是一种"意识决定物质"、思想决定客观社会的结论。不过他也曾有"人格神的观念也是 capitalism 的产物"的论断。[①] 我们至少能够得出这样的结论：郭沫若极为重视思想在历史发展中的作用，以至于其划分中国上古社会时期的标准不是政权的更替、制度的变化，而是思想的变化，即第一期为客观宇宙论（羲农黄帝）和泛神论（尧舜），第二期是人格神、宗教专制（夏、商、西周），第三期是对第一期的复兴。

第二，社会史研究与思想史的某种分裂。对于中国古代社会，郭沫若有两种基本观点。在经济上，他认为"井田制度始于黄帝，实为我国实行共产主义之最初的历史"，虞夏之际由公产制度转向私产制度。然而他并没有详细阐明这种转变的原因。在政治上，他认为中国最早的政治是所谓"民约建国"，"民约建国"即卢梭的"社会契约论"。他在给宗白华的信中引用了《韩非子·五蠹》中人民拥戴有巢氏、燧人氏王天下的故事，说明社会契约思想在"我国也数见不鲜"[②]。

此时的郭沫若在社会史研究上，已阅读了一些含有马克思主义观点的书刊，接受了公产和私产制度的学说，但并未深入理解和再阐释。他运用西方启蒙思想的政治观念来研究政治史，在其重点研究的思想史方面，又使用了泛神论去解释中国古代思想。郭沫若并不能运用统一的方法去解释社会历史的各个层面，未能得出在经济、政治和思想上具有内在因果联系的结论。

郭沫若对思想史的研究是对泛神论的机械套用，他被泛神论引向了庄子、老子、孔子，从而用泛神论解释全部的中国古代思想。他认为在考古和史学的研究上，应当具有一定的幻想力[③]，但幻想力的过于发挥往往会适得其反。另外，值得肯定的是，郭沫若认识到了历史是发展的，根据发展的不同阶段，中国历史是可以划分时期的。他使用了多种西方理论，跳出了中国传统史学的桎梏，用新的方法去观照中国历史，并进行了一定程度的社会史研究。可以说，这是郭沫若学术研究伊始便坚持

---

① 　《郭沫若致宗白华函》（1919 年 12 月 27 日），《宗白华全集》第 1 卷，第 151 页。

② 　《郭沫若致宗白华函》（1919 年 12 月 27 日），《宗白华全集》第 1 卷，第 149—151 页。

③ 　郭沫若：《我国思想史上之澎湃城》，《学艺》1921 年第 3 卷第 1 号。

的正确道路。

《中国文化之传统精神》[①]

郭沫若在《我国思想史上之澎湃城》中将古代思想分为三类，其一为玄学的，伏羲、老聃、孔丘、庄周为此类；其二为宗教的，夏禹、墨翟为此类；其三为科学的，惠施为此类。《我国思想史上之澎湃城》只写到夏禹时代，所幸1923年他又撰写了《中国文化之传统精神》，该文是其"发掘古代思想计划"的延续，从中我们可以看到郭沫若关于中国古代思想观点的全貌。

1923年1月，郭沫若以日文撰写的《芽生の嫩叶》发表于日本《朝日新闻》上，后来由成仿吾摘译为中文，题为《中国文化之传统精神》。与《我国思想史上之澎湃城》不同，此文专述思想史，与后者有一定程度的重合。

郭沫若认为，三代以前所谓伏羲、神农等传说人物的真实性是可以怀疑的，不过至少应当承认存在这样一个时代，其思想作为片段散见于诸子百家的作品之中。三代以前原始时代的思想，是以《易》为代表的对宇宙实体的思考。"易"就是"超越感觉的、变化无极的"宇宙之实体，万物从"易"而来，向"易"而归去。在后来的历史中，这种由理智抽象出来的"易"被情感所美化，进而被神化，衍生出了宗教仪式。考察《尚书》之《帝典》与《皋陶谟》可知，尧舜时代一切山川草木都被认为是神的化身，人与神是同体的。到三代之时，"神是人形而超在的"，灵魂不灭思想与祖宗崇拜的习俗流行，吉凶龟卜等迷信观念泛滥，《洪范》是这种思想最典型和系统的体现。当时，国家是神权的表现，行政者是神的代表，个人的自由被束缚，这就是上古史中的"黑暗时代"。西周之国人暴动的平民革命打倒了王政，也打破了神权。

以上是与《我国思想史上之澎湃城》相同观点的再述，之后郭沫若

[①] 郭沫若作，成仿吾译：《中国文化之传统精神》，《文艺论集》，第1—13页。

专论老子和孔子。

他说"革命思想家"老子如太阳一般升起，破坏了三代的迷信思想，否定人格神的观念，代之以"道"。"道"就是宇宙实在，万物的生死都是道的作用，道没有目的，因此人也不应有目的，这便是老子的"无为说"。郭沫若将老子确立为"文艺复兴"的一个先锋，将其提升到"唤醒民族精神，复归自由思想"的高度。

郭沫若认为孔子并未建立新的宇宙观，仅仅是对古代思想进行解析、调和，使之成为自己伦理思想的基础。孔子改造了三代的人格神观念，复活了泛神的宇宙观。他与老子一样，认为形而上的实在是"道"，并且将其等同于"易"的观念，道与易是本体的不同名称。

郭沫若对比了老子与孔子，认为他们的不同之处在于本体观，老子否定了神的观念，本体是无目的的、机械的。孔子的宇宙观是泛神的，认为神并不能为人所知，人类的个性是神的表现，要想完善人性就应当向神学习。

最后郭沫若做了点题，称中国的传统精神是在"万有皆神"的观念下，完成自我的净化和充实，像神一样伟大而慈爱，"把一切的存在看做动的实在之表现"，"一切的事业由自我的完成出发"。

该文是郭沫若早期思想史研究的作品，也是郭沫若第一篇详论先秦诸子的文章，与《我国思想史上之澎湃城》皆为在泛神论思想影响下探讨中国古代思想文化的代表作。此后逐渐地，泛神论不再是郭沫若的精神必需品。这是由于泛神论哲学本身并不是完整、完善的哲学体系，并不能完美地解释历史上的一切思想。另外，郭沫若本来就不曾对泛神论哲学进行透彻的研究，而是通过将西方、印度和中国的相似思想进行融合，把自己的感悟注入了文学创作中，将泛神论思想套用在思想史研究中。泛神论缺少对实际生活与社会现实的指导意义，作为学生的郭沫若真正进入社会之后，泛神论必然为其所抛弃。此后，郭沫若转向了更吸引他的、真正有指导作用的马克思主义，后者成为真正伴随其一生的理论方法。

第二节　马克思主义与研究的定型

一　早期的接触与理解

马克思之名最早出现在中国知识界是在 1899 年,《万国公报》所载《大同学》上提到"以百工领袖著名者，英人马克思也"，"有讲求安民新学之一派，为德国之马客偲，主于资本也"①。《大同学》是对英国社会学家本杰明·颉德 (Benjamin Kidd) 的《社会进化》(*Social Revolution*) 一书的翻译。1902 年梁启超在介绍颉德的时候也提到"麦喀士（日耳曼人社会主义之泰斗也）"，引用颉德称"今之德国最占势力之二大思想，一曰麦喀士之社会主义，二曰尼至埃之个人主义"②。1906 年朱执信在《德意志社会革命家小传》中介绍了马克思、恩格斯。这些在十月革命之前的介绍，总体上是零星孤立的，并不以传播推广为目的，这一时期中国知识分子对马克思主义的兴趣是有限的。

马克思主义在中国的传播始于五四新文化运动后期，李大钊是其中最重要的人物。从 1918 年开始，李大钊先后发表了《法俄革命之比较》《庶民的胜利》《布尔什维主义的胜利》，宣传俄国十月革命的胜利。1919 年，他在《新青年》上发表《我的马克思主义观》，该文对马克思主义进行了系统的介绍。他将马克思主义理论分为历史论（社会组织进化论）、经济论、社会主义运动论，认为三者通过阶级竞争学说串联起来。唯物史观得到了李大钊重点关注，他回溯了唯物史观的历史，总结了马克思主义唯物史观的要领是"人类社会生产关系的总和，构成社会经济的构造""生产力与社会组织有密切的关系"③。此外他也对科学社

---

① ［英］李提摩泰节译，蔡尔康纂述:《大同学》,《万国公报》1899 年第 121、124 期，第一句误将马克思写为英国人。
② 梁启超:《进化论革命者颉德之学说》,《饮冰室文集全编》第 2 册，广益书局 1948 年版，第 51、57 页。麦喀士即马克思，尼至埃即尼采。
③ 李大钊:《我的马克思主义观》,《李大钊全集》第 3 卷，河北教育出版社 1999 年版，第 242 页。

主义、政治经济学进行了阐述。

1919—1920 年，胡汉民在其主编的《建设》杂志上发表了一系列文章，如《唯物史观批评之批评》《从经济的基础观察家族制度》等，将唯物史观运用到对中国社会的研究之中。这一时期，中国知识界主要以日本学者及其著作作为中介，对马克思主义理论进行引介，其中最受重视的是河上肇。河上肇（1879—1946）是日本早期最著名的马克思主义理论家，1919 年 1 月创办《社会问题研究》杂志作为传播马克思主义的阵地。时为留日学生的安体诚通过河上肇学习马克思主义后，在1919 年 12 月即发表了《河上肇博士关于马可思之唯物史观的一考察》对其进行介绍。1920 年，苏中翻译了河上肇的《见于〈资本论〉的唯物史观》，其中概括了唯物史观的根本观点："社会生产力底发展，是社会组织变动底根本原因。"①

美国学者德里克在其专著《革命与历史：中国马克思主义历史学的起源，1919—1937》中，将中国知识界对马克思主义的研究与应用分为三个阶段，前两个阶段为 1899 年至 20 世纪 10 年代，以及 1918 年至20 世纪 20 年代中期。截至 20 世纪 20 年代中期，马克思主义虽然得到相当程度的关注和译介，但还不是中国知识界的集中兴趣所在。其真正被广泛传播是在 20 年代中期之后，那时中国共产党已经成立，工人运动兴起，1925 年五卅惨案、1926 年国民革命军北伐、1927 年大革命的失败，一系列重大历史事件成为中国知识界整体转向的背景。"在 20 年代政治岁月中成长起来的一代中国知识分子，较他们的前辈更为关心社会的变革，其结果，与马克思主义的要旨也更为合拍。正是通过这一代人，马克思主义理论融入了中国社会思想"②。

郭沫若正是这一批知识分子的典型代表，他不止一次地明确表示，自己于 1924 年"转换"了，转变为一个马克思主义者。譬如他说："在一九二四年，我中止了前期创造社的纯文艺活动，开始转入了对于辩证

① ［日］河上肇：《见于〈资本论〉的唯物史观》，苏中译，《建设》1920 年第 2 卷第 6 号。
② ［美］德里克：《革命与历史：中国马克思主义历史学的起源，1919—1937》，翁贺凯译，江苏人民出版社 2018 年版，第 33 页。

唯物论的深入的认识，在这儿使我的思想生出了一个转机。"①不过，这种转变并不是因由一两件事的刺激便一蹴而就的，在留日时期他就已经对社会主义和马克思主义思想有所接触，这种积累在其自身的思想发展中也有所反映。

郭沫若最早接触"社会主义"，是阅读日本学者福井准造的著作《近世社会主义》。这是他 1955 年访日时对日本学者向坂逸郎所说的，后者推测郭沫若或许读的是日文原版。②1917 年十月革命对于世界的工人运动和文化运动的影响是巨大的，日本也不例外。郭沫若对一些左翼刊物也颇有印象："日本思想界之一角显著地呈出了左倾色彩的，便是从那时候起头。在当时日本比较进步的杂志《改造》和《解放》，继续发刊了。"③这两种刊物都创办于 1919 年，据此可以推测，郭沫若当时便读到了一些社会主义相关的介绍。

1919 年 12 月，他读卡莱尔的演讲文《诗人英雄》之后作诗《雪朝》，最后发出"Hero-poet 哟！ Proletarian poet 哟！"④的感叹，"Proletarian poet"即无产阶级诗人。卡莱尔秉持英雄史观，恩格斯评价其"整个思想方式实质上是泛神论的"⑤，卡莱尔文中主要谈论但丁和莎士比亚，郭沫若可能出于诗人喷涌的感情，将之与"无产阶级"联系起来。

1920 年 1 月他又作《匪徒颂》，将历史上各领域的革命者歌颂为"匪徒"，例如政治革命的克伦威尔、华盛顿，宗教革命的释迦牟尼、马丁·路德，学说革命的达尔文、尼采等，对于社会革命者他称颂道："倡导社会改造的狂生，庾而不死的罗素呀！倡导优生学的怪论，妖言惑众的哥尔栋呀！亘古的大盗，实行波尔显威克的列宁呀！西北南东去

---

① 郭沫若：《盲肠炎·题记》，《郭沫若全集·文学编》第 18 卷，人民文学出版社 1992 年版，第 5 页。
② ［日］向坂逸郎：《郭沫若与福井准造的〈近世社会主义〉》，田家农译，《郭沫若研究》第 7 辑，文化艺术出版社 1989 年版，第 282 页。
③ 郭沫若：《创造十年》，《郭沫若全集·文学编》第 12 卷，第 69 页。
④ 郭沫若：《雪朝》，《女神》，第 121 页。
⑤ 周祖达：《论英雄、英雄崇拜和历史上的英雄业绩·译序》，商务印书馆 2005 年版，第 3 页。

来今，一切社会革命的匪徒们呀！万岁！万岁！万岁！"①几个月后，郭沫若在《巨炮之教训》中又提到了列宁："列宁先生却只在一旁酣叫，'为自由而战哟！为人道而战哟！为正义而战哟！最终的胜利总在吾曹！至高的理想只在农劳！'"②

不过 1928 年在编入《沫若诗集》时，郭沫若对以上的诗句都做了改动。他将《匪徒颂》改为："鼓动阶级斗争的谬论，饿不死的马克思呀！不能克绍箕裘，甘心附逆的恩格斯呀！亘古的大盗，实行共产主义的列宁呀！"，将《巨炮之教训》改为"为阶级消灭而战哟！为民族解放而战哟！为社会改造而战哟！"③可见至少在 1920 年初，在郭沫若心中列宁比马克思、恩格斯更具备社会革命家的资格，或者说，后二者还没有真正进入他的视野。

此外，郭沫若还使用过"唯物论"的概念，他在对张资平诉说自己撰写《我国思想史上之澎湃城》的计划中，有"唯物思想之勃兴"。1921 年 5 月，郭沫若为《女神》作"序诗"，声称：

> 我是个无产阶级者：
> 因为我除个赤条条的我外，
> 什么私有财产也没有。
> 《女神》是我自己产生出来的，
> 或许可以说是我的私有，
> 但是，我愿意成个共产主义者，
> 所以我把她公开了。④

这里的"无产阶级"和"共产主义"其实只是一种比喻义，多年后郭沫若承认："《女神》的序诗上，我说'我是个无产阶级者'，又说

---

① 郭沫若：《匪徒颂》，《女神》，第 162 页。哥尔栋（Francis Galton），现通译高尔顿，英国生物学家。

② 郭沫若：《巨炮之教训》，《女神》，第 160—161 页。

③ 郭沫若：《沫若诗集》，上海现代书局 1929 年第 3 版，第 108、105 页。

④ 郭沫若：《序诗》，《女神》，第 1 页。

'我愿意成个共产主义者'，但那只是文字上的游戏，实际上连无产阶级和共产主义的概念都还没有认识明白。"①

郭沫若第一次提到马克思是在 1921 年 4 月发表的《日本之煤铁问题》，他在呼吁国人行动起来重视煤铁问题的同时，批评了纸上的社会主义："讲社会主义总要重在实行，今天徒翻一段河上肇明天又译一节马克司生吞几本日本文翻译的西书，便硬充一位新文化运动底健将，又有什么意思来？"②两个月后，他在给郑振铎的信中表达了同样的观点："谈社会主义的，今天一篇马克司，明天一篇河上肇，我恐怕连能如河上肇一样，取敬虔的态度，直接向《资本论》中去求马克司的精神者，国内怕莫有几个人。"③从中可知，郭沫若谈到"社会主义"时，是将河上肇与马克思联系在一起的，并且对国内当时兴起的翻译潮不屑一顾。

在给郑振铎写信的两周前，还发生了一件与此相关的事。6 月 1 日，郭沫若在京都探访郑伯奇时，见到了昔日冈山六高的同学李闪亭，后者时为京都大学经济学的学生，"算是河上肇的弟子"，被同学们称为"中国马克思"。郭沫若回忆，李闪亭"他对我说了些'唯物史观的公式'，说了些'资本主义的必然的崩溃'，又说了些'无产阶级专政'。他说得似乎并不怎样地把握着精髓，我听得也就千真万确地没有摸着头脑。他劝我读河上肇的个人杂志《社会问题研究》，我在当时并没有感觉着有怎样的必要，他这个劝诱，我也没有立地接受。"④郭沫若自称没摸到头脑，意味着当时他对所谓唯物史观的公式、无产阶级专政之类的概念也没有什么深入了解，对河上肇也没有太大的兴趣。

时间到了 1923 年，郭沫若对马克思主义的倾向加重了，5 月他给宗白华写信说："欧战之勃发乃是极端的资本主义当然的结果。远见的思想家在欧战未发以前已断言资本主义之必流祸于人类，伟大的实行家

---

① 郭沫若：《创造十年》，《郭沫若全集·文学编》第 12 卷，第 147 页。
② 郭沫若：《日本之煤铁问题》，《少年世界》1921 年 4 月增刊日本号。
③ 《郭沫若致郑振铎函》（1921 年 6 月 14 日），《郭沫若书信集》（上册），中国社会科学出版社1992 年版，第 194 页。
④ 郭沫若：《创造十年》，《郭沫若全集·文学编》第 12 卷，第 108 页。

于欧战既发以后更急起直追而推翻其祸本。马克司与列宁终竟是我辈青年所当钦崇的杰士。"①10月，又在《太戈儿来华的我见》中道："西洋的动乱，病在制度之不良。我们东洋的死灭，也病在私产制度的束缚。病症虽不同，而病因却是一样。唯物史观的见解，我相信是解决世局的唯一的道路。世界不到经济制度改革以后，一切什么梵的现实，我的尊严，爱的福音，只可以作为有产有闲阶级的吗啡、椰子酒；无产阶级的人是只好永流一生的血汗。无原则的非暴力的宣传是现时代的最大的毒物。那只是有产阶级的护符，无产阶级的铁锁。"②这两段论述，表明郭沫若对马克思主义不再是几个名词、若干概念等流于表面的理解，而是已将资本主义制度观、唯物史观等用于分析当时世界的现实，认识到经济制度是社会问题的基础，那些"泛神论"（尤指泰戈尔）的玄思对现实毫无意义。

是年春，郭沫若从大学毕业，于4月1日回到上海，准备编辑出版《创造周报》的相关工作，然而进程也并不顺利。他形容自己又陷入了进退维谷的苦闷当中，他心中的矛盾主要是个人具有的左翼倾向要求他"到民间去""到兵间去"，进入社会、靠近现实，挖掘中国社会真正的问题，然而自己却迟迟未能行动，还是在"民厚南里的楼上"只说不做，在良心上对自我进行苛责。

他当时的精神世界是"从前的一些泛神论的思想，所谓个性的发展，所谓自由，所谓表现，无形无影之间已经遭了清算。从前在意识边沿上的马克思、列宁不知道几时把斯宾诺莎、歌德挤掉了，占据了意识的中心。在一九二四年初头列宁死的时候，我着实地感着悲哀，就好象失掉了太阳的一样。但是马克思列宁主义我是并没有明确的认识的，要想把握那种思想的内容是我当时所感受着的一种憧憬。"③这段话总结概括了当时郭沫若大体的精神状态，但并不完全准确。1923年5月他还撰写了将泛神论套用在中国古代思想上的《中国文化之传统精神》，泛

① 　郭沫若：《论中德文化书》，《文艺论集》，第20页。
② 　郭沫若：《太戈儿来华的我见》，《郭沫若全集·文学编》第15卷，第272页。
③ 　郭沫若：《创造十年》，《郭沫若全集·文学编》第12卷，第184页。

神论在他的脑中绝非被"挤掉了"，毋宁说郭沫若当时的思想仍旧是混乱的，对马克思主义缺乏系统性认识。

二 向马克思主义转向的完成

翻译河上肇

1924 年，在国内工作了一年的郭沫若于 4 月 1 日起程返回日本，来到福冈。他此行原本的目的是希望以九州大学生物学教授石原诚为师继续读书，他曾听过其生理学总论、遗传学、内分泌学的课，也曾有为自然科学奉献一生的想法。不过，因为此时郭沫若对社会科学也有极大的兴趣，觉得此前有一定浅显理解的马克思主义唯物论与生物学有颇多相似之处，例如社会形态的蜕变与生物学上的蜕变的类似。于是他希望一面研究生理学，一面也学习社会科学。[1]他在给成仿吾的信中说，自己回到日本有三个原因，一是思念妻儿，二是回到日本想创作一篇小说《洁光》，三是还想继续研究生理学。[2]不过，他率先做了一件改变了一生的事。4 月 18 日郭沫若写信给成仿吾，提到自己到日本半月以来一直在翻译河上肇的《社会组织与社会革命》，一面翻译一面把研究生理学的志向放弃了。[3]

如前文所述，1921 年时郭沫若自称对河上肇创办的《社会问题研究》尚无兴趣，此间三年，他曾零星地阅读过河上肇的作品，但"因为没有得到系统的本质的认识，印象是很淡漠的"。1922 年，河上肇的《社会组织与社会革命》出版，收录了其在杂志上发表的多篇论文。1924 年郭沫若得到了这部文集，出于对社会科学的憧憬，更出于"一家的生活迫切地有待解决之必要"，为了赚取翻译稿费而开始了对该书的翻译。他花费了 50 天左右的时间将 20 万字的作品译毕。

翻译该书对于郭沫若成为马克思主义者至关重要，7 月 22 日，他

---

① 郭沫若：《创造十年续编》，《郭沫若全集·文学编》第 12 卷，第 204 页。
② 郭沫若：《孤鸿——致成仿吾的一封信》，《郭沫若全集·文学编》第 16 卷，第 7 页。
③ 《郭沫若致成仿吾函》（1924 年 4 月 18 日），《郭沫若书信集》（上册），第 226 页。

致信何公敢说:"弟于社会经济诸科素来本无深到之研究,惟对于马克思主义有一种信心,近译《社会组织与社会革命》一书完后,此信心益见坚固了。弟深信社会生活之向共产制度之进行,如百川之朝宗于海,这是必然的径路。"① 他申明了在中国实行以实现社会主义为目的的政治革命的急迫性,认为在中国不应鼓励私人资本主义,而应推翻现政府,实行"国营政策"。他将列宁的社会革命总结为宣传时期、战斗时期和经营时期,称赞列宁为后来者指出了明路。中国目前处于宣传时期:"如何团集势力以攫取政权,也正是这个时期应有的事。中国的智识阶级应该早早觉醒起来和体力劳动者们握手,不应该久陷在朦胧的春睡里!"② 郭沫若在翻译附白中也表达了对私人资本主义的批判和对列宁的追悼:"倍感列宁之精明和博大,追悼之情又来摇震心旌,不禁泪之潸潸下也。"③

郭沫若不惟坚定了对马克思主义的信奉之心,而且对中国的现实问题有了自己的见解,比之他留学早期幼稚而混乱的政治理念是有了一个飞跃,他发出了如此的疾呼:"我们是生在最有意义的时代的!人类的大革命时代!人文史上的大革命时代!我现在成了个彻底的马克思主义的信徒了!马克思主义在我们所处的这个时代是唯一的宝筏。"④

同时,郭沫若对河上肇转述的马克思主义内涵有所怀疑,认为后者对马克思主义的理解有谬误之处,例如河上肇不赞成进行政治革命,郭沫若认为这不是马克思的本义。对于《社会组织与社会革命》郭沫若后来评述道:"全书偏重于学究式的论争,对于马克思主义的骨干——辩证唯物主义,根本没有接触到;对于马克思主义的实践——怎样来改造世界,更差不多采取回避的态度。这样来谈马克思主义,可以说是使马克思主义害上了软骨症了。"⑤

---

① 　郭沫若:《向自由王国的飞跃》,《郭沫若全集·文学编》第18卷,人民文学出版社1992年版,第45—46页。
② 　郭沫若:《向自由王国的飞跃》,《郭沫若全集·文学编》第18卷,第47—48页。
③ 　郭沫若:《沫若附白》,《社会组织与社会革命》,商务印书馆1925年版,第288页。
④ 　郭沫若:《孤鸿——致成仿吾的一封信》,《郭沫若全集·文学编》第16卷,第8页。
⑤ 　郭沫若:《序》,《社会组织与社会革命》,商务印书馆1951年版,第1页。

尽管如此，《社会组织与社会革命》对郭沫若的影响是巨大的，他说："我译完此书所得的教益殊觉不鲜！我从前只是茫然地对于个人资本主义怀着憎恨，对于社会革命怀着信心，如今更得着理性的背光，而不是一味的感情作用了。这书的译出在我一生中形成了一个转换期。把我从半眠状态里唤醒了的是它，把我从歧路的彷徨里引出了的是它，把我从死的暗影里救出了的是它。……这是一点也没有夸张的话。因为译了这部书，不仅使我认识了资本主义之内在的矛盾和它必然的历史的蝉变，而且使我知道了我们的先知和其后继者们是具有怎样惊人的渊博的学识。"①。

思想的过渡

郭沫若很快将消化的理论运用于对社会问题的分析，1924 年 6 月，刚刚翻译完《社会组织与社会革命》不久，他写下了杂文《盲肠炎与资本主义》，将资本家比喻为社会的盲肠，认为他们对社会没有贡献，只会榨取工人的剩余价值。而健康的社会只有在共产主义制度下才能实现，在那样的社会中，人们"各尽所能，各取所需"。郭沫若对共产主义社会的憧憬是："我们在那时候没有生活上的忧虑，我们的生活社会能为我们保障，社会的生产力可以听我们自由取得应分的需要，而我们个人和万众一样对于社会亦得各尽其力而成就个人的全面发展。这样的社会会有人不欢迎吗？"②他由"人的全面发展"联想到了儒家思想，认为后者也是"出入无碍，内外如一，对于精神方面力求全面的发展"③。

于是在同一个月，郭沫若在《伟大的精神生活者王阳明》附论中讨论了"西方物质文明"和"东方精神文明"，认为王阳明的学说之中有与社会主义一致之处，王阳明主张"去人欲而存天理"，这就是废除私有制度而"一秉大公"了。郭沫若要肯定孔子、肯定王阳明，同时也要

---

① 　郭沫若：《创造十年续编》，《郭沫若全集·文学编》第 12 卷，第 205—207 页。
② 　郭沫若：《盲肠炎》，《郭沫若全集·文学编》第 18 卷，第 11 页。此文原题《盲肠炎与资本主义》，后改题为《盲肠炎》。
③ 　郭沫若：《精神文明与物质文明》，《伟大的精神生活者王阳明》附论一，《文艺论集》，第 86 页。

信仰社会主义，他认为马克思与列宁的"人格之高洁也不输于孔子与王阳明，俄罗斯革命后的施政是孔子所说的'王道'"①。此外，郭沫若还提倡在个人的修养上以儒家精神为主，在社会变革中依照社会主义的指导，吸收西方的科学成果，增加生产力、平等分配物质产品。②

这表明，郭沫若在接受并信奉马克思主义的同时，还经历了一个特殊的思想过渡时期。他不仅将孔子、王阳明与马克思、列宁相较，认为他们的思想有一致点，把王道与共产主义等同，而且真切地希望将儒家思想作为与社会主义理论一样的思想工具，使用在个人的精神生活中。他想要作一篇"马克思学说与孔门思想"的论文，但最终却完成了"游戏之作"——小说《马克斯进文庙》。

在小说中，孔子和三个门生在文庙享用供奉时，马克思坐着轿闯了进来，二人主宾相见寒暄后，开始讨论各自的主义和思想。马克思称自己学说的出发点是："我们既生存在这个世界里面，我们应当探求的，便是我们的生存要怎样才能够得到最高的幸福，我们的世界要怎样能够适合于我们的生存。"孔子对此完全认同。马克思又谓最高的理想世界是"各尽所能，各取所需"的共产社会，孔子拍掌赞叹说这与自己的"大同世界"居然不谋而合，而后沉醉在自己"不患寡而患不均，不患贫而患不安"的说辞里。马克思反对说，应该是"患寡且患不均，患贫且患不安"，要增殖社会的产业使人人都有共享的可能，物质和精神上要丰富到满足所有人的需求。孔子又举出"庶矣富之富矣教之"之类的话证明自己和中国传统思想中也有富而均分的部分。于是马克思感叹说"你我的见解完全是一致的，怎么有人曾说我的思想和你的不合，和你们中国的国情不合，不能施行于中国呢?"孔子认为这是因为中国人不能了解自己和对方的思想，以至于各自的信奉者互相反对。③

小说以诙谐幽默的笔触虚构了二者的对话和情境，内容反映出郭沫

---

① 郭沫若:《精神文明与物质文明》,《伟大的精神生活者王阳明》附论一,《文艺论集》, 第86 页。

② 郭沫若:《新旧与文白之争》,《伟大的精神生活者王阳明》附论二,《文艺论集》, 第 87 页。

③ 郭沫若:《马克斯进文庙》,《洪水》1926 年第 1 卷第 7 期。

若认同的孔子与马克思的三点共通之处，即出发点、理想社会状况和实现的路径。读者并不会感到小说有厚此薄彼之嫌，两个人物进行了基本平等的对话。郭沫若预料到小说发表的结果是招来双方信奉者的共同反对，他预言"有的会说我离经叛道，有的会说我迷恋国糟"，但他不顾这些，要在一团黑的思想界"发生出一点微光来"①。

反对郭沫若观点的人如陶其情，撰写了《马克斯那能进文庙呢？》，郭沫若以为他的态度是可以与之讨论的，因此做了答复，其后二人又有一轮往复应答，发表于《洪水》半月刊上。

陶其情首先反驳了郭沫若的小说中认为孔子是"大同主义者"的观点。他声称孔子是一个"国家主义者"，具有"爱国精神"，其主张的"王道主义"并非"大同主义"，而"大同主义"是要求废除国家的。陶其情的观点是孔子思想与马克思之学说全然不同。马克思主张废除遗产，要求共产、劳动阶级参政；而孔子所言"三年无改于父之道可谓孝矣""家齐而后国治"，是重视家族和遗产制度，坚持"君君，臣臣"的秩序。②郭沫若辩解说，"三年无改于父之道可谓孝矣"说明孔子重视家庭，马克思也不曾要求废除家庭。而"家齐而后国治"就是国家当中家庭整齐，就是"共产社会"，这与马克思的观点也是相符的。郭沫若认为，孔子"王道的国家主义也就是大同主义，也就是共产主义"。他觉得世人对马克思和孔子的思想并没有深入理解，马克思的唯物史观、经济学说、共产革命学说"不见得就有好几位是真真正正地明白了的"，而孔子因为时代久远、述而不作，其思想也不易找到绝对的中心思想。因此二者的思想究竟是否矛盾，也并不容易说清。③

郭沫若最后的结论是正确的，即马克思与孔子的思想是矛盾还是相符，这个问题不易说清。因为如要将二者进行学术性的比对，将是一项异常复杂的研究工作，绝不是一二篇文章就能解决的问题。郭沫若自己就放弃撰写《马克斯学说与孔门思想》的论文，或许正是因为难度

---

① 郭沫若：《讨论〈马克斯进文庙〉》，《洪水》1926年第1卷第9期。
② 陶其情：《讨论〈马克斯进文庙〉·马克斯那能进文庙呢？》，《洪水》1926年第1卷第9期。
③ 郭沫若：《讨论〈马克斯进文庙〉·我的答复》，《洪水》1926年第1卷第9期。

巨大。

郭沫若自认对马克思学说理解不深，本欲通过翻译《资本论》而进一步学习。他认为"大同主义"是孔子的思想，这一点被陶其情抓住进行了批判。陶氏认为出自《礼记·礼运》的"大同"思想根本与孔子无关，并提出了古书辨伪的要求①，陶氏此处比郭沫若更加理性和客观。郭沫若显然知道自己将"大同主义"与共产主义联系在一起是牵强的，也不是真心相信儒家思想"等同于"马克思主义。他之所以草率地得出孔子与马克思有共通之处的结论，应该是出于实际的需要：他要将马克思的地位提高到与孔子一样"重要的"地位。尽管孔子及儒学在新文化运动中已被批判得淋漓尽致，已不再是统治中国人的最高思想，但在中国也没有第二种学说能够立时超越之、取代之。郭沫若宁愿得罪双方的支持者，也要对孔子和马克思进行同样的肯定，可见他更加意欲宣扬的是后者。

大革命与社会论争

1925 年，中国共产党领导的反帝爱国的"五卅"运动的爆发是中国现代史的又一转折点，较之于五四运动，它覆盖了更广泛的群体与阶级，邓中夏曾总结说"'五卅'运动以后，革命高潮，一泻汪洋，于是构成一九二五至一九二七年的中国大革命。"②郭沫若亲身投入了这场历史巨浪之中，5 月 30 日他在上海目睹了"五卅"惨案的现场，在其主笔的"四川旅沪学界同志会五卅案宣言"中，郭沫若控诉了帝国主义对中国的侵略，他分析了列强经济侵略的根本原因是"因为工业革命的结果，许多工业化的国家，都感受生产过剩的痛苦，而急急图谋扩张殖民地与商场"③，进而呼吁全民大团结，斗争以废除不平等条约。

1926 年 3 月郭沫若应瞿秋白之荐到广东大学任教，同年 7 月，他

① 陶其情：《马克斯到底不能进文庙》，《洪水》1926 年第 2 卷第 14 期。
② 邓中夏：《"五卅"运动》，上海社会科学院历史研究所编《五卅运动史料》第 1 卷，上海人民出版社 1981 年版，第 58 页。
③ 郭沫若：《为"五卅"惨案怒吼》，《郭沫若全集·文学编》第 18 卷，第 19 页。宣言后改题为《为"五卅"惨案怒吼》。

参加国民革命军北伐。1927 年 3 月，他撰写了《请看今日之蒋介石》，痛斥说："蒋介石已经不是我们国民革命军的总司令，蒋介石是流氓地痞、土豪劣绅、贪官污吏、卖国军阀、所有一切反动派——反革命势力的中心力量了"①。针对军阀的北伐虽然成功了，但大革命最终因蒋介石与汪精卫等人的背叛，对共产党人和工农群众进行屠杀而失败。

大革命失败对中国知识分子产生了深远的影响。许多青年没有屈服于国民党对革命的镇压，反倒增强了革命的倾向，这反映在知识界，就是社会史研究发展起来，而马克思主义成为在社会史研究中最受欢迎的理论方法，因为它兼具解释历史和指导现实的两项最重要的功能。1934年郭湛波撰写了《近五十年中国思想史》，他认为近五十年的思想可分为三个阶段，第一阶段从甲午战争到民国成立，第二阶段从辛亥革命至北伐成功，第三阶段从 1928 年至 1934 年，这一阶段"以马克思体系的辩证唯物论为主要思潮"②。

1927 年之后，学界开始就中国社会的性质、中国社会史和农村社会性质等问题进行讨论，许多观点碰撞起来，发生了社会性质与社会史的论争。何干之认为，这些论战是关于同一个问题多方面的探讨，这个问题就是认清当下的中国社会。他总结说论争涉及的问题很复杂，从当前的中国到帝国主义入侵前的中国，再到中国历史上的封建制、奴隶制和亚细亚生产方式。"所有这一切，都是为了决定未来方向而生出彻底清算过去和现在的要求"③。

大革命失败使得郭沫若的命运再一次转折，他受到国民党当局的通缉，于 1928 年被迫流亡日本。如同上述知识分子所面临的问题一样，现实的惨痛促使他更加深入地思考中国社会的问题所在，因此开始了对中国古代社会的学术研究。

---

① 郭沫若：《请看今日之蒋介石》，《郭沫若全集·文学编》第 13 卷，人民文学出版社 1992 年版，第 129 页。
② 郭湛波：《近五十年中国思想史》，岳麓书社 2013 年版，第 144 页。
③ 何干之：《中国社会性质问题论战》，《何干之文集》第 1 卷，北京出版社 1993 年版，第 186 页。

三 《中国古代社会研究》

写作缘起和内容

1928 年 8 月至 1929 年 11 月，郭沫若完成了四篇关于中国上古史的社会和思想分析的论文，加上"导论"与"追论和补遗"，集为《中国古代社会研究》，于 1930 年由上海联合书店出版。该书在几个月内再版了 2 次，共 3 版，每次都有修改和增补。据蔡震先生考证，每版的出版时间是"1930 年 2 月 20 日（或 2 月中下旬）初版，1930 年 3 月 20 日再版，1930 年 5 月 20 日三版"[①]。1947 年，该书经作者修订改排篇目，由群益出版社出版。1954 年又作重新修改，将 1947 年篇目的顺序改回初版的原样，由人民出版社出版。郭沫若自谓初版是"依据研究的先后次第排列的。上次改排时我改编了一次，依据了研究内容的时代先后。这样的改编是很不妥当的……看不出研究路径的进展。"[②]

关于该书的写作缘起，郭沫若在回忆录中阐述得很详细。他认为，马克思主义辩证唯物论是人类关于自然的观察上取得的最高成就。但很多人向中国引介马克思主义时通常只是"玩弄一些不容易消化的译名和语法"，反而会阻碍辩证唯物论的应用。他觉得中国的传统思想中已经有辩证唯物论的"根蒂"，中国历史的发展也符合历史唯物主义的规律，于是自己"主要是想运用辩证唯物论来研究中国思想的发展，中国社会的发展，自然也就是中国历史的发展。反过来说，我也正是想就中国的思想，中国的社会，中国的历史，来考验辩证唯物论的适应度。"[③]他期望通过这样的工作能让中国人认同马克思主义，并将马克思主义视为普遍的真理。

有了这样的想法，同时受到创造社同仁的敦促，郭沫若开始了对上古史的探索。最初的几个月他广泛地阅读了哲学、经济和历史等各领域

[①]　蔡震：《〈中国古代社会研究〉及版本的几个问题》，《郭沫若学刊》2010 年第 2 期。

[②]　郭沫若：《中国古代社会研究·一九五四年新版引言》，《郭沫若全集·历史编》第 1 卷，人民出版社 1982 年版，第 3 页。

[③]　郭沫若：《跨着东海》，《郭沫若全集·文学编》第 13 卷，第 330—331 页。

的书籍，在 1928 年 7 月底有了思路。郭沫若想起儿时背得滚瓜烂熟的
《周易》，感觉其宇宙观是符合辩证唯物论的，因此花了 6 日便完成了
《周易的时代背境与精神生产》，之后各篇的完成时间如下表所示。

完成时间	篇目
1928 年 8 月 7 日	第一篇　周易的时代背境与精神生产 ①
1928 年 8 月 25 日初稿，10 月 25 日改定	第二篇　诗书时代的社会变革与其思想上的反映
1928 年 10 月 28 日	导论　中国社会的历史的发展阶段
1929 年 9 月 20 日	第三篇　卜辞中的古代社会
1929 年 9 月 20 日	自序
1929 年 9 月 21 日	解题
1929 年 11 月 10 日	第四篇　周金中的社会史观 ②
1930 年 2 月 1 日至 1930 年 5 月 17 日	追论及补遗（共 10 篇）

以下试对各篇分述之。

《周易的时代背境与精神生产》分为上下两篇，上篇论《易经》所
反映出的社会生活、社会结构和精神生产，下篇论《易传》中的"辩证
观念"。《周易》的形成相传是伏羲画卦、文王重卦、周公作爻辞，孔子
作十翼（《易传》）。郭沫若通过一系列的考据研究认为，《周易》的《易
经》部分是古代卜筮的底本，作者并不是一个人，完成时间也不是一个
时代，它是原始公社向奴隶制社会转化的产物。《易经》反映出的社会
状况是：人们使用铜器为工具，饲养马牛猪羊，有行商和商品交易，使
用贝币，交通工具有马牛车舆，有耕种和器用，丝棉织物不发达。这是
一个从畜牧转化到农业的时代，农业与工商业只有萌芽。此时处于穆尔
刚（现通译为摩尔根）所谓"蒙昧时代"的中下段，当时铜器、畜牧种
植盛行，文字产生。家族制度是偶婚制，由母系制度向父系转移，私有
财产权确立，已具有国家的雏形，政治上进行享祀、战争、赏罚，阶级
分为"大人君子"的支配阶级和"小人刑人"的被支配阶级。宗教上有

① 收入 1954 年版《中国古代社会研究》时改题为《周易时代的社会生活》。
② 收入 1954 年版《中国古代社会研究》时改题为《周代彝铭中的社会史观》。

了至上神的观念，有一定的艺术形式。《易经》中含有一定符合辩证法的观念，但其作者把动的世界观改为静止的世界观，这是与辩证法相悖的。至于《易传》，郭沫若认为它产生于春秋战国时代，即奴隶制向封建制转变的时代，其思想如从事物中看出矛盾、从矛盾中看出变化，本来与辩证法是十分相符的，但之后却又变成一种停止的思想，与宗教妥协、维护统治者，成为一种"儒家的"折衷主义、改良主义和机会主义的伦理，与《中庸》《大学》一致。①

郭沫若在《诗书时代的社会变革与其思想上的反映》中认为，《诗经》与《尚书》反映了殷周之际原始公社向奴隶制的转变，以及东周之后奴隶制向封建制转变的历史过程。原始社会的状况是亚血族群婚、母系氏族，没有私有财产权，酋长由氏族评议会选举产生。这种氏族社会在殷代中期被动摇，当时已经有奴隶了。"诗书"表明西周初期有了铁器的使用，使得农业逐渐发达，于是产生了奴隶制度。西周时所谓"农夫"即奴隶，他们需要做农活、工事和徭役，这种奴隶后来演变为"庶民"，社会阶级便是贵族和奴隶两级。与《易经》一样，"诗书"反映的宗教思想是奴隶制下统治阶级的思想，主张人格神、神权政治和折衷主义。这种思想在西周末年被动摇了，《诗经》中有很多对天的怨望、责骂和质疑，对人的关注渐多，表明了当时阶级意识的觉醒。在这个时代，旧的贵族破产、新的有产者勃兴，农业生产力发达、手工业独立化，商业阶级抬头。于是"纯粹的奴隶制，便不能不跟着周室的东迁而完全溃败了"②。

《中国社会的历史的发展阶段》概括了摩尔根《古代社会》和恩格斯《家族私有财产及国家之起源》（现通译为《家庭、私有制和国家的起源》）中对古代社会发展一般过程的叙述。人类婚姻的进化由杂交发展为纯粹的血族结婚，再发展为亚血族结婚，最后是一夫一妇制。氏族

① 　郭沫若：《周易的时代背景与精神生产》，《中国古代社会研究》，联合书店 1930 年第 3 版，第 25—93 页。本书所引《中国古代社会研究》的版本，如无特别标出，均为联合书店 1930 年第 3 版。

② 　郭沫若：《诗书时代的社会变革与其思想上的反映》，《中国古代社会研究》，第 98—215 页。

社会以母系为中心，没有私有财产，以石器铜器为工具，以渔猎畜牧为生产本位。铁器的发明促进了农业的发展，母系转为父系社会，进而促使了私有制的建立、奴隶的使用、阶级的划分、国家的出现和奴隶制社会的产生，后来再由奴隶制转为封建制、由封建制转为资本制社会。郭沫若以这个一般规律来解释中国历史，他认为商代是中国历史真正的开始，商代及此前是"原始共产制的氏族社会"；西周是与希腊罗马一样的"纯粹的奴隶制的国家"；周厉王时的平民暴动是一次重要革命，而周室东迁后，中国转入封建制度，秦以后虽然是名义上的"废封建为郡县"，但封建制度一直持续到最近百年。①

《卜辞中的古代社会》首先概述了甲骨卜辞出土的历史，回顾了罗振玉、王国维等人对甲骨的蒐集与研究。进而通过对卜辞的研究，郭沫若论证了商代社会的状况。商代是牧畜发达的时代，卜辞中有农业的证明，但农业尚未发达。卜辞还反映了亚血族群婚、以母权为中心的实际状况，以及激烈的征伐、奴隶的存在、私有和用途。这些均表明商代是氏族社会的末期，阶级制度已逐渐产生。②

郭沫若认为，社会发展的一般规律是氏族制度崩溃后，一定要经由奴隶制的阶段才能发展到封建社会。他在《周金中的社会史观》中阐述了为什么说西周是奴隶制社会。他引用了一些周代青铜器铭文，说明"庶人"就是奴隶，其来源是俘虏，并且是一种主要的财产。虽然《周礼》中记载了井田制，但周代青铜器铭文中没有任何井田制的痕迹，这表明土地可以任意分割，耕种者是臣仆俘虏。周金铭文中没有《尚书·禹贡》所谓封建的"五服之制"，也无固定的"公侯伯子男"五等爵位的称谓。他最后的结论是周初不是封建社会而是奴隶社会，殷周之际是中国古代史上最大的社会变革时期。③

---

① 郭沫若：《中国社会的历史的发展阶段》，《中国古代社会研究》，第1—23页。

② 郭沫若：《卜辞中的古代社会》，《中国古代社会研究》，第217—289页。

③ 郭沫若：《周金中的社会史观》，《中国古代社会研究》，第293—314页。"五服之制"即《尚书·禹贡》中所谓甸服、侯服、绥服、要服、荒服，是按照远近区域而划分天子与诸侯权利与义务的方式。

方法与中心问题

《中国古代社会研究》所遵循的无疑是历史唯物论的理论方法，据郭沫若本人所言："本书的性质可以说就是 Engels'家族私产国家的起源'的续篇，研究的方法便是以他为向导……提供出来了他未曾提及一字的中国的古代。"① 他在书中所运用的理论观点几乎全部来源于恩格斯《家庭、私有制与国家的起源》及其引述的摩尔根《古代社会》中的内容。只有一处引用了马克思"经济学研究"（实为《政治经济学批判》"序言"）中关于社会发展阶段的原文："亚细亚的、古典的、封建的，和近代资产阶级的生产方法，大体是可以作为经济的社会形成之发展的阶段"②。郭沫若曾有翻译《资本论》的计划，但没有开始，后于1931年翻译了《政治经济学批判》和《德意志意识形态》。在写作《中国古代社会研究》的时候，郭沫若尚未深入阅读马克思原著。因此可以说，此时郭沫若的历史唯物论来源主要是恩格斯而非马克思。

除理论方法外，郭沫若在书中还充分使用了新的史学方法，其史料来源由单一的文献史料转向了实物史料与文献史料并重。《中国古代社会研究》的第一篇与第二篇还是基于纯粹的文献史料，即《周易》《诗经》《尚书》及先秦诸子作品等，第三篇与第四篇则创造性地使用甲骨卜辞和青铜器铭文作为论据。前两篇和导论完成于1928年10月，而第三篇完成于次年9月。在将近一年的时间中，郭沫若通过一次翻译工作找到了新方法，他在1930年回忆说：

> 去年年初我在研究中国的古代社会的时候，我感觉到要处理这个问题，关于考古学上的准备智识是不可缺少，我便选读了这部书。但我所读的是日本滨田青陵博士的译本。滨田博士是斯道的专家，他所迻译的书我相信一定是很有价值。结果和所豫期的相符，我由这部书得到的教益真是不少，适逢其会我从前的一位友人新开了一家书铺，他写信来要我的稿件，我便起心翻译这部书。因为一

---

① 郭沫若：《序》，《中国古代社会研究》，第6页。

② 郭沫若：《诗书时代的社会变革与其思想上的反映》，《中国古代社会研究》，第176页。

时买不出德文原本，我在便宜上便从日译本来重译了。①

这部考古学专著是德国学者米海利司（A. Michaelis, 1835—1910）的《美术考古学发现一世纪》，郭沫若据日译本译出，1929 年 7 月由上海乐群书店出版，译名依从日译本为《美术考古学发现史》。后来他又据成仿吾从德国寄来的德文原版重译了一遍，1931 年由上海湖风书局再版，1948 年 9 月群益出版社再版时改名为《美术考古一世纪》。郭沫若认为，该书除了给予读者美术和学术的知识之外，对于中国读者还有特别的意义。中国考古学方兴未艾，他预测不久就会出现一个黄金时期，这是他翻译该书的重要目的之一，即向中国读者介绍西方考古学方法，郭沫若自己也从中受益匪浅。

郭沫若选择该书的最初缘由，是研究中国古代社会时遇到了一定的方法问题，尤其是解读殷墟卜辞和殷周两代的青铜器铭文。"我的关于殷墟卜辞和青铜器铭文的研究，主要是这部书把方法告诉了我。"这些方法是注意历史的发展，作科学的观察，精细地考证，还要注意整体性。他坦言，如果没有这部书，自己的古代社会研究就会成为"砂上楼台"②。

在新方法的指导下，郭沫若对实物资料展开了研究。他承认罗振玉、王国维对甲骨文字研究所做的贡献，但批评他们是在"封建观念"影响下进行整理和研究。他说："我们现在也一样的来研究甲骨，一样的来研究卜辞，但我们的目标稍稍有点区别。我们是要从这古物中去观察古代的真实的情形以破除后人的虚伪的粉饰——阶级的粉饰，本篇之述作其主意即在于此。得见甲骨文字以后古代社会之真情实况灿然如在目前。得见甲骨文字以后，诗书易中的各种社会机构和意识才得到了它们的泉源，其为后人所粉饰或伪托者，胥如拨云雾而见青天。我认定古物学的研究在我们也是必要的一种课程，所以我现在即就诸家所已拓印

① 　郭沫若：《译者序》，《美术考古学发现史》，湖风书局 1931 年版，第 1 页。
② 　郭沫若：《译者前言》，《美术考古一世纪》，群益出版社 1948 年版，第 2—3 页。

之卜辞，以新兴科学的观点来研究中国社会的古代。"①

因而《中国古代社会研究》的后两篇论文风格一转，史料基本来源于卜辞和周金铭文。同时代的日本学者藤枝大夫认为："王国维、罗振玉、孙诒让、王念孙、王引之以至日本的林泰辅等诸人的注解（指甲骨文字和金石文字），到了郭沫若先生，以新史学的方法再整理一番，对古代社会给了一幅鲜明的图画。"②罗新慧指出："在当时的社会史大论战中，能够像郭沫若这样精深研究中国古史材料并运用于古史研究者，可以说是比较少见的。"③

《中国古代社会研究》的中心问题可以总结为古代社会性质问题及其衍生出的中国历史分期问题，前者主要指奴隶制社会如何由前一阶段的社会形态演化形成和确立的。奴隶制社会与中国历史的关系是社会史论争中一个被激烈讨论的主题，争论集中在：第一，中国历史上是否存在过奴隶制社会。第二，如果存在奴隶制社会，那么哪个时代是奴隶制的。很多学者否认中国曾经历过奴隶制社会，例如丁迪豪认为奴隶制并非普世性的，马克思和恩格斯"从来未曾主张过任何社会的发展，非经过奴隶制度的阶段不可"④。其他持否定论的还有陶希圣、李季、王礼锡、陈邦国等。

在肯定中国历史上存在奴隶制的观点中，郭沫若的西周奴隶说具有开创性，既肯定了中国历史上存在奴隶制，又直接将奴隶制社会确定在西周时代，他认为从殷商晚期到西周，是原始公社制的氏族社会向奴隶制的变革时期。1937年，何干之在《中国社会史问题论战》中提到，过去的八九年间，附和郭沫若的人极少，而反对他的人极多，论战中很多学者一提到《中国古代社会研究》"必大骂一顿"，直到1935年之后很多人改变了态度。何干之评价郭沫若的工作是"破天荒的"，打破了

---

① 郭沫若：《卜辞中之古代社会》，《中国古代社会研究》，第277页。
② ［日］藤枝大夫：《现代中国的根本问题》，转引自《何干之文集》第1卷，第311页。
③ 罗新慧：《二十世纪中国古史分期问题论辩》，百花洲文艺出版社2004年版，第29页。
④ 丁迪豪：《中国奴隶社会批判：郭沫若王宜昌理论之清算》，《历史科学》1934年第1卷第5期。

一直以来官学对中国古代史的湮没、改造和曲解。① 此后，一些马克思主义史家相继发表观点，同意中国古代社会存在奴隶制，但不赞成郭沫若的西周奴隶说。如吕振羽认为殷商为奴隶制社会，西周为封建制社会，翦伯赞也认为殷商为奴隶制社会。

《中国古代社会研究》包含了几篇分别写成的论文，并非是系统的、具有完整内在统一性的论著。例如，郭沫若认为《诗经·公刘》中"取厉取锻"表明周初发现了铁并且使用了铁器，因此促使了农业的发达，进而确立了奴隶制。但在之后的《周金中的社会史观》中却主张"周代是青铜器时代"，"在这时代当然不能说没有铁器的使用，然而铁的使用是还没有支配到一般的器制"②。这种矛盾并不是由于他忘记了协调统一，而是在于使用史料论证时的草率。在根本没有铁器在周初使用的证据时，郭沫若便下了定论，是因为他要使结论符合"铁器促进农业发展""农业发达是奴隶制"的一般规律。后来他承认："我的初期的研究方法，毫无讳言，是犯了公式主义的毛病的。我是差不多死死地把唯物史观的公式，往古代的资料上套，而我所据的资料，又是那么有问题的东西。我这样所得出的结论，不仅不能够赢得自信，而且资料的不正确，还可以影响到方法上的正确。"③1947 年，他将"铁器问题"修正为"在中国，铁的发现当在春秋年代，当以铁器作为促进奴隶社会向封建社会转变的媒介"④。

使用材料较为随意、对唯物史观的生搬硬套等问题是《中国古代社会研究》的缺陷，郭沫若后来不断修改着自己的观点，在 1944 年的《古代研究的自我批判》中对错误进行了集中清算。尽管如此，该书对中国史学界来说无疑是一颗重磅炸弹，顾颉刚说："这是一部极有价值的伟著，书中不免有些宣传的意味，但富有精深独到的见解中国古代社

---

① 何干之：《中国社会史问题论战》，《何干之文集》第 1 卷，第 309、313 页。

② 郭沫若：《周金中的社会史观》，《中国古代社会研究》，第 295 页。

③ 郭沫若：《我是中国人》，《郭沫若全集·文学编》第 13 卷，第 357 页。

④ 郭沫若：《中国古代社会研究·导论·后案》，《郭沫若全集·历史编》第 1 卷，第 31 页。

会的真相，自有此书后，我们才摸到了一些边际。"①

通过对郭沫若前半生的详细回顾，我们对于他思想的根基、人生的基调和早年的精神世界有了深入的了解。社会与国家的激变，传统与新学交融的背景使得郭沫若与同时代许多知识分子一样，既在潜移默化中接受了中国传统文化的熏陶，又直接面临着新学的冲击。求知天性让郭沫若没有被囿于传统的范围内，而是吸收了以泛神论为代表的新的精神养分，其创作的天分又将之化为诗句，在文学上迸发出无比的激情。

同时，郭沫若的留学生涯巩固了他爱国的人生基调，使得他一方面要求改变中国的现状，另一方面又从未抛弃中国传统精神文化。他喜爱泛神论，便用泛神论解释先秦诸子的代表——庄子、老子和孔子。从这时起，郭沫若对诸子的阐释就具有一种综合性的特征，他不拘泥于训诂与考据，而是利用某种新的方法论去理解诸子思想。

当郭沫若发现泛神论对改变现实并无指导意义时，他的转变是决绝的，在这一点上郭沫若无愧于变革主义者的身份。他逐渐理解并信仰了马克思主义，接受了唯物史观的基本方法，同时也掌握了甲骨文、金文的研究路径。因使用了新方法、新材料，郭沫若的学术研究水准得到飞跃式的提升，以社会史研究为基础，以甲骨文、金文研究为助力，他在中国古代社会研究方面取得了开拓式的成就。

以上这些经历影响了郭沫若的诸子观。第一，早年对诸子作品的诵记是郭沫若在后来若干年不稳定生活中研究诸子的材料基础，他对某些学派的偏爱也延续了下去，成为其诸子观中的一贯倾向。第二，爱国情怀使得他从未激烈批判中国传统文化，而是要"唤醒固有文化"，这种主张让他与其他变革主义者又有所不同。第三，从泛神论到马克思主义，方法影响着郭沫若的学术研究，也影响了他诸子观的具体内容与结论，其社会史研究成为诸子研究的基础。据此我们便能进一步探索郭沫若的传统观与诸子观。

---

① 顾颉刚：《当代中国史学》，上海古籍出版社 2006 年版，第 97 页。

第三章　诸子研究的背景与过程

第一节　郭沫若的传统观

如本书导言中所述，中国近现代史上的传统主义是对变革主义的一种应对，传统主义的代表如晚清的国粹学派、辛亥革命之后的康梁、国故派、学衡派等，对变革主义的回应可分为几种方式。其一，是在几乎同一套新的话语系统，即新学（西学）之中，对中国传统文化进行重新阐释，在中国传统思想中寻找与西方观念和价值相对应的部分，以彰显中国文化也具有先进性，如国粹学派等；其二，是对西方价值观念的缺陷部分进行攻击，力求证明东方优于西方，如"一战"之后梁启超、梁漱溟等人的观点；其三，强调中国传统文化的优势领域，如"科学与玄学"论争中，张君劢等人认为中国文化在塑造"人生观"上的正面作用等。不过，在五四新文化运动之后，变革主义作为一个整体，已在中国占据绝对的主流，尤其是马克思主义已经被相当多的知识分子所接受。传统主义最终并不能算是变革主义的"对手"，基本失去了影响力。

郭沫若作为变革主义者，他对于中国传统的态度，并非如大多数变革主义者那样，走向了大体否定甚至全盘否定的一端。从其人生历程的早期，郭沫若就表现出对中国传统思想的喜爱，这种情感的惯性一直持续到他"转变后"，本国固有的文化一直是他汲取养分的土壤，也是他学术研究的主要对象之一。

一　对传统主义的态度

1905 年邓实、刘师培等建立"国学保存会",其宗旨是"研究国学,保存国粹",并创办了《国粹学报》。其《发刊辞》中称"海通以来,泰西学术,输入中邦,震旦文明,不绝一线。无识陋儒,或扬西抑中,视旧籍如苴土"。针对这种现状,他们特编辑《国粹学报》用以保存国学,"以求学术会通之旨,使东土光明,广照大千"①。国粹学派的宗旨是"学术会通",换言之,即沟通东西方学术,而不是如"陋儒"一样将传统典籍视为草芥。

他们的做法主要有二,其一,是以西方观念解释中国传统,认为中国文化不弱于西方。如邓实认为:"夫周秦诸子,则犹之希腊七贤也。……西学入华,宿儒瞠目,而考其实际,多与诸子相符",诸子之书中所含的义理,与西方的心理、伦理、社会、历史、政法,甚至"声光化电"的学问都有符合的地方。邓实声称欧洲学者近来都承认要研究中国古学,认为中国古学将会影响全球,因此号召中国学人要"研求古学,刷垢磨光,钩玄提要",去发现其中的"新事理",提高中国古学的"声价"。②

其二,提高汉族和汉文化的整体地位,为反对满清政府建立思想基础,为革命做准备。例如,黄节在《黄史·种族书》中将中国史统归于黄帝,将清廷满人称为"塞外杂种",斥责其"盗窃神器,临制中夏,变乱道德而畛绝吾族。虽有尧舜之圣不与其字,仇之、敌之、诛逐之可也"③。刘师培直言其《攘书》取名于"攘夷"之义,其《华夏篇》说,"汉族初兴,肇基西土而昆仑峨峨,实为巴科民族所发迹"④。

郭沫若从中学起就开始阅读《国粹学报》,多年之后的 1939 年,他回故乡奔父丧时,因为回忆起《阿盖妃》的诗,于是"在我年青时所读

---

① 《国粹学报发刊辞》,《国粹学报》1905 年第 1 期。
② 邓实:《古学复兴论》,《国粹学报》1905 年第 9 期。
③ 黄节:《黄史·种族书》,《国粹学报》1905 年第 1 期。
④ 刘师培:《攘书》,《刘申书先生遗书》第 18 卷,宁武南氏 1934 年校印本,第 1 页。

过的书籍中,（那些多被蠹蚀焚毁,仅留极小一部分）,找到那册有第六十四期的《国粹学报》的合订本,这在目前应该算得珍本了。《阿盖妃》的诗又重新温暖了我的旧梦,因而那册书我便随身带到了重庆来"①。可见该刊给他留下了很深的印象,郭沫若早期的学术观点也可证明国粹学派的影响。例如他在《同文同种辨》中接受的中华文明西来说之"Bak族",与刘师培所谓"巴科族"显然一致,出于拉克伯里之说。又例如他在《我国思想史上之澎湃城》中将中国上古历史与希腊相比,并将西方观念直接套用于中国史和古代思想上,也是国粹学派的一贯做法。此外,郭沫若在少年时代有强烈排满情绪,以及认为中国革命后能将列强全部打倒的自信,与国粹学派的鼓吹不无关系。

第一次世界大战给欧洲留下了创伤,也波及了遥远的东方,欧洲列强不仅自己互相伤害,而且并不放松对中国的侵轧,将德国在山东的权益转让给日本,引发了五四爱国运动。传统主义者因此对西方文化的价值缺陷进行了尖锐的抨击,其代表者有梁启超和梁漱溟。

1918年底至1920年初梁启超在欧洲游历考察,并在报纸上连载了《欧游心影录》。梁启超看到了欧洲战后创巨痛深的惨状,各国财政倾家荡产,社会革命暗潮涌动,贫富差距拉大,这其中受到进化论和个人主义的影响,欧洲人还相信科学万能,否定自由意志,因此道德上显露出很大的问题,梁启超认为这是当时思想界最大的危机。②他呼吁中国青年要爱护本国的文化,要用西方人的方法研究中国文化,并综合形成一个以中国文化为主的新文化系统,最后要将之扩充到全世界,"叫人类全体都得着他好处"③。

1921年8月梁漱溟在济南演讲,讲稿后来集为《东西文化及其哲学》一书。梁漱溟认为,几十年来中国人的精神、社会和物质方面都被西方化了,尤其新文化运动的倡导者要在根本上进行西方化。他不但反

---

① 　郭沫若:《〈孔雀胆〉的故事》,《郭沫若全集·文学编》第7卷,人民文学出版社1986年版,第257页。
② 　梁启超:《欧游心影录》,商务印书馆2014年版,第17、27页。
③ 　梁启超:《欧游心影录》,第51页。

对全盘西化，也反对将东西文化"调和"的做法，认为调和"只能算是迷离含混的希望，而非明白确切的论断"①。梁漱溟为"西方化"所做的定义是："以意欲向前要求为其根本精神"②，这样的精神发展出"科学"和"民主"，科学要求征服自然，将一切都科学化，其结果是排斥"玄学"；"民主"要求"人的个性伸展"和"人的社会性发达"。近世以来，西方人"日新又日新"地改造自然和社会，但这条路已走到尽头。他最后预言，世界未来文化是中国文化的复兴。③

郭沫若反对梁启超在《欧游心影录》中的观点，他写下这样的论断："欧战之勃发乃是极端的资本主义当然的结果。远见的思想家在欧战未发以前已断言资本主义之必流祸于人类，伟大的实行家于欧战既发以后更急起直追而推翻其祸本。马克司与列宁终竟是我辈青年所当钦崇的杰士。欧洲不乏近视眼的批评家，见欧战之惨毒而遽行宣告科学文明之破产。我国自印度思想输入以后，几千年来溺佛者遁世无营，避佛者亦故步自画，平素毫不知科学精神之为何物，每举与我利的资本主义混而为一如，一闻欧人因噎废食的肤言，则不禁欣然而色喜，我辈对此似宜有所深戒而详加考察。"④郭沫若认为梁启超将科学精神与资本主义混为一谈，将资本主义走向极端而导致的世界大战，误认为是科学精神的作用，他抨击梁启超是在鼓吹科学文明破产。本段引文出自 1923 年 5 月 20 日他与宗白华的通信，后来以《论中德文化书》为题目发表，在这封信中他详细阐述了对中西文化的看法，可视为他对传统主义的一种态度。

宗白华认为东方精神可以用"静观"代表，西方精神可以用"进取"代表。郭沫若对此表示怀疑，他主张动与静本就是相对的，即使假定文化可以用动和静来划分，西方为动、东方为静的说法也是不妥的。

---

① 梁漱溟：《东西文化及其哲学》，商务印书馆 1999 年版，第 21 页。
② 梁漱溟：《东西文化及其哲学》，第 34 页。
③ 梁漱溟：《东西文化及其哲学》，第 202 页。
④ 郭沫若：《论中德文化书》，《文艺论集》，第 20 页。郭沫若自谓此处特指梁启超，参见《郭沫若全集·文学编》第 15 卷，第 152 页"作者自注"。

郭沫若认为中国"固有精神"与希腊思想一样都是"入世"的，是动态的。中国最纯粹的固有精神是周秦之际的思想，他以孔子和老子为例，说明他们的精神是动的或"活静"①的，以儒道为代表的中国传统思想源头与希腊文明源头也是"两相契合"的。

然而希腊文明是西方科学的来源，中国为何没能诞生科学？郭沫若对此也进行了探讨。他认为中国古代农业最早发达，与观察自然相关的星相学在周代之前就成系统了。周秦的学者对于"实践理性"也有讨论，如道家是"合理的形而上学"，儒家有"博大的人生哲学"。墨子有物理学、邹衍有归纳法、惠施"偏为万物说"，他们都"有几分纯粹科学的面目"，结果都被秦火一炬而失传。佛教这种"静观的印度文化"贻误了中国固有精神的发展，于是科学没能在中国诞生。最后郭沫若说：

> 我们要唤醒我们固有的文化精神，而吸吮欧西的纯粹科学的甘乳。我们生在这再生时代的青年，责任是多么沉重呀！我们要在我们这个新时代里制造一个普遍的明瞭的意识：我们要乘着个动的进取的同时是超然物外的坚决精神，一直向真理猛进！②

从该文可见，郭沫若极度反对以梁启超为代表的对西方科学进行攻击的那种传统主义，他的态度非常明确，即对中国"固有的文化"要唤醒、继承，对西方科学更要汲取。总体而言，这代表了他对传统与变革的全部态度，既不像新文化运动者们一样激烈地反对传统，也不如传统主义者们一样否定西方。

1924年，在《精神文明与物质文明》一文中，他反思了"一战"之后社会上泛滥的某种声音，即："西方的物质文明破产了，东方的精神文明是救世的福音。"他提出，这种声音是很盲目的，需要辨析其中

---

① "活静"与"死静"相对，指"群力合作的平衡状态"。
② 郭沫若：《论中德文化书》，《文艺论集》，第28页。

何谓"西方的物质文明"，何谓"东方的精神文明"。他认为西方资本主义的社会组织或许要破产，但"科学文明"不会。需要依靠科学提高人民生活水平，发展智能之途，需要科学来"救济东方"。东方的印度思想是不能救济精神世界的，必须指望中国古代思想，即儒家思想。郭沫若主张"精神是离不开物质的，精神的教养在富庶之后"，在物质生产力尚未丰富的时代，必须依靠科学文明来发展。① 他的最终态度是，开辟东西方文化的一条新路，以解决思想界"新旧"的纷争，即："在个人的修养上当体验儒家的精神努力于自我的扩充以向完成的圣域，而在社会的兴革上则当依社会主义的指导努力吸受科学文明的恩惠，使物质的生产力增加，使物质的分配平等，使各个人的精神都得以遂其全面的发展。"②

郭沫若在少年时代曾深受国粹学派的传统主义影响，这激发了他的爱国主义情怀，然而这种激情民族主义式的爱国主义并不是由理性主导的，在郭沫若知识和阅历都愈加丰富之后，他逐渐从盲目的激情中清醒过来，成长为一个理性变革者，开始反对当下的传统主义，但并未走到抛弃一切传统的另一个极端。

二　关于"整理国故"

新文化运动走向高潮的 1919 年，罗家伦、傅斯年于 1 月在北京大学创办《新潮》月刊，要唤起国人对本国学术的自觉，主张"去遗传的科举思想，进于现世的科学思想；去主观的武断思想，进于客观的怀疑思想"③。与之相对的，北大学生薛祥绥等也于 1 月创办了《国故》月刊，总编辑为传统主义的主将刘师培。两种对立的思潮在中国当时思想最活跃的高等学府发生了碰撞，这可以被视为中国思想界整体状况的一个缩影。

---

① 　郭沫若：《精神文明与物质文明》，《伟大的精神生活者王阳明》附论一，《文艺论集》，第86 页。
② 　郭沫若：《新旧与文白之争》，《伟大的精神生活者王阳明》附论二，《文艺论集》，第 87 页。
③ 　傅斯年：《〈新潮〉发刊旨趣书》，《傅斯年集》，花城出版社 2010 年版，第 34 页。

1919年4月，毛子水在《新潮》发表《国故和科学精神》，率先发出了挑战。文章澄清了所谓"国故"的混乱定义，如"三纲五常""四书五经"等，肯定章太炎在《国故论衡》中的观点，将"国故"定义为"中国古代的学术思想和中国民族过去的历史"。毛子水批判了传统主义中的极端观点，如将国故与西方学术思想对立起来，认为西方学术在国故中无所不备，反之国故中还有许多欧洲没有的东西。他认为这是爱国主义过剩、夜郎自大或无知导致的。毛子水对中国学术的评价是极低的，他认为中国民族对于世界文明没有重大贡献，"国故"在世界学术史上也并不重要。研究国故的目的是寻找中国民族和思想落后的原因，从而可以用科学去救治。他指出要用科学的精神指导研究，要科学地选择材料，不能仅仅为了"发扬国光"。最后，毛子水大力抨击了"抱残守缺"、只会崇拜古人的研究者，但对《国故》月刊却点到为止，他说："国内讲国故学的杂志，前有《国粹学报》等，最近有《国故》，用意皆很好。但是他们里面所登的，有许多亦似乎缺点科学的精神。"①

傅斯年在给这篇文章所做的"识语"中也表达了个人对国故的几点看法，第一，研究国故的手段有整理国故和追摹国故，他肯定前者的方法，即把中国过去的学术、政治、社会等作为材料，作系统的研究。他认为中华国故作为世界学问的一部分，也有其作用。第二，他认为国故是材料而非"主义"。第三，"国粹"的称谓不如"国故"。对于"保存国粹"的口号，他认为"凡事一件事物，讲到保存两字，就把往博物院去的运命和盘托出了"，保存国粹不如创造新国粹。第四，研究国故，必须用科学的主义和方法。②

随后张煊在《国故》月刊上发文反驳，言辞激烈。他认为所谓"科学"是欧洲古代学术思想演化而来的，与中国的"国故"只有国别的差异，而没有生死的区别。科学是当今人类公用的，可以谓之"生"，那么中国古代学术思想"现方支配我国多数人之心理，于四万万人之信

---

① 毛子水：《国故和科学精神》，《新潮》1919年第1卷第5期。

② 傅斯年：《毛子水〈国故和科学的精神〉识语》，《新潮》1919年第1卷第5期。

中，依然生存，未尝死也"。张煊将国故与"欧化"并立，称前者是东洋文明的代表，后者是西洋文明的代表，二者处于对等地位。肯定西洋文明而批判东洋文明，与相反的做法是一样错误的。他抬高"整理国故"的地位，称中国人"欧化"，欧化也不会"加长"，不如去整理国故，世界反而多有所得。最后他讨论了何谓"科学精神"，认为应是"从善服义"，即能吸取他人的见解。但他说，能否做到这一点是人的天性，与其称为科学的精神，不如叫"问学之正道"①。

这三篇文章对国故的看法都有不同，毛子水定义了"国故"，其他两人没有对此进一步阐释，姑且认为他们基本认同国故是"中国古代的学术思想和中国民族过去的历史"。毛子水走得较远，认为国故基本没有价值，不足为取，即使要研究也是为了研究国故为何落后。相对而言，傅斯年并不极端，认为应将国故作为材料加以整理，中华国故作为世界文化的一部分也有整理的价值。张煊则抬高国故的地位与西方思想文化平齐，号召整理国故。三者虽态度相差很大，但都同意应当将国故作为一个对象去做学术工作，毛子水称为研究国故，傅斯年提到了"整理国故"，张煊则多次使用"整理国故"的说法。这是三者的第一个争论点。

其二，关于如何进行学术研究，毛子水提出要用"科学的精神"指导，但他通篇并未阐述何谓科学的精神，以及科学如何指导研究。张煊在反驳毛子水时，将"科学的精神"自行理解为"从善服义""问学之正道"，他的理解不如说是学者本身的性格与态度，是一种"人性"，绝非毛子水本义的"科学精神"。傅斯年提到"研究国故，必须用科学的主义和方法"，实则与毛子水原意相合，但他的识语较短，未能展开说明。

1919年8月胡适作了一篇短文《论国故学》，对毛子水文章的一些问题进行了探讨。例如，毛子水称"世界所有的学术，比国故更有用的有许多"，胡适认为这是一种功利的观念，做学问应当"为真理而求

———————
①　张煊：《驳〈新潮〉"国故和科学的精神"篇》，《国故》1919年第3期。

真理"，发现一个字的古义，与发现一颗恒星都是大的功绩。因此为了
"求真理"，整理国故是有必要的。他亦提出要用"科学的研究法"，认
为清代钱大昕、王引之和俞樾的研究都不自觉地使用了科学方法，科学
方法最基本的一部分是"求否定的例"（反例、例外）。[1] 胡适的文章虽
短，但切中了两个要点，即对毛子水的激进观点做了纠正，并说明了何
谓"科学方法"。

　　年底，胡适作《"新思潮"的意义》，将"新思潮"言简意赅地表述
为"研究问题，输入学理，整理国故，再造文明"，这是他作为一个变
革主义者提出的著名口号。新思潮是一种评判的态度，在实际中表现为
两个手段，一是讨论当下社会上的种种问题，如孔教、文学改革、女子
解放、婚姻等；二是介绍西方的新思想、新学术，即"输入学理"。这
二者实际是 1919 年胡适与李大钊进行"问题与主义"论争的延续，或
者说是胡适自我的总结。其后，他提出对于中国"旧有的学术思想"应
当不盲从、不调和，并且要整理国故："整理就是从乱七八糟里面寻出
一个条理脉络来，从无头无脑里面寻出一个前因后果来，从胡说谬解里
面寻出一个真意义来，从武断迷信里面寻出一个真价值来。"这是整理
国故的四个目的，尤其要用科学的方法做精确的考证，将古人真正的意
义弄明白。他表明以上新思潮的手段和对旧文化的工作，最终的目的是
再造文明。[2]

　　此后胡适开始实践"整理国故"，他于 1923 年创办《国学季刊》，
开列"国学书目"，并影响了顾颉刚等人进行"疑古"之工作。关于如
何整理国故，胡适提出了更加具体的方法，一是扩大国学的范围，将
一切过去的文化历史包含在内；二是注意系统的整理，部勒国学研究
的资料，即索引式、结账式、专史式的整理；三是博采参考比较的资
料。[3] 到了 1927 年，他说自己十分相信"烂纸堆"里有无数的吃人的老
鬼，要捉妖、打鬼，"这是整理国故的目的与功用。这是整理国故的好

---

[1]　胡适：《论国故学》，《胡适文存》第 1 卷，华文出版社 2013 年版，第 314—315 页。
[2]　胡适：《"新思潮"的意义》，《新青年》1919 年第 7 卷第 1 号。
[3]　胡适：《发刊宣言》，《国学季刊》1923 年创刊号。

结果"。将古代文化的真相考证出来，将真相写出来，就是化黑暗为光明，保护人们不受鬼怪迷惑。[1]胡适是"整理国故"运动的首倡者，他将方法和目的进行了清晰的阐述，整场运动的开展也颇具声势，以至于形成一股整理国故的风潮。

1922年，郭沫若在剧本《月光》中使用了"整理国故"一词，剧本的主人公"博士"的志愿是整理国语文字、整理国故和改革政治。[2]1924年1月，他观察到整理国故运动的影响已经到了"国内人士上而名人教授，下而中小学生，大都以整理相号召，甚至有连字句也不能圈断的人，也公然在堂堂皇皇地发表著作"的地步。吴稚晖《箴洋八股化的理学》和成仿吾《国学运动的我见》都对以上这种现象提出批评，郭沫若读完这两篇文章之后想要阐述自己的看法，因此写作了《整理国故的评价》。

郭沫若称，吴稚晖以为科学对当时的中国有用而国学无用，因此要抛弃国学，这是功利主义的做法。郭沫若认为并不应该以功利和功用来评价国学本身，研究国学原不应受到他人的干预。但是，当时的整理国故运动者却超越了学者的本分，向所有人宣传国学研究，"好像研究国学是人生中唯一的要事"，因此招致了反感，郭沫若称为"咎由自取"。他说："只徒笼统地排斥国学，排斥国学研究者，这与笼统地宣传国学，劝人做国学研究者所犯的弊病是同一的，同是超越了自己的本分而侵犯了他人的良心了。"[3]郭沫若此言似乎是对整理国故的提倡者和反对者各打一板，实则是批评"声音过大"的整理国故的提倡者，因为没有他们的"大锣大鼓"的宣扬，也不会招人厌弃。最后他谈到自己对国学和"整理"的态度：

　　至于国学究竟有没有研究的价值？这是要待研究之后才能解决

---

[1]　胡适：《整理国故与"打鬼"》，《胡适文存》第3卷，华文出版社2013年版，第92—93页。

[2]　郭沫若：《月光》，《郭沫若全集·文学编》第6卷，人民文学出版社1986年版，第7页。

[3]　郭沫若：《整理国学的评价》，《文艺论集》，第94页。该文收入《沫若文集》《郭沫若全集》时有较大修改。

的问题。我们要解决它，我们便不能不研究它。研究的方法要合乎科学的精神，研究有了心得之后才能说到整理。而且这种整理事业的评价我们尤不可估之过高。整理的事业，充其量只是一种报告，是一种旧价值的重新估评，并不是一种新价值的从新创造，它在一个时代的文化的进展上，所效的贡献殊属微末。①

由前文可知，郭沫若对于中国传统文化的态度是要"唤醒"的，这其实与他在此文中所谓要用科学的方法先去研究的做法是一致的，先研究才能发现传统文化是否有价值，然后才能说到"整理"。他对"研究"是提倡的，但对整理工作本身的评价是过低的。

三　跳出国学的范围

郭沫若很少使用"国粹""国学""国故"来称呼中国的传统文化，对于"国粹"他有一段明显的讽刺之语：

这在封建社会的闭关时代或者是在包含着封建思想的闭关头脑中，他们也认定了这个事实，他们便名之为"国粹"。因为他们只知道本国本族有"粹"而不知道他国他族也有"粹"，或者是知道了没有充分的能力去鉴赏——鉴赏力也是依着时代进展的，——他们在这样的情形之下对于所谓不朽性的解释，用同义语来反复便是甚么民族的精华，国家的精华，再进一步便是自己的民族性的优越，本民族是天帝的选良，是神明的胄裔。②

对于"国学""国故"郭沫若用得也不多，通常用来描述他人，例如谈到日本学者内藤湖南说"研究国学的人大都是知道他的"③，又如谈到王国维和鲁迅的思想历程和治学方法时说："大抵两位在研究国故上，

---

① 郭沫若：《整理国学的评价》，《文艺论集》，第95—96页。
② 郭沫若：《关于文艺的不朽性》，《郭沫若全集·文学编》第16卷，第106页。"他们也认定了这个事实"中的"事实"指艺术的不朽性。
③ 郭沫若：《惰力与革命》，《郭沫若全集·文学编》第18卷，第180页。

除运用科学方法之外，都同样承继了清代乾嘉学派的遗烈。他们爱搜罗古物，辑录逸书，校订典集，严格地遵守着实事求是的态度。"①

对于中国的传统，郭沫若多使用"固有精神"或"固有的文化"指代，如在《论中德文化书》中多次提及的"固有精神""固有的文化精神"等。1935年他在东京演讲时称，"中国固有文化的负担太重了"，此前三千年间对过去的文化都怀有一种憧憬，却对新文化进行抵触，将西方视为"夷狄"。"中国文化诚然是很有光辉的，但就因为太有光辉"，在变革时期便成为负担。清代学者戴震、段玉裁、王念孙、王引之等在音韵学、训诂学上取得了很高的成就，但郭沫若认为这只是对旧文化的整理，并未进一步推动中国文化的发展，资本主义在世界发展之后，中国便落后了。此处他又抨击了那种要用孔孟之道治国平天下的主张。②1938年，郭沫若认为中国"固有的文化"依然在世界上焕发着灿烂的光辉，固有文化的范围涵盖了语言、文字、思想、文艺、学术、产业和生活等各个方面。中华民族的精神就是创造有特征的文化、同化其他民族，同时吸收其他民族文化的精华，如印度的佛法、西域的音乐、斯基泰的艺术和希腊的星历等，并且化为自己的血肉，"使我们固有的文化愈加充实了起来"③。

在《中国古代社会研究》的"自序"中，郭沫若直言必须跳出"国学"的范围，"然后才能认清所谓国学的真相"，主张必须清算中国的社会。他认为这个工作不是胡适所谓的"整理"："胡适的'中国哲学史大纲'，在中国的新学界上也支配了几年，但那对于中国古代的实际情形，几曾摩着了一些儿边际？社会的来源既未认清，思想的发生自无从说起。所以我们对于他所'整理'过的一些过程，全部都有从新'批判'的必要。"④他指出，所谓"整理"的目标是"实事求是"，最终可以做

---

① 　郭沫若：《鲁迅与王国维》，《郭沫若全集·文学编》第20卷，人民文学出版社1992年版，第309页。
② 　郭沫若：《中日文化的交流》，《郭沫若全集·文学编》第18卷，第79—90页。
③ 　郭沫若：《复兴民族的真谛》，《郭沫若全集·文学编》第18卷，第281页。
④ 　郭沫若：《序》，《中国古代社会研究》，第2—3页。

到"知其然"，"批判"则是要寻求为何造成那种事实，"知其所以然"。他承认整理是批判的前一步工作，但不可止步于此。通过"批判"来清算中国社会，其使用的方法自然是马克思主义，由中国人用中国的史料进行研究，来填补马克思、恩格斯没有论及的空白。他讽刺地说："谈'国故'的夫子们哟！你们除饱读戴东原王念孙章学诚之外，也应该要知道有 Marx，Engels 的著书，没有唯物辩证论的观念，连'国故'都不好让你轻谈。"①

1944 年郭沫若在《谢陈代新》中陈述了自己对中国传统的态度。他认为人类文化的地方性小而时代性大，同一时代不同民族的文化拥有同样的面貌，同一民族的不同时代则相差天渊。因此对"文化遗产"的态度应是，本国古代的文化应"批判的扬弃"，现代的哪怕是敌国的文化应该"批判的摄取。"批判古代时"应该要比专家还要专家，比内行还要内行"，应让理智战胜感情，用尽一切资料来还原研究对象的本来面目："歪曲了的矫正过来，粉饰着的把粉给它剥掉。但用不着矫枉过正，用不着分外涂乌。"

这项工作需要分工协作：让一部分人进行专门性的整理，最后完成"一部新的中国通史，中国思想史，和艺术各部门、文化各部门的专史。就是史纲也好，但要货真价实，一言九鼎，一字千钧，使专家们也要心悦诚服"。郭沫若批判当时流行的新儒家、新墨家、新名家、新道家学说，认为他们是要把死尸复活，是时代的错误。将某一家思想视为神圣不可侵犯的，是最不科学的。正确的做法是"清算古董"，即以公证人的态度来判决悬案，要考察其中心思想是否符合"人民本位"。对新的东西应当尽量摄取，摄取的标准是符合人民本位，并且要切合实际，要使"现代学识"中国化，从而可以让现代学识在现实生活中生根发芽。②

三年之后，郭沫若褒扬了闻一多的治学态度和方法，继而阐述了自

---

① 郭沫若：《序》，《中国古代社会研究》，第 6 页。
② 郭沫若：《谢陈代新》，《郭沫若全集·文学编》第 19 卷，第 447—451 页。

己研究古代文献的心得。闻一多总结了研究《楚辞》的三个课题：说明背境、诠释词义、校正文字。郭沫若认为这是研究古代文献时的共同课题，他认为中国古代学者都只能做到第二项和第三项："汉儒的研究是在第二第三阶段上盘旋，宋儒越蹦了第三阶段，只是在第二阶段的影子上跳跃。清儒又回到第二第三阶段上来。"必须超越文献的时代和时代意识，才能达到"说明背境"的程度，古人是不可能做到的。郭沫若赞扬闻一多的研究正是"为了要批判历史而研究历史，为了要扬弃古代而钻进古代里去"①，而他自己的研究也做到了这一点。

郭沫若对于中国固有的精神和文化的研究方法，首先是跳出"国学整理"的模式，从故纸堆中走出，超越汉、宋、清代学者那种诠释词义、校正文字的"小学"工作，其次是要用科学的理论——马克思主义来批判性地清算中国古代社会。郭沫若不使用"国粹""国故""国故"等词语，应是刻意要与当时流行的、背后由传统主义支持的概念保持距离，在转向马克思主义之后，他仿佛获得了打开研究"固有传统、固有精神"之门的钥匙。在传统主义和变革主义同时聚焦的学术领域——诸子学研究方面，郭沫若早年就有极大的兴趣，在获得新的理论方法后，他除了钻研社会史，在思想史、诸子学方面也不断探索，笔耕不辍。

第二节　郭沫若的诸子研究

一　近代诸子学的兴起

西汉司马谈将先秦诸子之思想及其撰述分为阴阳、儒、墨、名、法、道德六家。董仲舒献"罢黜百家，独尊儒术"之策后，儒家获得了超然的地位。刘歆编撰图书目录《七略》时，将先秦以来诸子之作品合为"诸子略"。东汉班固作《汉书·艺文志》时延续了他的分类，分别六经与诸子，将诸子分为儒家（53 种）、道家（36 种）、阴阳家（21

---

① 　郭沫若:《论闻一多做学问的态度》,《历史人物》,海燕书店 1947 年版, 第 188、190 页。

种）、法家（10 种）、名家（7 种）、墨家（6 种）、纵横家（12 种）、杂家（20 种）、农家（9 种）、小说家（15 种）共 10 大类、189 种。除小说家外，其余 9 家又称"九流"，统称九流十家。此后"子书"成了单独一类，其内容有所扩展，至清代《四库全书》时为 14 家，两千年来一直属于经学的附庸。

清代乾嘉学派的影响巨大，一些学者曾对诸子进行校注，如毕沅校《墨子》《吕氏春秋》，孙星衍校《孙子》《吴子》，汪中序《墨子》等。洋务运动之后，中国一度盛行"西学中源说"，如黄遵宪认为西学出自《墨子》，曾纪泽认为老子将周代的简章法度传到了西方。① 后来的维新派虽不再妄自尊大地认同东学西渐，不过还是将诸子学问与西学放在同等地位。如唐才常认为所谓新学的要义不外乎格致、富强、公法律例，而《管子》《墨子》《庄子》《列子》《吕氏春秋》都是讲格致富强的，因此"欲救今日民穷财尽之病"，就用管子之学；"欲救今日士农工商各怀私心之病"，就用墨学；欲救今日吏治废弛之病，就用申韩之学；要"画五大洲大同之轨"，就用孟子公羊之学。②

晚清之时，伴随着对儒学的再认识，诸子学之地位也被提高到和儒家一样的地位。如邓实认为，中国先秦诸子的学问是中国学术史的"一代之光"，只因汉武帝时罢黜百家而衰落，使得本国无学，才不得不求之于外国。他总结了清以来对诸子的一些注解，称旧有之古学已然渐兴。因"儒家之外复有他教，六经之外复有诸子"，孔子之学应该发扬光大，但湮没千年的诸子之学也应当复兴，都应作为国粹被研究，"以保我祖宗旧有之声明之物，而复我三千年史氏之光荣"③。

近代以来，一方面学者们在考据诸子上继续精进，如俞樾《诸子平议》、孙诒让《墨子闲诂》、王闿运《墨子注》、王先谦《荀子集解》《庄子集解》、戴望《管子校正》、王先慎《韩非子集解》、陶鸿庆《读诸子

---

① 罗检秋：《西学与近代诸子学的发展》，《天津社会科学》1994 年第 4 期。

② 唐才常：《治新学先读古子书》，《国学与近代诸子学的兴起》，广西师范大学出版社 2010 年版，第 5—6 页。

③ 邓实：《古学复兴论》，《国粹学报》1905 年第 9 期。

札记》、孙德谦《诸子通考》、蒋伯潜《诸子通考》、陈清泉《诸子百家考》、罗焌《诸子学述》、罗根泽《诸子考索》、高亨《诸子新笺》、钱穆《先秦诸子系年》等。

另一方面，也涌现了一批分析诸子思想的作品，如章太炎《国故论衡》、梁启超《先秦政治思想史》、胡适《中国哲学史大纲》《先秦名学史》、陈柱《子二十六论》《诸子概论》、冯友兰《中国哲学史》、郭湛波《先秦学术史》等，其中有不少作品使用了西方的理论和概念来分析诸子思想，并在写作时注意将其系统化。宋洪兵评论道："及至现代，在人性论、历史观、宇宙论、境界论、人生论、知识论等基本分析框架下，运用分析和综合法，将零散的思想碎片整合为一个有条理的思想系统，先秦诸子的思想面貌得以相对完整地呈现。"[A] 多位马克思主义史家也使用唯物史观对先秦诸子开展研究，如郭沫若《青铜时代》《十批判书》、吕振羽《中国政治思想史》、侯外庐《中国古代思想学说史》、杜国庠《先秦诸子思想概要》和嵇文甫《先秦诸子与古代社会》等。

此外，专论一家学派或某个人物的专著更不胜枚举，如张默生《先秦道家哲学研究》、高亨《老子正诂》、王力《老子研究》、郎擎霄《老子学案》《庄子学案》《墨子哲学》、蒋锡昌《庄子哲学》、方授楚《墨学源流》、尹桐阳《韩子新释》、陈启天《商君书校释》等。②

辛亥革命后，儒学逐渐失去了精神统治的地位，虽然仍有如袁世凯尊孔复辟之类的事件，但此类复古只是一种逆流。传统主义者们常常通过对儒学的再阐释来回应变革，却不能阻止儒学之地位最终下降为国故、诸子的一部分。传统主义和变革主义知识分子都对诸子开展了前所未有的研究工作，与此前两千年的命运相比，此时的确可以称为"诸子

①　宋洪兵：《民国"诸子学"的价值》，宋洪兵编《国学与近代诸子学的兴起》，广西师范大学出版社 2010 年版，第 vii 页。

②　以上列举的学者与作品参考龚书铎总主编，郑大华分册主编《中国文化发展史·民国卷》，山东教育出版社 2013 年版，第 187—222 页；以及罗检秋《西学与近代诸子学的发展》，《天津社会科学》1994 年第 4 期。

学之兴起"。

二 诸子研究的过程

郭沫若从小受中国传统文化的熏陶，熟读儒家经典，"从小以来便培植下了古代研究的基础"。他与周秦诸子的接近是在十三四岁的时候，最先读的便是《庄子》，1908年患病休养中他阅读了不少古籍，对《庄子》《列子》尤感嗜好。之后他读过《老子》《墨子》《管子》《韩非子》，也考察过《墨经》之中"形学和光学"的内容。此外他十七八岁时还做过一些诸子的抄录，将其中的警句摘抄下来以供作文时使用。①

到留学日本之后，郭沫若一度将中学时最爱的《庄子》与泛神论结合起来，他由泛神论再发现且融合了庄子思想，同时也被引向对老子、孔子的接近。1916年郭沫若欲加入丙辰学社时，就已经开始构思有关中国古代思想研究的学术文章。1919年正是郭沫若新诗创作灵感迸发之期，他也不忘关注诸子研究，就抱一的《墨子的人生学说》向宗白华阐述看法。后来在他走上学术之路后，其诸子研究可分为三个阶段：萌芽期、探索期和成熟期。

萌芽期

1921年5月30日，郭沫若的第一篇学术论文《我国思想史上之澎湃城》发表，该文以泛神论在中国思想史上的表现为线索，拟分为三大阶段，从"羲农黄帝"至尧舜，从夏殷至西周，再到东周之后，论述各阶段思想之特点。东周之后的"再生时代的各家学术"，实为郭沫若对诸子的第一次概括。他在纲要中拟写老聃、孔丘、墨翟、庄周和惠施六人，并未将各人归于某家某派，可能受限于尚未系统化的研究，郭沫若只能先从某一单人开始考察。然而该文止于所谓黑暗时代的夏殷西周，其诸子研究便迟迟未有专门开展。两年后的《中国文化之传统精神》可被视为郭沫若学术撰写计划的延续，在该文中他写到了老

---

① 郭沫若：《我怎样写〈青铜时代〉和〈十批判书〉》，《十批判书》，群益出版社1945年版，第407页。本书所引《十批判书》版本，除特别标明外，均为群益出版社1945年版。

子与孔子，称之为泛神论的代表，这是其第一次正式在论文中对诸子思想进行的剖析。同年在《论中德文化书》里，郭沫若称赞周秦诸子有的涉及"实践理性"，有的带有科学色彩，也论及老子与孔子，认为秦火烧毁了这些"中国固有精神"的代表，使得中国在两千年后落后于西方。

1923年6月，郭沫若作《读梁任公〈墨子新社会之组织法〉》，反对梁启超在《墨子学案》中认为的《墨子·尚同》思想与欧洲"民约论"相类的观点，及将"兼爱"当作墨学根本观念的观点。同时郭沫若也反对胡适《中国哲学史》中将实利主义和逻辑作为墨子根本观念的观点，提出了自己的"墨家思想的系统"。

1923年底的《惠施的性格与思想》是其第一篇完整且系统地论述某子思想的论文，郭沫若考察了《庄子》《荀子》中与惠施相关的文字，叙述了惠施的生平、言行，分析了他的性格与思想，称赞惠施是个"科学的思想家"。1924年，郭沫若为倾心已久的王阳明撰文，回顾了自己认识和学习王阳明思想的过程，认为王阳明可以摆脱后世对儒家和孔子歪曲并解释和体验真正的儒家精神。[1]

以上是郭沫若诸子研究的萌芽期，从1916年左右构思到1921年成文，郭沫若酝酿并完成了对中国古代思想的第一次探索，其后的几篇文章都是这个计划的一部分，他的方法是将中国古代思想与西方思想尤其是泛神论相比附，不过因其当时已接触了马克思主义，在文章中也显露出对该理论概念的熟悉。

探索期

在1924年郭沫若转向马克思主义之后，他的历史研究更加注重对社会经济、社会性质和历史分期的探索，不过依然没有放弃思想研究，因为以诸子为代表的中国古代思想是郭沫若最先进入并保持了一贯兴趣的领域。从1925年到1943年，前期郭沫若将主要学术精力投入于中国

---

[1]　郭沫若：《读梁任公〈墨子新社会之组织法〉》《惠施的性格与思想》《伟大的精神生活者王阳明》，《文艺论集》，第29—91页。

古代社会和古文字学研究的浩瀚海洋中。1937 年卢沟桥事变后，他只身回国投身到抗日战争的事业中。近 20 年中，郭沫若完成了 8 篇与诸子相关的论文。

收入《中国古代社会研究》的《周易的时代背境与精神生产》《诗书时代的社会变革与其思想上的反映》是两篇以传世文献为主要材料的社会史研究作品，郭沫若首次对史料的时代进行了辨析，认为《易经》是原始共产社会转向奴隶制的产物，《易传》的完成则是在春秋战国时代，即奴隶制转向封建制度的时代。《周易》所反映出的"折衷主义"的伦理是儒家的中心思想，郭沫若举《大学》《中庸》为参证，主张儒家思想的根基是在"支配阶级"利益上的。在后一篇文章中，郭沫若首先论证了今文尚书中的若干篇为何是后世儒家的伪托，他认为《诗经》《尚书·洪范》是较为可靠的文献，继而以之为史料分析原始社会向奴隶社会、奴隶社会向封建社会转化的历史。①这两篇论文不是关于思想史和诸子的专论，但对某些先秦史料与儒家的关系进行了辨析，这对郭沫若的儒家观点有一定的影响。

1932 年 9 月 25 日，郭沫若在给叶灵凤的信中说，"年内想将久在计划中的《先秦思想批判》做出"②，但后来不知为何他搁置了这个计划。从 1934 年底到 1935 年初，郭沫若在 3 个月内撰写了 3 篇论文，后收入《青铜时代》。《老聃·关尹·环渊》赞同了学界对《老子》成书时间在战国中叶的共识，考证了"老子"其人，认为秦汉之前的文献可证老子即老聃，为孔子之师，楚人环渊集成了老子语录，经过润色成为《老子》。此外他认为环渊即是"关尹"，其异名有 10 种之上。《先秦天道观之进展》是郭沫若唯一一篇对诸子进行综合对比研究的作品，该文以历史上的"天道观"为考察对象和线索，分析了从殷商、西周到春秋战国关于"天"的思想的演变过程，其中论述了老子、孔子、墨子、惠施、思孟、庄子以及荀子的思想。《周易之制作时代》推翻了《周易的时代

---

① 郭沫若：《周易的时代背境与精神生产》《诗书时代的社会变革与其思想上的反映》，《中国古代社会研究》，第 25—215 页。

② 《郭沫若致叶灵凤函》（1932 年 9 月 25 日），《郭沫若书信集》（上册），第 385 页。

背境与精神生产》对《周易》经传部分的时间和作者考证，认为八卦卦形的形成时间不早于春秋，所谓周文王重卦、作卦爻辞是伪说，孔子与《易》毫无关系。郭沫若判断《易经》之作者是战国时期楚人馯臂子弓，《易传》则作者不一。通过比较论证，他认为《象传》《系辞传》《文言传》与荀子思想有关。①

　　1935 年 11 月，郭沫若在为开明书店撰写的《屈原》的基础上完成了《屈原时代》一文，全文考察了屈原的身世和历史背景，其中对儒墨的来源有所涉及，主张屈原受到儒家影响②。1942 年郭沫若作《屈原思想》，认为春秋战国的社会变革在意识形态上引发生的思想革命，产生了儒、墨、道的整套伦理思想。屈原受到北方学派"儒家"的影响，其大一统的思想和道德要求都与儒家理想一致，形而上思想也受儒家影响，是"一位南方的儒者"③。

　　1937 年 5 月郭沫若撰写了《借问胡适——由当前的文化动态说到儒家》，后改题为《驳〈说儒〉》，1942 年 7 月他又作《论儒家的发生》。在这两篇文章中，他针对胡适 1934 年发表的《说儒》提出了反对意见。《说儒》的主要观点是，"儒"的起源是殷人的教士，孔子将殷人的儒改造为"以仁为己任"的儒，改造为进取的儒。郭沫若列举了胡适在使用和解释史料中的多个问题，并逐一反驳。他的观点是在奴隶制崩溃的历史背景下，社会阶层的分化产生了"儒者"这个职业。④

　　以上是郭沫若诸子研究的探索期，在这一阶段，郭沫若已开始掌握并运用马克思主义唯物史观来研究古代社会的实际与思想，不过对诸子的研究还是相对分散的。

---

① 　郭沫若：《老聃·关尹·环渊》《先秦天道观之进展》《周易之制作时代》，《青铜时代》，群益出版社 1946 年版，第 205—213、5—83 页。本书所引《青铜时代》版本均为群益出版社 1946 年版。

② 　郭沫若：《屈原时代》，《沫若近著》，北新书局 1937 年版，第 1—26 页。

③ 　郭沫若：《屈原思想》，《屈原研究》，群益出版社 1943 年版，第 105—147 页。

④ 　郭沫若：《驳〈说儒〉》，《青铜时代》，第 111—138 页。郭沫若：《论儒家的发生》，《今昔集》，东方书社 1943 年版，第 212—228 页。

成熟期

1943—1945 年，郭沫若接连发力，两年完成了 15 篇诸子研究论文，曾先后收入《青铜时代》《先秦学说述林》《十批判书》。《青铜时代》由重庆文治出版社于 1945 年 3 月初版，《先秦学说述林》由东南出版社于 1945 年 4 月初版，二书收入的篇目有所重复。1946 年上海群益出版社再版《青铜时代》时，将《先秦学说述林·后叙》作为《青铜时代·后叙》收入。《十批判书》由重庆群益出版社 1945 年 9 月初版。三书收入篇目见下表。

写作时间	《先秦学说述林》东南出版社 1945 年 4 月初版	《青铜时代》上海群益出版社 1946 年版	《十批判书》重庆群益出版社 1945 年 9 月初版
1934 年 12 月 25 日		老聃·关尹·环渊	
1935 年 1 月 6 日	先秦天道观之进展	先秦天道观之进展	
1935 年 3 月 10 日	周易之制作时代	周易之制作时代	
1937 年 5 月 24 日	驳说儒	驳说儒	
1940 年 12 月 18 日	庄子与鲁迅		
1942 年 7 月 20 日	屈原思想		
1942 年 10 月 27 日	古代社会研究答客难		
1943 年 8 月 6 日	墨子的思想	1. 墨子的思想	
1943 年 8 月 21 日	述吴起	2. 述吴起	
1943 年 8 月 29 日	秦楚之际的儒者	3. 秦楚之际的儒者	
1943 年 9 月 5 日		4. 公孙尼子与其音乐理论	
1943 年 10 月 3 日	吕氏春秋与秦代政治		5. 吕不韦与秦王政的批判
1943 年 12 月 18 日	韩非《初见秦》篇发微	6. 韩非《初见秦》篇发微	
1944 年 1 月 20 日	韩非子的思想		7. 韩非子的批判
1944 年 2 月 17 日	由周代农事诗论到周代社会	由周代农事诗论到周代社会	
1944 年 2 月 20 日	后叙	后叙	
1944 年 7 月 18 日			古代研究的自我批判
1944 年 8 月 1 日			8. 孔墨的批判

续表

写作时间	《先秦学说述林》东南出版社 1945 年 4 月初版	《青铜时代》上海群益出版社 1946 年版	《十批判书》重庆群益出版社 1945 年 9 月初版
1944 年 8 月 28 日		9. 宋钘尹文遗著考	
1944 年 9 月 11 日			10. 儒家八派的批判
1944 年 9 月 19 日			11. 稷下黄老学派的批判
1944 年 9 月 26 日			12. 庄子的批判
1944 年 10 月 31 日			13. 荀子的批判
1945 年 1 月			14. 名辩思潮的批判
1945 年 2 月 10 日		青铜器时代	
1945 年 2 月 15 日		序言	
1945 年 2 月 18 日			15. 前期法家的批判
1945 年 5 月 5 日			后记：我怎样写《青铜时代》和《十批判书》

　　《郭沫若全集·历史编》将《青铜时代》《十批判书》整集收入，《先秦学说述林》多出的《庄子与鲁迅》收入《郭沫若全集·文学编》，《屈原思想》《古代社会研究答客难》分别收入《郭沫若全集·历史编》之《历史人物》《史学论集》。上表中 1—15 之编号即为此一阶段专论诸子之论文，此外还有《由周代农事诗论到周代社会》《古代研究的自我批判》《青铜器时代》3 篇论文偏重对社会史的研究。①

　　关于《青铜时代》和《十批判书》的关系，郭沫若曾自述道：

　　　　我把十年来关于秦前社会和学术思想的研究文字收集成为两个集子，一个便是这儿呈献出的《青铜时代》，另一个是她的姊妹篇《十批判书》。本来是想分成内外篇集为一部的，为出版的关系，把它们分开了。

　　　　《十批判书》的内容，如名目所示，偏于批评。本集则偏于考证。两者相辅相成的地方很多，因此我很愿意读本集的人务请阅读

---

① 《青铜时代》的附录还收入了 3 篇古文字和考古学论文，即《两周金文辞大系序说》《彝器形象学试探》《周代彝铭进化观》，前两篇今收入《郭沫若全集·考古编》，《周代彝铭进化观》今未入《郭沫若全集》。

后集。①

由上可知，郭沫若本人将这两部作品视为一个不可分割的系统，然而查阅若干年来的相关研究论文，同时谈论《青铜时代》和《十批判书》的只有一篇，单独论述《十批判书》者有近20篇，单独论述《青铜时代》的则无。今当以两书15篇诸子研究论文与3篇社会史论文，加《青铜时代》"序言"与"后叙"、《十批判书·后记》作为一组文章，同时加以研究。

1937年7月7日卢沟桥事变之后，郭沫若只身回到上海，投入到抗战的洪流中。在国共第二次合作之时，国民政府军事委员会组建政治部，陈诚担任部长，周恩来、黄琪翔担任副部长。在周恩来的劝说下，郭沫若同意出任政治部第三厅厅长。三厅于1938年4月成立，负责抗战文化宣传。1940年，国民党当局胁迫三厅成员集体加入国民党，郭沫若与绝大多数三厅成员宣布集体辞职，以抵制这一无理要求。迫于舆论压力，国民党政府同意另设一个学术研究团体。1940年11月文化工作委员会成立，郭沫若出任主任。从1941年到1943年4月，郭沫若将精力投入到历史剧的创作中，先后完成了6部历史剧。

据郭沫若后来回忆，这一段时间他受到了集体氛围的影响。此前，郭沫若的主要学术著作是在流亡日本时期完成的社会史与古文字研究，可以说是独坐书斋式的研究工作。回国参加抗战之后，与中国共产党领导下的文艺工作者和学者们共事，郭沫若有了一群朝夕共处的朋友们。他回忆说："同处在一个环境里面，大概是不能不感受同一空气的影响。历史研究的兴趣，不仅在我一个人重新抬起了头来，同一倾向近年来显然地又形成了风气。以新史学的立场所写出的古代史或古代学说思想史之类，不断地有鸿篇钜制出现。这些朋友们的努力对于我不用说又是一番鼓励。我们的方法虽然彼此接近，而我们的见解或所得到的结论有时却不一定相同。我不否认我也是受了刺激。我的近两三年来的关于周秦

---

① 　　郭沫若：《序言》，《青铜时代》，第3页。

诸子的研究，假使没有这样的刺激或鼓励，恐怕也是写不出来的。"①

郭沫若写下这段话的时间是 1945 年 5 月，他所谓近年来形成的历史研究的风气以及新史学的"鸿篇钜制"，是特指"朋友们"和他们的学术成果，即与其同属一个学术阵营的马克思主义史学家们。吕振羽的《简明中国通史》上册于 1941 年 5 月由香港生活书店出版，范文澜受中共中央委托，为干部写成的教科书《中国通史简编》，其上册也于 1941 年 5 月在延安出版。翦伯赞的《中国史纲》第 1 卷于 1943 年出版，侯外庐于 1941 年完成的《中国古典社会史论》在 1943 年出版，其姊妹作《中国古代思想学说史》于 1944 年出版。他们使用的方法均是马克思主义唯物史观，但见解不尽相同，尤与郭沫若不同。社会史方面，吕振羽、范文澜、翦伯赞所持的是西周封建论，侯外庐认为奴隶社会开始于殷商末期，结束于秦汉之际，此外他们在思想史方面也各有观点。因此如引文所述，郭沫若的确受到了这一批通史的"刺激"，他"坚持着殷周是奴隶社会，重新提出了更多的证据和说明"。除此之外，他"对于儒家和墨家的看法，和大家的见解也差不多形成了对立"②，这是郭沫若转身投入诸子研究的直接原因。

1943 年 7 月底，《群众》杂志的编辑乔冠华向郭沫若约稿，郭沫若同意写一篇关于墨子的文章。他温习了几日《墨子》，于 8 月 4 日至 6 日用了两天时间写成《墨子的思想》。由于研究墨子时"引起了对于吴起的同情"，酝酿了一周，又用两日完成了《述吴起》。因为当时有学者主张墨家参与了陈涉、吴广的起义，郭沫若便去查阅史籍，认为参与起义的反而是儒者最多，于是在 29 日草成《秦楚之际的儒者》。又因儒墨之间对音乐有争论，他便将目光转向《乐记》，研究了儒家对音乐的见解，9 月 5 日完成《公孙尼子与其音乐理论》。可以说是由对墨子的研究引出了其余三篇论文。

此后，郭沫若突然"换掉了一个方向"，起因是想通过《吕氏春

---

① 郭沫若：《我怎样写〈青铜时代〉和〈十批判书〉》，《十批判书》，第 410 页。

② 郭沫若：《我怎样写〈青铜时代〉和〈十批判书〉》，《十批判书》，第 410 页。

秋》查找惠施的史料，不想却产生了写作吕不韦和秦始皇的兴趣。从 9
月 25 日至 10 月 3 日，完成一篇四万字的长文，题为《吕不韦与秦代政
治》，该文收入《先秦学说述林》时改题为《吕氏春秋与秦代政治》，收
入《十批判书》时又改为《吕不韦与秦王政的批判》。延续着这个方向，
郭沫若读了好几遍《韩非子》，也遇到了考证辨析篇目的困难，他不愿
写成流水账，加上实际生活中从住了三个月的赖家桥乡下搬回重庆城
区，便于 10 月 20 日左右停笔。12 月 17 日写了一篇"副产品"《韩非
〈初见秦〉篇发微》后，直到 1944 年 1 月 2 日才重新动笔写《韩非子的
思想》，于 20 日完成。其后又写了一篇针对西周封建说的《从周代农事
诗论到周代社会》，于 2 月 20 日写好《后叙》。

郭沫若从墨子研究开始到韩非子研究的完成，是一个连贯的学术思
考和创作的过程，这个过程似乎要在 1944 年初完结了。郭沫若彼时的
兴致已经转到明季野史《剿闯小史》上，并于 3 月发表《甲申三百年
祭》，还想创作一部关于李岩和红娘子的历史剧。结果"史剧没有写成
功，想和古代研究告别也没有办到……而研究的必要反更被促进了"。
他诉说了继续研究的理由，一是主张周代封建制的朋友，对自己采取了
"一种类似抹杀的态度"；二是《墨子的思想》受到了普遍的非难。①

郭沫若的《墨子的思想》发表于《群众》杂志 1943 年 9 月 16 日第
8 卷第 15 期，引发了诸多质疑。1943 年底，《群众》12 月第 8 卷第 20、
21 期合刊上刊登了两篇反对文章，即杨天锡《"墨子思想"商兑》和筱
芷《关于墨子的思想的讨论——就正于郭沫若先生》。郭沫若称，"颇类
于我是犯了众怒。这些立刻刺激了我"，他认为受到不同道之人的攻击
很正常，但"在同道的人中得不到谅解，甚至遭受敌视，那却是很令我
不安"。因此想要做一番"总清算、总答覆"②。据上文可知，郭沫若在
1944 年上半年的计划是要结束古代社会研究，继续创作历史剧的，然
而 6 月时他又开始酝酿重新清算。这里有两种可能性，一是郭沫若在

---

① 郭沫若：《我怎样写〈青铜时代〉和〈十批判书〉》，《十批判书》，第 417—418 页。
② 郭沫若：《我怎样写〈青铜时代〉和〈十批判书〉》，《十批判书》，第 418 页。

1943 年 12 月或 1944 年初看到了《群众》上的文章，但没在意，却在 1944 年上半年中不断听闻自己的观点受到同道非议，才知道"犯了众怒"，因此决心反驳；二是郭沫若直到 1944 年 5 月左右才看到这两篇文章，随即感觉到了"众怒"，"立刻"受到刺激。不论是以上哪种事实，他的不安和难耐在 5 月达到了自觉非进行研究不可的地步，这一点是肯定的。5 月 19 日，郭沫若写《谢陈代新》时说"对于意见不同者是在说服，除别有用心的顽固派之外，只要有公平的正确的见解，人是可以说服的"，并明确提出"要打倒孔家店，并不希望要建设墨家店"①。5 月 30 日，他又举家住到了僻静的乡下，准备了一个月，于 7 月 3 日开始写作。

郭沫若本欲写一篇长文论述社会机构和意识形态，但后来改为了单独的论文，并避免写成讲义或教科书的文体。第一篇论古代社会机构的论文于 7 月 18 日完成，即《古代研究的自我批判》。进而郭沫若开始清算"意识形态"，首要的便是让他受到刺激的墨子及其对立面孔子，他承认之前《墨子的思想》已经"瞠惑"了很多朋友，但他也不想畏缩，依然要坚持自己的立场，于 8 月 1 日完成《孔墨的批判》。他在读《管子》各篇时，突然悟出《心术》《白心》《内业》与宋钘、尹文相关，8 月 26 日成一篇考证性质的"副产品"《宋钘尹文遗著考》。此后的十几日，他同时写作了《儒家八派的批判》和《稷下黄老学派的批判》，并在 9 月 26 日和 10 月 31 日完成《庄子的批判》《荀子的批判》。随着时局的严峻，郭沫若打算尽快结束清算的工作，但受到实际情况的影响，不能全时段投入写作，直到 1 月中旬才写完《名辩思潮的批判》，并为之前的韩非子研究补充撰写了《前期法家的批判》。至此，郭沫若自认为"把古代社会的机构和它的转变，以及转变过程在意识形态上的反映，可算整理出了一个比较完整的轮廓"。

郭沫若诸子研究的成熟阶段可分为 1944 年之前的兴趣牵引时期，和 1944 年 6 月开始的主动清算时期，其间的转折点主要是"朋友们的

---

① 　郭沫若：《谢陈代新》，《郭沫若全集·文学编》第 19 卷，第 448、450 页。

非难"，这引起了郭沫若的反弹。从 1943 年 8 月作《墨子的思想》到 1944 年 2 月写好《后叙》，其间的 7 篇论文加先前所写的 6 篇文章，收入了《先秦学说述林》，于 1945 年 4 月由福建东南出版社出版。出版时间与 1945 年 3 月初版的《青铜时代》仅相隔一个月，二者收入的文章既有重复，又有彼此漏收的篇目。实际情形是，郭沫若在 1944 年 2 月想结束古代研究，"想把性质相同的一些论文收集为一个专集，名为《先秦学说述林》"，此书本来要在重庆出版而未成，推迟到 1945 年由东南出版社出版。然而从 1944 年到 1945 年，这一年中郭沫若受到刺激改变计划，又撰写了多篇论文，最后整理为《青铜时代》和《十批判书》两部专集，均在 1945 年初版。郭沫若曾说："假使这两个集子有合印成一部的机会，应该恢复我原来的命名：《先秦述林》，或者称为《白果树下书》也还别致。"① 这一想法后来也未实施，因此《青铜时代》和《十批判书》就成为郭沫若先秦诸子研究的集大成之作。

三　社会史研究之基础

在"转换"为马克思主义者之前，郭沫若研究诸子的方法是直接比附、套用西方的一些理论概念，主要是泛神论；转换之后则是"以科学的精神、方法"跳出国学的范围，进行"批判"性的研究，其理论框架是马克思主义唯物史观，其前提和基础是社会史研究得到的结论。在撰写《中国古代社会研究》的时期，郭沫若的社会史观点是西周之前是原始公社的氏族社会，西周为奴隶制社会，春秋之后向封建制转化，这种封建制革命在文化上的反映就是"儒墨道诸家"②。

1935 年 11 月，他在《屈原时代》中沿用了以上的观点："中国社会的史的发展，我在七八年前写《中国古代社会研究》的时候，是分析殷代为氏族社会的末期，周代为奴隶制，秦汉以后为身份制的封建社会，直到最近年代才有近代资本制发生，这个见解我现在依然是维持

---

① 　郭沫若：《我怎样写〈青铜时代〉和〈十批判书〉》，《十批判书》，第 417、428 页。
② 　郭沫若：《中国社会的历史的发展阶段》，《中国古代社会研究》，第 23 页。

着的。"① 接着郭沫若解释了文化思想与社会结构的关系，这次的表述比
《中国古代社会研究》又更详细，他认为文化之繁荣是社会形态的变革
在意识形态上的反映："知道西周乃至春秋时代是奴隶制，对于自春秋
末年以来至嬴秦混一天下（西纪前二二一）为止的三百年间，中国文化
的那个灿然的黄金时代，在社会史上的意义便可以迎刃而解。那个黄金
时代的意义不外是奴隶制向身分制的转移之在意识形态上的反映。"②

　　1937 年 6 月，郭沫若读到陈独秀在《东方杂志》上发表的《实庵
字说》，该文试图通过考证古代文字来证明"谓古之中国氏族社会后继
之以奴隶社会若古希腊、罗马然者，则大误矣。希腊、罗马由奴隶制
而入封建制，中国、印度、日本，则皆由亚细亚生产制而入封建制者
也。"郭沫若认为陈独秀前一句"大误"似乎指的是自己，因此撰文进
行辩驳。《中国古代社会研究》的社会史观点发表后，他听到了很多认
为中国古代没有奴隶制，或奴隶生产并未形成一种制度的反对意见。对
此，郭沫若首先断定马克思《政治经济学批判》序言中所写的"由亚细
亚的、古代的、封建的而迭进于近代资本制的生产方式"的社会进程，
已经成为"一定不易"的铁则，其次他重申自己过去的观点，即古文中
"臣、民、氓、宰"是奴隶，此为中国曾有奴隶制的根据。③

　　郭沫若的社会史观点第一次发生较大改变是在 1942 年，他于 4 月
10 日撰写了《殷周是奴隶社会考》（后改题为《论古代社会》）。该文分
为两部分，第一部分探讨了史料的可靠性，郭沫若认为中国历史上有两
次伪造史实的行为，第一次是春秋战国时代的儒墨道学派伪造古史，第
二次是王莽时刘歆伪造《周礼》《左传》。既然传世文献不可靠，则应
转向研究甲骨文、金文、石鼓文等，由它们加上旧有的文献作为研究中
国古代社会的基础。第二部分郭沫若概述了中国古代的情形，即从氏族
的公产社会发展为国家，国家使用奴隶大规模从事生产。郭沫若认为大

---

①　郭沫若：《屈原时代》，《沫若近著》，第 2 页。

②　郭沫若：《屈原时代》，《沫若近著》，第 12 页。

③　郭沫若：《驳〈实庵字说〉》，《郭沫若全集·历史编》第 3 卷，人民出版社 1984 年版，第
　　233—243 页。

孟鼎铭文中"人鬲自驭至于庶人"所包含的"驭"至于"庶人"就是从事生产的奴隶，因此周代是奴隶制社会，以上与他此前的看法一致。不过在这篇文章中，郭沫若对殷商社会性质的判定做了重大改变，他引用《逸周书》和甲骨文论证，殷商已有生产奴隶，商末还有军事奴隶。他的结论是，中国从殷商到春秋中叶都是奴隶制社会。①

在此观点的前提下，郭沫若又对具体史实的判断进行了修正。1944年2月，在《由周代农事诗论到周代社会》中他翻译研究了《诗经》中的十首农事诗，认为从中可以看出周初已有大规模的公田制，并承认"古代井田制的一个问题是可以肯定的"。郭沫若修正了此前否认井田制的观点，认为"规整划分"的公田制是存在的，由金文记录可以证明。但这种土地分割并不能证明西周是封建制，由斯巴达和彝族社会的奴隶制可知，农业民族的奴隶制可以有土地分割。因此，西周虽然存在井田制和土田的分割，但仍然是奴隶制社会。②这篇文章是郭沫若诸子研究的成熟时期的第一阶段，即兴趣牵引时期的最后一篇论文。

几个月后，郭沫若将几年来对社会史的研究做了总清算，撰写了《古代研究的自我批判》。此文开篇就对《中国古代社会研究》做了检讨，他说："虽然博得了很多的读者，实在是太草率，太性急了。其中有好些未成熟的或甚至错误的判断，一直到现在还留下相当深刻的影响。有的朋友还沿用着我的错误，有的则沿用着我错误的征引而又引到另一错误的判断，因此关于古代的面貌引起了许多新的混乱。"③

郭沫若首先检讨了材料的问题。在文献方面，他认为《易经》是战国初年的作品；《尚书》之《尧典》《皋陶谟》《禹贡》《洪范》都是战国时期子思之徒所做，《吕刑》为春秋吕国的某王所做，后经儒者润色；《诗经》在春秋末年或战国初年编成，每篇的时代很难确定；传说中之黄帝、尧、舜都是天神，被史家转为现实历史中的人物。在卜辞方面，

① 郭沫若：《论古代社会》，《今昔集》，东方书社1943年版，第210页。《殷周是奴隶社会考》收入初版《今昔集》时改题为《论古代社会》，收入《沫若文集》《郭沫若全集》时沿用。
② 郭沫若：《由周代农事诗论到周代社会》，《青铜时代》，第87—108页。
③ 郭沫若：《古代研究的自我批判》，《十批判书》，第1页。

他认为自己高估了王国维的《殷周制度论》，卜辞不断有新的发现，其研究应随之变化。在殷周青铜器铭文方面，殷周之断代标准还需继续探索，因此过去自己无条件把《殷文存》当作殷代资料是冒昧的。整理周代青铜器可知"周公制礼"是伪说，周礼是在西周三百年间积累而成的。

随后郭沫若讨论了"封建"的问题，他认为在"封诸侯，建藩卫"的含义上，可以说周代是"封建制"，在金文和文献上能够证实。但文献中没有社会"等级"的证据，当是后世儒家的伪托。他考察了殷商和西周的社会状况，认为殷代是农业社会，大规模使用奴隶进行生产、战争，卜辞之"众"即奴隶。周人继承殷代遗产，农业有高度的发展，存在井田制。

接着他用了相当长的篇幅研究了井田制。根据文献和考古资料，郭沫若的结论是："殷周两代是施行过豆腐干式的均田法，其在西周不仅行之于镐京，于洛阳，而于齐于卫都有朕迹。"[①] 井田是榨取奴隶劳动的工作单位和赏赐奴隶管理者的报酬单位。他反驳了"新史家"认为西周是封建制的几种论点，认为井田不是后者所说的庄园，虽然当时有土地分割，但并非土地私有，奴隶不是"农奴"。

郭沫若认为私田的产生破坏了公田性质的井田，建立在井田制上的社会关系开始动摇，这是西周末年发生的事实。春秋鲁国之"初税亩"证明了土地私有已经被承认，这种社会变革从春秋持续到战国，直到"陈、吴、刘、项的奴隶大暴动"才结束。此外，郭沫若承认在《中国古代社会研究》中认为周初已有铁器的观点极其错误，铁器作为生产工具出现在春秋战国时代。历史上"人民"的身份最初是生产奴隶，在春秋战国时被新兴的"私家"解放，分化为"士农工商"，"士"的来源很多是获得解放的小地主。此时上层的文化与下层对流起来，引起文化变革。士演化为一种职业："既有多数的人要靠着读书来取进身之阶，

---

① 　郭沫若：《古代研究的自我批判》，《十批判书》，第 28 页。

自然也就有孔墨这样的大师，靠着教书来铺张自己的场面了。"①此外还有武士、隐士、任侠之士等，他们是所谓诸子的社会来源，直到社会变革完成之后，地主和工商巨头垄断了"士"的构成，形成了新的封建秩序。

1945年6月，郭沫若赴苏联参加苏联科学院②220周年庆祝大会，8月下旬回国。8月3日，他为苏联对外文化协会历史哲学组作了一次学术报告，对自己的社会史观点进行了概括。郭沫若在讲演中直接点出了此前所谓"朋友们"的研究：

> 不久以前有两部值得注意的中国一般历史书出版。这是中国历史研究上的一件凸出的大事。一部叫做《中国历史简编》，是延安的历史家范文澜、吕振羽和尹启明合写的。其中一部份已发表在重庆出版的《群众》杂志上。这本书的价值不仅在于它把中国历史系统化，而且在于写得非常的通俗。这本书的叙述是很浅显而明白的，它指出了许多最现实的地方；这本书的目的是在使广大民众——工人、农民、兵士——能够认识中国的历史，这本书和中国一切科学著作所固有的经院主义完全无缘的。

> 另一部书是翦伯赞的《中国史纲》。这部书的名称虽叫做史纲，实则是一部大书。全书还没有完成，现在只出了叙述秦以前时代的第一卷。第二卷包括秦汉和三国时的历史，尚在印刷中。全书完成共需要六卷，当我离开重庆的时候，他告诉我，打算在年内完成他的书。我相信，书也许会完成，不过印刷一定遇到极大的困难。③

郭沫若称，以上两部书的社会史分期都是以夏殷为奴隶制时代，周以后是封建时代，引发了史学界对奴隶社会问题的争论。进而他阐述了

---

① 郭沫若：《古代研究的自我批判》，《十批判书》，第57页。
② 苏联科学院前身为彼得堡科学院，俄国最早的科学研究机构。彼得一世1724年颁旨决定建科学院，1725年科学院正式成立。1925年更名为苏联科学院。
③ 郭沫若演讲，文雄译：《战时中国历史研究》，《中国学术》1946年创刊号。

自己的观点，即殷代为奴隶制时代，奴隶制直到春秋中叶开始瓦解，到秦汉时期确立了封建制度。周秦之际正是奴隶制向封建制转化的变革时期，因此在思想上产生了强大的高潮。

从 20 世纪 20 年代末，郭沫若开始运用马克思主义理论进行古史研究，随着史料辨析和对史料的进一步解读，他改正了很多早期的草率结论，到 40 年代后期的《古代研究的自我批判》形成了对古代社会的一种较为全面和系统性的描绘和解析。郭沫若最为坚持的观点是中国古代一定经历过奴隶社会，西周一定是奴隶社会。早期他认为殷商是原始公社末期，1942 年改变为殷商也是奴隶社会。关于奴隶社会的下限，郭沫若显然一直没有思考成熟，其观点的发展是"春秋以后是封建社会"（《中国古代社会研究》）、"西周乃至春秋时代是奴隶制"（《屈原时代》）、"殷商到春秋中叶都是奴隶制的社会"（《殷周是奴隶社会考》）、"陈、吴、刘、项的奴隶大暴动"（《古代研究的自我批判》）、"秦汉时代起确立了封建制度"（《战时中国历史研究》）。①

郭沫若不同时期的诸子观，与其当下的社会史研究是分不开的，其诸子研究的代表作《青铜时代》《十批判书》，也正建立在《古代社会的自我批判》和《战时中国历史研究》中所陈述的社会史观之上。

四　对诸子的综合论述

郭沫若的多数诸子研究论作，是专论某子或某一学派的，即使是在他诸子研究的成熟阶段，其代表作《青铜时代》《十批判书》也是这样的分论形式。其先秦诸子的整体观点多散见于各处，可以提炼为三个方面。

---

① 在 1952 年撰写的《奴隶制时代》中，郭沫若认为夏、殷、西周是奴隶社会，奴隶制在西周逐渐走向崩溃，铁器在东周之后作为农具使用，提高了农业生产力，使得井田制崩溃，私家兴起，奴隶解放。奴隶制时代的下限在春秋与战国之交，这与其 20 世纪 40 年代后期所认为的奴隶制结束于秦汉之际不同。1972 年他依然坚持奴隶社会与封建社会的交替是在"春秋与战国之交"的观点，这成为他的最终结论。（郭沫若：《中国古代史的分期问题》《奴隶制时代》，《郭沫若全集·历史编》第 3 卷，第 3—13、14—70 页。）

（一）对诸子源流的探求

有关先秦诸子来源的固有观点最早出于《汉书·艺文志》，班固认为诸子出于各类官职的担任者，他们在王道衰微的乱世以各自的职责为出发点，阐发了不同的学说：

> 儒家者流，盖出于司徒之官，助人君顺阳阳明教化者也。……道家者流，盖出于史官，历记成败存亡祸福古今之道。……阴阳家者流，盖出于羲和之官。……法家者流，盖出于理官。信赏必罚，以辅礼制。……名家者流，盖出于礼官。古者名位不同，礼亦异数。……墨家者流，盖出于清庙之守……从横家者流，盖出于行人之官。……杂家者流，盖出于议官。……农家者流，盖出于农稷之官。……小说家者流，盖出于稗官。……诸子十家，其可观者九家而已。皆起于王道既微，诸侯力政，时君世主，好恶殊方，是以九家之术蜂出并作，各引一端，崇其所善，以此驰说，取合诸侯。[①]

此即"诸子出于王官"说，以上引文一则说明了每个学派起源的身份，二则说明了他们阐发思想的原因。近现代时，章太炎基本沿用此说，称："古之学者，多出王官世卿用事之时，百姓当家，则务农商畜牧，无所谓学问也。"[②] 胡适于 1917 年作《诸子不出于王官论》，澄清了古来的这一公认观点，也对章太炎进行了反驳，他的结论是"吾意以为诸子自老聃、孔丘至于韩非，皆忧世之乱而思有以拯济之，故其学皆应时而生，与王官无涉……故诸子之学皆春秋、战国之时势世变所产生。其一家之兴，无非应时而起"[③]。胡适认为诸子的来源与王官无关，其学说兴起是"忧世之乱而思有以拯济之"，这与班固所谓"王道既微……以此驰说，取合诸侯"本质上都是在讲诸子阐发思想的原因，并没有说

---

① （汉）班固：《汉书·艺文志》，《汉书》第 6 册，中华书局 2010 年标点本，第 1728—1746 页。
② 章太炎：《诸子学略说》，《国粹学报》1906 年第 8 期。
③ 胡适：《诸子不出于王官论》，《胡适文存》第 1 卷，第 180—181 页。

明诸子的来源到底是什么。

　　郭沫若早期认为春秋战国的思想是一种对尧舜之前"黄金时代"的"文艺复兴"，老子、孔子是要复兴三代之前的思想，墨家则要复兴夏禹的宗教思想。在《中国古代社会研究》中，郭沫若认为："事实上春秋、战国时代的学者多是一些革命家——如老子，如杨子，如庄子，如韩非子，他们的思想多少都是带着革命性的。"所谓革命家，是要革除旧有的"神的世界优于人的世界"、支配阶级统治被支配阶级的那种旧思想，而墨家是反革命派或者说保守派，孔子是折衷派。① 到了 1935 年的《屈原时代》，郭沫若开始分析历史变革的具体过程。他认为周人继承了殷人先进的文化，到春秋末年周王室作为最大的奴隶宗主衰落了，"陪臣"和"处士"兴起，其身份是地主化的"皂舆"，"文化的主体由后进的君子转到了先进的野人，由统治者阶级转到了被统治者阶级"。孔子与墨子都是周人奴隶的子孙，是"居于北方的野人"，他们都不认同周人是绝对的权威。②

　　直到 1944 年郭沫若进行古代研究的"清算"时，他才真正考虑清楚诸子各家的兴起过程，他们的来源就是变革社会中的各类"士人"。郭沫若认为，春秋战国时期私家与公室之争是普遍现象，争取原来的奴隶是其手段之一，原本是奴隶的人民在这种社会变革中被解放，进而分化为所谓"士农工商"四民。"士"最早可追溯到齐桓公之时，庶民的子弟可以进入学校从而上升为"士"，《礼记·王制》中也有选士的表述，即从人民之中选拔人才。"士"在春秋前期由诸侯的公室所养，到春秋末期私门也在养士。之后士成为一种职业，孔子与墨子及其弟子大多是读书、文学之士。老聃、杨朱是隐士一派的"大头目"，他们或从贱人上升或由贵族下降，但都有不愁吃穿的官职或产业，是一群脱离现实的利己主义者。③

---

① 　郭沫若：《周易的时代背境与精神生产》，《中国古代社会研究》，第 71—72 页。
② 　郭沫若：《屈原时代》，《沫若近著》，第 13 页。
③ 　郭沫若：《古代研究的自我批判》，《十批判书》，第 52—60 页。

（二）对思想内容的概括

郭沫若最早对诸子思想的概括大致为：道家有合理的形而上学，儒家有博大的人生哲学，邹衍、惠施都有"科学"的面目。[①]他在《中国古代社会研究》中判定诸子有革命家、保守派和折衷派的"身份"，其判定的标准便是他们的思想内容，例如"革命家"是"辩证观的复活、排斥鬼神迷信而主张理性的优越、由宗教的变而为形而上学的"。保守派墨家"他的宇宙观根本是固定的、非辩证的、宗教的，他根本是迷信鬼神。"折衷派孔子是"他一方面认定理性的优越，然而却迷恋着鬼神。他一方面摄取了形而上的宇宙观，然而他立地把它神化了起来"[②]。在 1942 年的《屈原思想》中，郭沫若认为在伦理方面，儒家倡导仁，道家倡导慈，墨家倡导兼爱；在政治思想上，道家捧出黄帝，儒家捧出尧舜，墨家捧出夏禹；此外，墨家承认人格神，道家主张似虚非虚的实体，儒家主张变化的道理。并且"儒家特别代表了北方式的现实主义，道家则代表着南方式的超现实的理想主义"[③]。郭沫若的诸子研究进入成熟期后多为分论，此处兹不概述，留待后文讨论。

（三）对总体价值的评价

郭沫若对先秦诸子的总体评价很高，视之为中国固有文化的精华，如称"我国的固有精神表现得最真切最纯粹的总当得在周秦之际"[④]，"春秋战国时代，是中国学术思想的黄金时代，真是蓬蓬勃勃的。一直到现在，还有光辉"[⑤]。郭沫若对诸子作品的文学价值也给予了肯定，他在《关于"接受文学遗产"》中说，在儒家经典中，《诗经》的价值是永不磨灭的，《论语》简练、精粹，是必读的书，《礼记》《孟子》《春秋左氏传》值得选读。他称赞"周秦诸子差不多都是文章的妙手"，庄子的思想和文辞古今无两，《老子》是一部哲理诗，精粹而韵致深醇，《荀子》

---

① 　郭沫若：《论中德文化书》，《文艺论集》，第 23—24 页。
② 　郭沫若：《周易的时代背景与精神生产》，《中国古代社会研究》，第 72—73 页。
③ 　郭沫若：《屈原思想》，《屈原研究》，第 105—147 页。
④ 　郭沫若：《论中德文化书》，《文艺论集》，第 17 页。
⑤ 　郭沫若：《论古代社会》，《今昔集》，第 210 页。

谨严而有条理,《韩非子》警策而能周到，对于做论说文章都是很好的范例。①

郭沫若对古代思想尤其是先秦诸子的评价在后期形成了一种价值标准，他不断地在各处提起，这种价值标准即"人民本位"，他以此作为标尺衡量各派的观点。1945 年他在苏联讲演时曾对各个学派进行了几句话的概括，认为孔子学派以人民为出发点，墨家把统治者放第一位，反对人民，道家要保存个人主义，也是反人民的，法家综合了墨家和道家的理论，是极端专制的。"人民本位"是理解郭沫若后期诸子观的关键，甚至可以说是《青铜时代》《十批判书》论说之归处。

---

① 　郭沫若:《关于"接受文学遗产"》,《今昔集》，第 32—34 页。

第四章　对孔子的感观与研究

第一节　近现代孔子与儒家之境况

中国近现代史上，孔子的光环和儒家的独尊地位是在一次次政治变革和思潮碰撞的反复中被消解的。晚清诸子学兴起的同时，孔子和儒家地位的相对下降，国粹学派将诸子与孔子共同视为国学之精粹，而与西方学问比较抗衡，他们试图扩展中国传统文化的内涵，使其不独于儒家一家。邓实认为，"老孔墨三家……巍然为神州学术三大宗主""周秦诸子，为古今学术一大总归"①。章太炎则对孔子和儒家持贬抑的态度："孔子之教，惟在趋时，其行义从时而变，故曰言不必信，行不必果。"他认为所谓中庸之道是迷惑天下君主的"国愿"，儒家最大的弊端在于"淆乱人之思想"②。

1905 年清廷废除科举制度，但孔子的官方地位非但没有动摇，反而得到加强，其颁布的《钦定教育宗旨》是要在青年中发展"忠君、尊孔、尚公、尚武、尚实"的思想。③1906 年底，清政府又将祭孔仪式由中祀升级为大祀。然而随着革命思想在社会上的愈演愈烈，革命知识分子对孔子也展开了批判。如《新世纪》上刊登的《排孔征言》说："孔

---

① 　邓实：《国学微论》，《国粹学报》1905 年第 2 期。

② 　章太炎：《诸子学略说》，《国粹学报》1906 年第 8 期。

③ 　郭秉文：《中国教育制度沿革史》，商务印书馆 2017 年版，第 94 页。

丘砌专制政府之基，以荼毒吾同胞者，二千余年矣。今又凭依其大祀之
牌位，以与同胞酬酢。"作者认为革命者有的发扬周秦诸子，有的排斥
宋元理学，但都没注意孔子，因此必须用"孔丘之革命"，来破除国人
的迷信，他呼吁将孔子"一生之言行……痛加驳斥"①。又如1908年，周
作人撰文称孔子"删《诗》定礼，夭阏国民思想之春华，阴以为帝王之
右助，推其后祸，犹秦火也。夫孔子为中国文章之匠宗，而束缚人心至
于如此，则后之零落又何待夫言说欤"②。

对孔子的批判进而延伸到对儒家学说、对伦理纲常的批判。1910
年，吴虞抨击道："儒家则严等差、贵秩序，上天下泽之瞽说，扶阳抑
阴之谬谈，束缚之，驰骤之，于霸者驭民之术最合。故霸者皆利用之，
以宰制天下，愚弄黔首。始溺其儒冠，终享以太牢，而儒家因得独显，
杨、墨与诸子浸衰，此实君主专制之功，儒家希世之效。"③《克复学报》
上刊载的《论道德》将中国之源于习惯的道德视为人为的道德、伪道
德，尊君、贵贱、女子服从男子是"纲常名教，大经大法制所在"，这
种道德或礼教"惑世诬民"，甚于洪水猛兽。作者因之希望昌明"自由
平等博爱"的真道德，排斥以上的伪道德。④

经过以上思想洗礼的辛亥革命之后，变革主义在思想领域必然要拿
传统的核心——儒学开刀，作为帝国意识形态的儒家学说遭到贬低乃至
废弃是其在近现代的必然命运。此后，孔子作为儒家的代表长期被传统
主义和变革主义两种思潮共同关注着，其与儒学经历了几种不同境况中
的对待。

一　孔教运动与反孔高潮

辛亥革命的胜利者建立新政府之后，首先在思想领域抛弃了孔子，

---

① 绝圣：《排孔征言》，《新世纪》1908年第52期。
② 周作人：《论文章之意义暨其使命因及中国近时论文之失》，《周作人文类编·本色》，湖南文艺
　　出版社1998年版，第6—7页。
③ 吴虞：《辨孟子辟杨墨之非》，《吴虞集》，四川人民出版社1985年版，第16页。
④ 愤民：《论道德》，《克复学报》1911年第2、3期。

孔子与儒家学说两千年来首次失去了官方独尊的待遇。1912 年 1 月 19
日，南京政府教育部公布《普遍教育暂行办法》，规定小学读经科一律
废止。作为教育总长的蔡元培发表《对教育方针之意见》，认为尊孔与
信教自由违背，孔子的学术与"儒教""孔教"应当被分别对待。① 他所
针对的正是当时传统主义中一股将孔子和儒家宗教化的潮流。

孔教潮流发源于清末维新之士，康有为是其主导者，他受到廖平的
影响撰写《孔子改制考》，认为儒家之"六经"均为孔子所作，孔子创
立儒教，并且是"制法之王"，称"凡大地教主，无不改制立法也。诸
子已然矣。中国义理、制度，皆立于孔子，弟子受其道而传其教，以行
之天下，移易其旧俗"②。康有为称孔子托古改制的目的是陈述自己的思
想，他意图以此为根据为维新变法寻求"改制"的合理性。

新政府废除读经刺激了尊孔主义者。1912 年 6 月，赵戴文等人在
太原成立"宗圣会"，王锡蕃等人在济南成立"孔道会"。10 月，陈焕
章等在上海成立"孔教会"，陈焕章任总干事，后由康有为出任会长。
康有为在《孔教会序》中开篇即表明："中国数千年来奉为国教者，孔
子也。"认为中国的礼义纲纪都出自孔子，痛批政府不定孔教为国教，
让孔子大道扫地，将使得"教亡而国从之"。他还驳斥了认为孔子不是
教主、儒学不是宗教的观点，称孔子的"人道之教"比神道之宗教更先
进。③ 陈焕章也认为，"大地诸教，皆不脱神道之范围，而孔教独以人道
为重"，孔子所创之教"包举天地，六通四辟"，孔子超越了所有宗教教
主，令中国文明冠绝全球。他抨击教育部废除学校的祭孔仪式，内务部
不承认孔教为宗教，是倒行逆施。④

1912 年 3 月袁世凯就任大总统，他立即利用了这股尊孔思潮，意
图获取保守主义者的支持。6 月，他发布《尊孔伦常文》，称："中华立
国，以孝、悌、忠、信、礼、义、廉、耻为人道之大经，政体虽更，民

---

① 　韩达编：《评孔纪年（1911—1949）》，山东教育出版社 1988 年版，第 3 页。
② 　康有为：《孔子改制考》（上），吉林出版集团股份有限公司 2017 年版，第 221 页。
③ 　康有为：《孔教会序》，李建主编《儒家宗教思想研究》，中华书局 2003 年版，第 4—12 页。
④ 　陈焕章：《孔教会序》，《陈焕章文录》，岳麓书社 2015 年版，第 369 页。

彝无改。"次年 4 月派代表参加北京孔社成立大会并致祝词，6 月又颁
布《尊孔祀孔令》，称"天生孔子，为万世师表"，让各省"根据古义，
将祀孔典礼，折衷至当，详细规定，以表尊崇"①。1915 年 12 月，袁世
凯称帝，改政体为君主立宪制，此前各地"孔社""孔教会"都曾上本
劝其"早正位号"。1916 年袁世凯改元"洪宪元年"的第一日，他便加
封"衍圣公"孔令贻郡王头衔。这一系列尊孔复古的行为，是袁世凯称
帝的辅助手段。然而各地相继宣布起义，发动护国战争，迫使其在 3 月
便取消帝制，6 月梦断而亡。1917 年，张勋发动了拥戴溥仪复辟的兵
变，仅 12 日便失败，康有为参与了这次复辟事件，此后他基本退出了
历史舞台。

　　几年间，孔教运动与袁世凯复辟的结合激起了变革主义者的强烈
反弹，成为五四新文化运动的导火索之一。陈独秀撰写了多篇反对孔
教、批判孔学的文章。他在《驳康有为致总统总理书》中论述了西方君
权与教权的关系、科学与宗教的斗争，认为中国不是宗教国家，中国
人与印度、犹太人不同，宗教信仰从来薄弱。②他在《复辟与尊孔》中
对孔子之道做了归纳，即"以伦理政治忠孝一贯为其大本，其他则枝
叶也"。孔子将上下、尊卑、贵贱视为民生的伦理、政治的原则乃至宇
宙的大法，这些理念都需要"立君"作为实施的主体。陈独秀总结道：
"主张尊孔，势必立君，主张立君，势必复辟"，认为遍布中国的孔教会
都是复辟党③。此外他还作有《孔子之道与现代生活》，论析了孔子学说
是否对现代生活有价值。陈独秀认为，学说可产生社会，社会也可产生
学说，在进化的社会中企图独尊一说是一种妄想。现代社会以经济为命
脉，要求个人的人格与财产独立，但儒家的纲常要求无独立的人格与财
产。现代国家要求有政党，儒家学说的伦理要求子从父，妻从夫，不宜
参政。孔子提倡的道德与礼教是封建时代的产物，与现代生活相违背，

---

① 　韩达编：《评孔纪年（1911—1949）》，第 5、18 页。
② 　陈独秀：《驳康有为致总统总理书》，《独秀文存·论文》（上），首都经济贸易大学 2018 年版，
　　第 55—58 页。
③ 　陈独秀：《复辟与尊孔》，《独秀文存·论文》（上），第 92—96 页。

因此陈独秀呼吁对其不能依从也不应调和①，潜台词即直接抛弃。

吴虞是新文化运动中对孔子和儒家批判力度最大者之一，其初版于1921年的《吴虞文录》收入了7篇批判儒家的论文。吴虞认为孔子学说以"孝"为起点，以事亲、事君为孝，君主与父亲无异，因而家族制度与专制政治不可分离，君父并尊是儒教的大本。他斥孔子为"盗丘之遗祸及万世"②。其《吃人与礼教》是读鲁迅《狂人日记》后有感而发所作，他从先秦、东汉和西汉各寻一例，证明"孔二先生的礼教讲到极点，就非杀人吃人不成功，真是惨酷极了！"③

胡适为《吴虞文录》作序时道："吴又陵先生是中国思想界的一个清道夫……和我的朋友陈独秀是近年来攻击最有力的两位健将"，是"四川省只手打孔家店"的英雄。胡适总结了尊孔派的一类说辞，这些说辞称儒家的危害流弊不是孔子的本义，是后人误解的结果。他反击说："何以那种种吃人的礼教制度都不挂别的招牌，偏爱挂孔老先生的招牌呢？"故而必须将孔子的招牌都拿下来捶碎烧掉。④

由上可知，变革主义和传统主义在交锋之时，双方都没有将孔子与作为意识形态的儒家分离。虽然有一些传统主义者认为后世误解了孔子本义，但是发动孔教运动的那些人显然不是"孔子原教旨主义者"，他们是要将礼教与旧道德继续奉行下去，与军阀旧势力联合起来，将之推向了更加独尊的地步。变革主义中的激进者要对"孔教"彻底打倒和清算，这是对政治上复辟倒退的激烈反弹，就如胡适所言，如果不将孔子一起打倒，就不能彻底打倒后退的思想。他们的反孔，既是针对儒学作为意识形态对社会思想的控制作用，也是针对孔子作为意识形态的"偶像""招牌"的号召作用，在他们看来，孔子学说、先秦儒学与后世儒学、理学以及配套的礼教与伦理道德规范是不可分割的。孔子在双方阵营中或被树立为旗帜，或被树立为标靶，他没能受到应有的"客观"对

---

① 　陈独秀：《孔子之道与现代生活》，《独秀文存·论文》（上），第65—71页。

② 　吴虞：《家族制度为专制主义之根据论》，《吴虞文录》卷上，亚东图书馆1921年版，第9页。

③ 　吴虞：《吃人与礼教》，《吴虞文录》卷上，第71页。

④ 　胡适：《〈吴虞文录〉序》，《吴虞文录》，第1—7页。

待的原因，正是由于其两千年来享有的独尊地位导致的，因而跌落"神坛"的落差是极大的。

旧有的儒家意识形态被击溃的同时，孔子和儒学的待遇大致分为了两个方向，其一的主导仍是传统主义思潮，致力于为儒学寻找新的发展方向，以适应现代中国的实际；其二是试图剥开后世叠加在先秦儒学上的理解，让孔子和先秦儒学回归到周秦诸子之列。

二　官方孔学和现代新儒家

传统主义为孔学寻找新方向的尝试有两种，一些人配合国民党官方造势，欲将三民主义与儒家思想融合为一体，捧为新的意识形态，另一些学者以当代儒者自居，力求重新阐发儒家思想之义理、哲学内涵，令其焕发新的生命力。

1925年孙中山逝世后，戴季陶发表《孙文主义之哲学的基础》，认为孙中山三民主义的核心是"民生主义"，是以中国伦理哲学和政治哲学为基础，继承尧舜孔孟仁义道德的思想。他赞扬孙中山承认中国人有创造文化的能力，认识到固有文化的价值。继而戴季陶论述孔子的成就，称孔子"组织了一个民生的哲学"，而后世的帝王是表面尊孔、实际用老子的"愚民手段"使得中国衰落。他用"民生"将孔子与孙中山联系在一起，视后者为前者的直接继承者，用孙文主义反对马克思主义阶级斗争的社会革命。①1928年蒋介石到曲阜"朝圣"，发布了尊孔布告。1934年又推行"新生活运动"，发布《新生活运动纲要》，要求国民生活以"礼义廉耻"为基准。这是官方再一次利用孔子和儒家统制思想意识领域的表现。

学者方面，梁漱溟、熊十力等人对儒学进行了新阐发，被后人视为新儒家最早的代表。梁漱溟的《东西文化及其哲学》重点研究了中国哲学的核心——孔子哲学。梁氏认为孔子学说就是"顺着自然道理，顶活

① 戴季陶:《孙文主义之哲学的基础》,《中国近代哲学史资料选编》第4卷,上海社会科学院出版社1989年版,第666—695页。

泼顶流畅的去生发"，其重要的态度是"不认定"，是"不讲理"的，这种不通就是通之至。孔子是随感而应，拥有好善、敏锐的直觉，这便是所谓"仁"，儒家要听凭直觉，主张"无所为而为"。此外，孔子的生活是"绝对乐"的生活，其"宗教"是提倡孝悌和实施礼乐。梁氏以为中国数千年来的文化鲜少能采用孔子之原意，此后应该遵循孔子的道路前行。①熊十力早年研究佛学，后又转入儒学，自创"新唯识论"之哲学体系，意图重建儒学之本体论。周谷城认为，其《新唯识论》的要旨在于说明印度空宗的"纯一寂净的本体"和中国的儒家的"生化不已的妙用"。熊氏汇通儒与佛，将体与用合一，并且设立了一个外在世界安放科学知识②。新儒家力图理解并发展孔子和儒家哲学，他们是儒学的现代信奉者。

三 作为学术研究对象的孔子和儒家

另一批学者主要是变革主义者，他们欲将孔子和先秦儒家作为诸子学的一个普通部分加以客观地研究，他们的方法与观点不尽相同，但却给予了孔子与儒家最应受到的待遇。

1916 年谢无量的《中国哲学史》出版，这是近现代第一部中国哲学通史。此后，相继涌现出一批研究中国哲学或思想史的学术作品，如胡适《中国哲学史大纲》（卷上）（1919）、梁启超《先秦政治思想史》（1923）、钟泰《中国哲学史》（1929）、冯友兰《中国哲学史》（1931）、吕思勉《先秦学术概论》（1933）、范寿康《中国哲学史通论》（1936）等。在这些著作中，孔子及儒家已被当作历史撰述的一个部分，与其他诸子一起构成了先秦哲学或思想史的整体。此外，专论孔子的作品有钱穆《论语要略》（1925）、蔡尚思《孔子哲学之真面目》（1930）、杨大膺《孔子哲学研究》（1931）、梁启超《孔子》（1936）等，专论儒家的作品有胡适《说儒》（1934）、梁启超《儒家哲学》（1936）、齐思和《封建

---

① 梁漱溟：《东西文化及其哲学》，第 126—144 页。
② 周谷城：《评熊十力的〈新唯识论〉》，《中外历史论集》，复旦大学出版社 2015 年版，第 343 页。

制度与儒家思想》（1937）、杜金铭《中国儒学史纲要》（1943）等。①

　　胡适号召的"整理国故"运动，引发了史学界的一项革命性工作，即对古代文献的辨伪，以顾颉刚为代表的古史辨派学者，着重对儒家经典文献展开了考证。顾颉刚著名的观点是"层累地造成的中国古史"，他认为时代越往后，传说中的古史期越长，传说的中心人物越被放大。1923年他在给钱玄同的信中提出，东周初年只有禹的记载，东周末年才有尧舜，从战国到西汉又有更多的古代君王被"创造"出来，《尚书》之《尧典》《皋陶谟》《禹贡》等都是在《论语》之后编撰出来的。②钱玄同回信赞同顾颉刚的观点，认为中国历史从禹而起，尧舜是想象中的人物，他提出儒家"六经"也不是康有为所谓孔子托古改制的作品，《诗》《书》《礼》《易》《春秋》互不相干，在战国末年才被"配成"了"六经"（包括《乐经》）。如要考察孔子的学说和生平，只有《论语》可信。他将《论语》中有关六经的语句析出，通过研究发现六经与孔子毫无干系。最后钱玄同感叹说，中国伪书太多，研究历史时辨伪的功夫不能省去。③旧时所谓孔子删订"六经"，康有为的孔子作"六经"的观点，受到古史辨派的普遍质疑，对先秦文献的辨伪工作逐渐成为古史及古代思想研究的前提。

　　马克思主义史家在诸子研究方面也著述颇丰，他们的共同认识是思想学说是经济状况与社会结构在意识上的反映，诸子之不同学派所反映的社会意识，及其代表的社会阶级都不相同，孔子与儒家学说受到了他们普遍的批判。例如，陈伯达认为，孔子之所以成为万世师表，是因为他的观念是封建生产关系的产物，其精神活动表现了封建主的利益，他建立了封建社会"忠""孝"的概念，奴役了人的精神。④吕振羽认为孔子的思想中有阶级身份的鸿沟，即君子是治人的阶级，小人是被治于人

---

① 　参见郭齐勇、吴根友《诸子学通论》中所整理的目录，商务印书馆2015年版。
② 　顾颉刚：《与钱玄同先生论古史书》，《古史辨自序》（上册），商务印书馆2017年版，第1—7页。
③ 　钱玄同：《答顾颉刚先生书》，顾颉刚编著《古史辨》第1册，上海古籍出版社1982年版，第67—82页。
④ 　陈伯达：《孔子的哲学思想》，《解放》1939年第69期。

的阶级，工农分子在孔子那里是吃不开的，其根源是："孔丘不能了解社会各阶级的品质和思想意识的歧异是基于各自的现实生活和社会地位的歧异，反而归结于'君子'和'小人'之先天性的不同。……而'君子'却正是一群吸血动物。"①范文澜在《中国通史简编》中提出，孔子是企图恢复周公时代封建领主制的保守派，是中间阶层"士"的代表，其学说可以总结为中庸主义和家族主义，其思想中的一些概念如果改换其中的阶级内容也还可以使用，另外那些失去时代意义的思想则应抛弃。②

第二节　郭沫若孔子观之演变

郭沫若对孔子的态度总体是较为正面的，但其孔子观也绝非一成不变的，循着他人生与思想的变化进程，可以将他对孔子的感受、理解和评价的演变分为以下四个阶段。

一　褒扬与推崇

郭沫若幼年进入家塾读书时，首要的仪式是向"大成至圣先师孔子神位"叩首，孔子给他留下了深刻的第一印象。家塾和中小学都教授儒家经典，这为他理解孔子打下基础。值得一提的是，郭沫若的小学和中学教师帅平均、黄经华都是今文经学家廖平的弟子。廖平一生的思想由其本人总结为"六变"。第一变约在 1883 年，为"平分今古"，对汉代今文和古文经学做了区分。第二变约在 1888 年，为"尊今抑古"，认为今文经学是孔子真传，古文经学出自刘歆伪造。这一观点对康有为《新学伪经考》《孔子改制考》有很大影响。第三变在 1898 年，为"大统小统说"，即今文经学尊崇的《礼记·王制》是孔子的小统说，用以治理中国，古文经学所尊崇的《周礼》是孔子的大统说，用以治理天下。第

---

① 吕振羽：《中国政治思想史》，新中国书局 1947 年版，第 60 页。

② 范文澜：《中国通史简编》，河北教育出版社 2000 年版，第 93—97 页。

四变在 1902 年，为"天学人学"，认为孔经有高于人学的"天学"。第五变、第六变在辛亥革命之后，是对第三变、第四变的细化，用五运六气解释《诗》和《易》①。

就时间来看，郭沫若的两位老师应当是根据廖平的前"四变"思想来教授经学。他们对孔子非常尊崇，帅平均教授《礼记·王制》，认为其中有经传注笺的部分，经是孔子之微言。黄经华把孔子宗教化的倾向，认为六经都是孔子所作。郭沫若在小学、中学最喜爱的便是帅、黄二先生的课程，虽然他后来并未持有"孔子作六经"的观点，但可推测他曾受到了这些观点的影响，使得他产生了对孔子的好感。

在留日时期，郭沫若受泛神论影响，不但"再发现"了庄子，也"从此更被导引到老子，导引到孔门哲学"②。他于 1917 年下半年开始接近歌德，1919 年中期翻译《浮士德》，同时进入诗歌创作的爆发期。1920 年初，郭沫若在给宗白华的通信中，将歌德与孔子并列探讨，给予二者极高的评价。他认为，所谓"天才的发展"有两种，一种是直线形的发展，以特殊的才能为原点，向着一个方向精益求精地延展，那些纯粹的哲学家、科学家、教育家、艺术家和文学家都属此类。另一种是"球形的发展"，将个人所具备的各方面的天才，同时向多个方向立体地发展。他笃定地说："这类的人我只找到两个：一个便是我国底孔子，一个便是德国底哥德。"而后他对孔子进行了评述，认为孔子在以下方面均有建树，因此是球形的天才：

> 孔子这位大天才要说他是政治家，他也有他的"大同"底主义；要说他是哲学家，他也有他 Pantheism 底思想；要说他是教育家，他也有他的"有教无类"，"因材施教"底 Kinetisch 的教育原则；要说他是科学家，他本是个博物学者，数理底通人；要说他是艺术家，他本是精通音乐的；要说他是文学家，他也有他简切精透

①　廖平"经学六变"之含义与时间，参考黄开国《廖平评传》，百花洲文艺出版社 2015 年版，第 36—39 页。

②　郭沫若：《伟大的精神生活者王阳明》，《文艺论集》，第 70 页。

的文学。便单就他文学上的功绩而言，孔子底存在，是断难推倒的：他删《诗》《书》，笔削《春秋》，使我国古代底文化有个系统的存在。

……

哥德是个"人"，孔子也不过是个"人"。孔子对于南子是要见的，"淫奔之诗"他是不删弃的，我恐怕他还是爱读的！我看他是主张自由恋爱（人情之所不能已者，圣人不禁）实行自由离婚（孔氏三世出其妻）的人！我看孔子同哥德他们真可以算是"人中的至人"了。他们的灵肉两方都发展到了完满的地位。孔子底力量"能拓国门之关"，他决不是在破纸堆里寻生活的 Bücherwurm，决不是以收人余唾为能事的臭痰盂！①

从以上的段落中，可以归纳出郭沫若首次披露的孔子观是：孔子的身份是政治家、哲学家、教育家、科学家、博物学者、艺术家、文学家；特点是力大无比，不是"书虫"（Bücherwurm）；人生经历是见过南子，主张自由恋爱；思想是"大同主义"，是"泛神论"（Pantheism）的；与儒家经典的关系是"删诗书、笔削《春秋》"。

"能拓国门之关"语出《列子·说符》②，"子见南子"出自《论语》，所谓自由恋爱的"人情之所不能已者，圣人不禁"应是化用自"夫人情所不能止者，圣人弗禁"（杨恽《报孙会宗书》），所谓"孔氏三世出其妻"是一种传统说法，出自《礼记·檀弓》及孔颖达疏③。要之，此时郭沫若对孔子的认识来源除了《论语》，还有一些后世的常见说法。他没有接受儿时老师的"孔子作六经"的观点，而是秉持了最早源于《史记·孔子世家》、后世公认的"孔子删《诗》《书》、笔削《春秋》"的看法。

---

① 《郭沫若致宗白华函》（1920 年 1 月 18 日），田寿昌、宗白华、郭沫若《三叶集》，第 12—13、15 页。

② 《列子·说符》："孔子之劲，能拓国门之关，而不肯以力闻。"〔（晋）张湛注《列子》，浙江书局辑刊《二十二子》，上海古籍出版社 2012 年影印本，第 220 页。〕

③ 张松辉、周晓露：《〈论语〉〈孟子〉疑义研究》，湖南大学出版社 2006 年版，第 237—238 页。

在信中，郭沫若对当时社会上两种对立的孔子观都做了抨击。他说，赞美者"其大则天"和轻视者"博学而无所成名"的评语都是正确的，他们只是立场不同而已。但他认为即使立场不同，评价也不能走向各自的极端："可是定要说孔子是个'宗教家'，'大教祖'，定要说孔子是个'中国底罪魁'，'盗丘'，那就未免太厚诬古人而欺示来者。"① "大教祖"和"罪魁"，正是当时孔教运动和新文化运动对孔子的评语，可见郭沫若对两种激进的态度都是反对的。值得注意的是，郭沫若在泛神论的影响下对一神论宗教极为反感，因此他认为孔教运动将孔子奉为宗教家是对孔子的"厚诬"。最后，他对孔子的评价是"人中的至人"，认为比所谓"大诚至圣先师"更为妥当。

在1921年的《我国思想史上之澎湃城》中，郭沫若并未写到孔子便搁置了，尽管如此，这篇文章中也反映了他对孔子的一些看法，主要关于孔子与儒家经典的关系。郭沫若认为，《易传·系辞传下》的"《易》之兴也，其于中古乎？作《易》者其有忧患乎""《易》之兴也，其当殷之末世，周之盛德耶"，肯定是孔子的言论，由此可知孔子本人读过《易》，孔子对《易》的作者和时代是有疑问的。

郭沫若认同欧阳修《周易童子问》中的结论，认为《易传》不是孔子自作，但其中引述的"子曰"肯定是"孔门弟子之脑经不明晰者渣杂先师之语淆乱之以成文者也"，可以被视为孔子的言论。另外，郭沫若认为《礼记·礼运》中"大道之行也，天下为公……禹汤文武成王周公由此其选也"一段话为"孔子言"。综上，郭沫若此时认为，《易传》《礼运》中的"子曰""孔子曰"都是孔子言论，但《易传》不是孔子所作。②

1923年的《中国文化之传统精神》详论了孔子，笔者在第二章对该文进行了概括，此处主谈孔子。郭沫若认为，孔子晚年好《易》，"曾受教于老子"。秦以后的学者没有理解孔子的思想，宋儒运用各种容易

---

① 　《郭沫若致宗白华函》（1920年1月18日），田寿昌、宗白华、郭沫若《三叶集》，第14页。
② 　郭沫若：《我国思想史上之澎湃城》，《学艺》1921年第3卷第1号。

混同的概念去解释孔子，有"盲人说象之感"。当今的舆论以为孔子是要宣传忠孝思想，有的人因此尊敬他，有的人因此诅咒他，将中华民族的堕落都归咎于孔子，"唱这种暴论的新人，在我们中国实在不少"。郭沫若的观点是，人们误解了孔子，孔子并非忠孝的宣传者。他称孔子是与康德和歌德一样的伟大天才，具有圆满的人格，精通数学、博物、艺术，体魄与精神都很发达，这与两年前的他给宗白华信中所言差别不大。

该文致力于分析老子和孔子的思想。郭沫若所总结的孔子思想，第一是泛神论的，即"他把三代思想的人格神之观念改造一下，使泛神的宇宙观复活了"。郭沫若归纳的"孔子本体观"是：孔子把形而上的实在称为"道"，并且与"易"相等，"易"与"道"对于孔子而言，是本体的不同的"假名"。孔子认为本体即神，本体每日向着"善"进化着，这种进化是神的本性。孔子认为神的存在不能被人们感知，神是一切的立法者。

第二是孔子的"人生哲学"。"孔子的人生哲学是由他那动的泛神的宇宙观出发，而高唱精神之独立自主与人格之自律。他以人类的个性为神之必然的表现。"孔子认为人类有许多缺陷，如果想让人性完满，就要学习神的"日新"，不断自励、向上和更新。

第三是孔子的仁道。孔子仁道的本质是"克己复礼"，此处的"礼"不是既成道德，而是人类本性中内在的道德律，即康德所谓良心的最高命令①。孔子的"非礼勿视，非礼勿听，非礼勿言，非礼勿动"（《论语·颜渊》）的积极表述是"君子动而世为天下道，行而世为天下法，言而世为天下则"，这与康德一致。而"克己"等于"格物"，意思是"取正当的方法，调节官能的欲望"，从而净化自己，看到永恒的真理。

第四是孔子的"勇"。孔子吸收一切知识，精神不知疲敝，自强不

---

① 在 1924 年所作小说《Löbenicht 的塔》中，郭沫若将康德塑造为主人公，借"康德"的口评论孔子的"仁义"："这'仁'字怕就是我说的'善良的意志'罢？这'义'字怕就是我所说的'内在的道德律'罢？中国怕是承认着'实践理性的优越'的国家？"参见郭沫若《Löbenicht 的塔》，《郭沫若全集·文学编》第 9 卷，人民文学出版社 1985 年版，第 178 页。

息，他净化自己，充实自己，表现自己，不断努力地使意志坚固，这就是初步的"勇"。他以天下为己任，要为四海而杀身成仁，于神无多让的崇高精神，是"勇"的极致。"勇者不惧"的精神令孔子成为永恒的真理之光，这便是中国固有的精神传统。①

在《中国文化之传统精神》中，郭沫若对孔子思想的解读方式，基本是将自己对孔子精神的个人感受，套入到他尊崇的泛神论和一些新概念中，他力图阐释孔子的思想和人生哲学如何符合泛神论，然而仅引用了出自《易传》《礼记》等四五句话作为证明②，其他大多是由郭沫若自己发散而出的结论。这是郭沫若对孔子本人及其思想再造式的解释，是一种华而不实的赞美。其原因是他首先要阐发自己的理念："在万有皆神的想念之下，完成自己之净化与自己之充实以至于无限，伟大而慈爱如神"，再将这种理念附会到孔子身上。不过郭沫若并不是要利用孔子去抬高泛神论，而是出于对孔子的尊崇，将之与自己喜爱的泛神论思想生硬地联系在了一起。他宣称"我在这里告白，我们崇拜孔子。说我们时代错误的人们，那也由他们罢，我们还是崇拜孔子"③。

同年，宗白华告诉郭沫若，德国《文艺月刊》上的一篇文章认为"孔子以家庭为本位"，郭沫若反对这种观点说，中国的家族制度是原始时代的遗留而非孔子的创始，孔子的人生哲学是以个人为本位的，所谓"孝悌"只是其小康时期的手段，其终极目的是让"人人成为俯仰无愧的圣贤"④。

以上便是留学时期郭沫若的孔子观。他对孔子推崇至极，形容为"人中的至人""球形天才""永恒的真理之光"；认为他身兼各种身份，身体与精神都趋完满；其思想是泛神论式的，主要内容是"克己复礼"的"仁道"、是大同主义；其精神是个人主义、人道主义和自强不息的

---

① 　郭沫若作，成仿吾译：《中国文化之传统精神》，《文艺论集》，第1—13页。
② 　如："一阴一阳之谓道，继之者善也，成之者性也。富有之谓大业，日新之谓盛德。生生之谓易……阴阳不测之谓神。""易与天地准……神无方而易无体。"（《易传·系辞传》上）"天行健，君子以自强不息。"（《易传·象传》）"苟日新，日日新，又日新。"（《礼记·大学》）
③ 　郭沫若作，成仿吾译：《中国文化之传统精神》，《文艺论集》，第8页。
④ 　郭沫若：《论中德文化书》，《文艺论集》，第26页。

勇气；其与儒家经典的关系是整理了《诗》《书》《春秋》，未作《易传》；人们可从《论语》《易传》《礼记》《列子》等文献中了解真实的孔子，对此郭沫若断言"从来的学者有把《论语》来谈孔子的全部之倾向。专靠《论语》，我们不会知道孔子"①。

二　大同与共产的类比

如本书第二章所述，1924 年郭沫若转向马克思主义后，有一个不算长的思想过渡阶段。此时他对孔子的理解较之前一阶段稍多了某些内容，如认为孔子的施政顺序是先富裕后教化，赞扬孔子"在陈绝粮，倚树而歌"的精神，称其为"圣之时者也"（《伟大的精神生活者王阳明》），如认为孔子向老子学过礼，向师襄学琴，向苌弘学乐（《马克斯进文庙》）等。

更重要的变化是他将孔子与马克思类比，将孔子思想与共产主义思想类比。1924 年郭沫若称列宁与马克思的人格不输于孔子，而"俄罗斯革命后的施政是孔子所说的'王道'"②。1925 年在小说《马克斯进文庙》中他又借孔子之口作了类比：注重厚生之道、注重民生与马克思"如何生存幸福"的出发点类比；"大道之行也，天下为公……是谓大同"的理想社会与马克思"各尽所能、各取所需"的共产社会类比；"如有王者，必世而后仁""欲明明德于天下者，先治其国"与物质产业增进之后发展本能与个性的步骤类比。③之后郭沫若与陶其情就《马克斯进文庙》展开争论，他的观点总结而言是认为"王道的国家主义也就是大同主义，也就是共产主义""孔子是王道的国家主义者，也就是共产主义者，大同主义者"④。1925 年，郭沫若还在另一篇文章《穷汉的穷谈》中谈道"共产的社会自然是共产主义者的目标，就跟大同世界是孔

---

① 　郭沫若作，成仿吾译：《中国文化之传统精神》，《文艺论集》，第 5 页。
② 　郭沫若：《精神文明与物质文明》，《伟大的精神生活者王阳明》附论一，《文艺论集》，第 86 页。
③ 　郭沫若：《马克斯进文庙》，《洪水》1926 年第 1 卷第 7 期。
④ 　郭沫若：《讨论〈马克斯进文庙〉·我的答复》，《洪水》1926 年第 1 卷第 9 期。

子的目标一样"①。直到 1948 年,郭沫若依然宣称"共产主义不正是两千多年前孔夫子所倡导过的大同思想的更具体化"②。

郭沫若承认,研究孔子有三种"根本困难":

> 第一,时代远隔,他的思想不是失传便是被后人淹没;
> 第二,他是述而不作,在相传是他的著书内不容易寻出他自己的主张;
> 第三,他是因材施教,他对于门人的谈话多是临机应变的相对的说辞,不容易找出他的绝对的宗旨。③

这说明他内心非常清楚,研究孔子需要辨析历史文献的时代,需要辨析文献的内容是否可以归于孔子思想,而且,对孔子思想进行提炼是很困难的。然而郭沫若在阐释孔子思想时,引用史料较少,将之比附泛神论、共产主义时又过度地自由发挥,这与他已经认识到的"根本困难"多少是矛盾的。可以认为,郭沫若在早期和过渡阶段,并未对孔子和儒家思想进行深入的、学术性的研究,此时他还没有掌握真正的学术方法。

正因为有了对研究困难的认识,郭沫若区别了孔子、儒家与后代解读的不同。他认为,后人所研读的儒家经典只是对原本经典的一种注疏,后人眼中的儒家和孔子精神,是透过注疏的"凸凹镜"而被扭曲了的,当今崇拜或反对孔子的人只是针对了一个"歪斜了的影像"④。此时的郭沫若,不再一味地歌颂孔子的全部,而是相对理性地认识到,受到时代限制,孔子也有缺点。他崇拜孔子的根本精神⑤,但认为需要以时代环境为背景,捕捉到其思想的本质。

---

① 郭沫若:《穷汉的穷谈》,《郭沫若全集·文学编》第 18 卷,第 24 页。
② 郭沫若:《为美帝扶日向爱国侨胞呼吁》,香港《自由丛刊》1948 年第 13 期。
③ 郭沫若:《讨论〈马克斯进文庙〉·我的答复》,《洪水》1926 年第 1 卷第 9 期。
④ 郭沫若:《伟大的精神生活者王阳明》,《文艺论集》,第 77 页。
⑤ 郭沫若:《讨论〈马克斯进文庙〉·我的答复》,《洪水》1926 年第 1 卷第 9 期。

三 返归理性认识

1935 年，郭沫若创作了小说《孔夫子吃饭》。知道他曾经如何尊崇和赞美孔子的人若是读到这篇小说，一定会诧异并怀疑是否出自同一人之手。小说取材于《吕氏春秋·审分览》，原文讲了这样一个故事：孔子与弟子们被困在陈与蔡之间，7 天没吃到粮食。颜回出去讨要到了一些米回来做饭，孔子本来在旁边睡觉，却看到颜回从锅中抓饭吃。等到颜回过来给他送饭时，孔子假装没看到他之前的动作，说因为梦到了先君，要先用干净的饭去祭祀。颜回直陈刚才烟尘掉入锅里，但扔掉粮食是不祥的，于是自己便拿来吃掉。孔子因而感叹说，凭借眼睛和心去看和揣测都不足信，了解一个人是很难的。①

在郭沫若的小说中，孔子一行被围困的原因是几位弟子偷了瓜田的香瓜，被农民当成盗匪包围了。"就因为没有胆量，因为怕死，孔子那样的大圣人固不用说，连最勇敢的子路，最能辩的子贡，都毫没中用了。"只有颜回出去向农民投降，纯朴的农民不但解除了对他们的包围，还送给颜回白米。孔子看到颜回从锅中取米吃后，觉得被伤害了自尊，"因为孔子是一团人的领袖，连我领袖都还没有吃的时候，你公然就先吃，这是孔子在肚子里斥责颜回的话，但他没有说出口来"。待颜回说出了事实后，孔子便抢着说自己不如颜回，并告诉弟子们自己的怀疑和对颜回的试验，从而缓解了良心上的不安。但同时孔子感受到了某种安慰，他觉得原来"我的领袖的尊严，并没有受伤"②。郭沫若屡次在小说中称呼孔子为"大圣人""我们的圣人"，这是出于讽刺的目的，其塑造的孔子形象不但没有圣人的光环，反而是怯懦和虚伪的。

郭沫若的《豕蹄》收入了包括《孔夫子吃饭》在内的以历史人物为主题的 6 篇小说，他在序言中自陈创作的心路，称这几篇小说是被实际逼迫出来的速写，目的是"注重在史料的解释和对于现世的讽谕"，而

---

① 许维遹撰，梁运华整理：《吕氏春秋集释》，中华书局 2009 年版，第 447—448 页。

② 郭沫若：《孔夫子吃饭》，《豕蹄》，不二书店 1936 年版，第 1—4 页。

现实的立场是更重要的一方面。他解释说不是故意要把人物漫画化，而是对于本已被歪曲的古人面貌进行反向的描写。如孔子"道贯古今的大圣人"形象已经过于坚固，就必须想到他也是人，不应被过分地庄严化。郭沫若认为，或许《墨子·非儒》《庄子·盗跖》中对孔子的反面塑造可能出于门户之见，但《吕氏春秋》中孔子困于陈蔡的故事却可能是有根据的，"把孔子的面貌我觉得传得最为正确"。郭沫若当时面临的现实是，十年以来"政治上的秦始皇主义，文坛上的门罗主义，出版家的打劫主义"，其中"政治上的影响，自然要算是重大的原因"，这些都让他的创作减少了，这一篇《孔夫子吃饭》是被周围的朋友们催促而成的。

郭沫若认为这篇小说是要表达出："孔子是领袖意识相当旺盛的圣人，拿现存的一些领袖意识旺盛的人物来对照一下，像这种程度的'雄猜'，原是家常茶饭事的。"[①] 他出于常理推测孔子的领袖意识旺盛，这种人通常是有猜忌心理的，因此用来映射现实中的领袖，此处显而易见是指蒋介石。后者多年来一直尊孔，并于 1934 年发起新生活运动，这在一定程度上影响了郭沫若对孔子的看法。但他明白以古讽今不能过于歪曲古人形象，否则会造成相反的效果，因此在小说中并未将孔子反派化。不过，即使是以上程度的贬损和讽刺，也与早年郭沫若对孔子无比推崇的态度有天渊之别，可以说，孔子在郭沫若心中已不再是"至人"。这一认知的变化是从他认识世界的视角发生变化开始的，从其掌握马克思主义方法并以之解释历史和现实，他就逐渐抛弃了过去推崇的包括孔子在内的各种精神"导师"。

从 20 世纪 20 年代后期开始的诸子研究"探索期"内，除了《孔夫子吃饭》明显表现出他的态度外，郭沫若对孔子的研究和评述都不算多，可以略作以下的归纳。

第一，对孔子的"客观"认识基于对中国古代社会和思想的分析。1928 年，郭沫若认为，春秋战国的思想家是要对支配阶级的思想进行

---

① 　郭沫若：《序》，《豕蹄》，第 4 页。（该文又题《从典型说起》）

革命，他们将宗教宇宙观转变为形而上的宇宙观。但墨子是反革命的，孔子在这二者中游移。"他一方面认定了辩证法的存在，然而终竟只求折衷；他一方面认定理性的优越，然而他却迷恋着鬼神；他一方面摄取了形而上的宇宙观，然而他立地把它神化了起来。"[1] 1935 年，郭沫若认为，孔子是周人奴隶的子孙，不认同周人（统治阶级）的权威，其思想是反贵族的。[2]到了 1942 年，他的观点是：春秋末叶的社会变革产生了"儒"的群体，孔子祖上是宋国的破落贵族，迁居到了鲁国。孔子是儒的代表，是"儒帮"的领袖，因为弟子众多而得到经济上的支持，得以周游天下。[3]

第二，对孔子生平与思想的进一步认识。郭沫若认为，孔子创制了"三年之丧"，但出于减少阻力的缘故，托为古人所作。[4]孔子是出色的教育家，他诲人不倦，能做到有教无类、因材施教，对于人格虽然有规矩尺度的要求，但也有"不得中行而与之，必也狂狷乎；狂者进取，狷者有所不为也"（《论语·子路》）的观点。郭沫若以为，这表明孔子能够接受"狂狷"，是"深切地了解青年气质的人"，值得现代的教育家效仿。[5]孔子是博学多能的人，通晓驾车、射箭，他好学不厌，活到老学到老。[6]真正的孔门教条不是"温柔敦厚"，孔子对诗的态度是"诗可以兴，可以观，可以群，可以怨"（《论语·阳货》），郭沫若解释为"诗可借以使人感觉兴趣，可借以观察事理，可借以因同好而团结群众，可借以因共怒而怨恨仇雠"[7]。

孔子的政治思想是要先"正名"，"名不正则言不顺，言不顺则事不成，事不成则礼乐不兴，礼乐不兴则刑罚不中，刑罚不中则民无所措手足"（《论语·子路》）。正名在郭沫若看来不是要摆正各人的"名分"，

---

[1] 郭沫若：《周易的时代背境与精神生产》，《中国古代社会研究》，第 73 页。

[2] 郭沫若：《屈原时代》，《沫若近著》，第 13 页。

[3] 郭沫若：《论儒家的发生》，《今昔集》，第 228 页。

[4] 郭沫若：《论儒家的发生》，《今昔集》，第 216 页。

[5] 郭沫若：《青年哟，人类的春天！》，《郭沫若全集·文学编》第 19 卷，第 81 页。

[6] 郭沫若：《"五十以学"答问》，《沸羹集》，大孚出版公司 1947 年版，第 147—148 页。

[7] 郭沫若：《活的模范》，《郭沫若全集·文学编》第 19 卷，第 91 页。

而是要确定一切事物的概念名称，不可让名实混淆、黑白颠倒，这是政治走上轨道、人类得到幸福的前提。①

孔子向老聃问过礼，接触过后者的形而上学思想。孔子述而不作，对殷周的传统思想是否定的，他不谈鬼神，但肯定祭祀。郭沫若解释说，孔子肯定祭祀并非承认鬼神真正存在，而是要让祭祀者得到心理与情感的满足，实际上他是否定鬼神的。孔子相信"命"或"天命"，"天"指的是自然而非人格意义的天。孔子将"天"合理化，认为"道"即是"天"，本质上是个泛神论者。②

1942年8月，郭沫若在"歌德晚会"上发表演讲，时隔22年后再次将歌德与孔子进行了对比，有趣的是，歌德与孔子在郭沫若心中的地位都曾从高位跌落，后来他又回归理性地对待他们。郭沫若不再称二者为"球形天才"，而是"多方面地发展"。对于孔子，郭沫若评述道：

> 孔子有教无类，用材适教，是教育家；但也是外交家、文学家，一部诗经，要多谢他替我们蒐集保存了下来。孔子对诗的认识也是很深刻，他主张"诗可以兴，可以观，可以群，可以怨"。把诗的本质和效用都说得很周到。孔子作的诗如："余望鲁兮，龟山蔽之，手无斧柯，奈龟山何？"可惜留下来的很少。孔子很懂音乐，如："子自卫返鲁，而后乐正"，"在齐闻韶，三月不知肉味"，可见得他对于音乐的理解很深刻。孔子能操琴，如《庄子》里有："仲尼游乎缁帷之林，坐于杏坛之上，弟子读书，先生鼓琴"。仲尼身体很好，是千斤大力士，"能托国门之关"③。

与22年前相比，郭沫若给孔子"加封"的头衔少了几个，如政治家、哲学家、科学家等，但依据的史料有所增加，如《论语》和《庄子》。其所谓孔子作的诗"余望鲁兮，龟山蔽之，手无斧柯，奈龟山

---

① 郭沫若：《正标点》，《郭沫若全集·文学编》第19卷，第396页。

② 郭沫若：《先秦天道观之进展》，《青铜时代》，第43—48页。

③ 郭沫若演讲，爱兰记录：《关于歌德》，《诗创作》1942年第16期。

何"，即《龟山操》，出自东汉蔡邕《琴操》："《龟山操》者，孔子所作也。"①。

由此即可引出第三点——郭沫若对孔子与史料文献关系的看法，这又可分为"孔子与儒家经典的著作关系"和"通过哪些史料可以了解孔子"两个问题。

对于第一个问题，郭沫若的观点如下。

（1）孔子与《易》无关。郭沫若早年根据《易传·系辞传下》所引"子曰"，认定孔子读过《易经》、对《易经》的作者和时代发出疑问，但他不是《易传》的作者，《易传》能够体现孔子思想。1935年他修改了这个观点，认为孔子见过《易经》的说法是靠不住的。他考察了《论语》中与《易经》有关的句子：

> 子曰：加我数年，五十以学易，可以无大过矣。（《论语·述而》）
> 子曰：南人有言曰"人而无恒不可以作巫医"，善夫。"不恒其德，或承之羞。"子曰不占而已矣。（《论语·子路》）
> 曾子曰："君子思不出其位。"（《论语·宪问》）

陆德明在《经典释文》中说，第一句在《鲁论》中是"五十以学，亦可以无大过矣"，没有"易"字。汉《高彪碑》有"恬虚守约，五十以敩"，也出于《鲁论》，因此郭沫若认为所谓"五十以学易"是不可靠的。第二句中的"不恒其德，或承之羞"与《易·恒卦》九三的爻辞相同，第三句中的"君子思不出其位"与《易·艮卦》的象传相同，但这两处《论语》里都没说是引用《易》。郭沫若认为，与其说是孔子和曾子读过《易》，并引用了《易》，不如说是编纂《易》的人盗用了《论语》的句子。此外《庄子·天运》还有所谓孔子治《诗》《书》《礼》《乐》《易》《春秋》的说法，郭沫若认为是庄子后学所作，不

---

① 原文为"予欲望鲁兮，龟山蔽之。手无斧柯，奈龟山何"，蔡邕《琴操》，中华书局1985年版，第4页。

足取。①

以上的观点并不是郭沫若的创见，1920年日本人本田成之在《作易年代考》中便提出，《论语》中的语句与《易》无关，论据和思路与郭沫若以上所言基本一致。②此后有不少学者均持这种观点，如1928年钱穆《论〈十翼〉非孔子作》、1930年李镜池《易传探源》等，后者也特别提及了《高彪碑》③。郭沫若显然是吸收了以上的观点，从而修改了自己此前的意见。他并未说明是受了谁的启发，不过在文中承认已有学者进行过探讨："《易经》的《十翼》在前是以为孔子作的，但到近年来已经遭了否认，竟连他曾经见过《易经》的话都是靠不住的。"④

此外，郭沫若也否定了自己早年认为《易传·系辞传下》中"子曰：……《易》之兴也，其于中古乎？……《易》之兴也，其当殷之末世，周之盛德耶"是孔子言论的观点，称"子曰"也不必是孔子，任何人都可以称自己的老师为"子"⑤。这从反面也证明，孔子既与《易传》无关，也没读过《易经》，因此孔子与《易》无关。

（2）孔子与《诗》《书》《礼》《乐》《春秋》的关系存疑。郭沫若对早年认定的"孔子整理《诗》《书》《春秋》"的观点打了问号，认为古人谓孔子"删《诗》《书》，定《礼》《乐》，修《春秋》"的说法是要打折扣的，打多少折扣不好说，但它们肯定是旧有的经典，其思想是贵族的文化思想而不是孔子的创造，孔子的功绩在于"把从前由贵族智识，普及到民间来了的这一点"⑥。在另一处郭沫若更加明晰地说："因而古时

---

① 郭沫若：《先秦天道观之进展》，《青铜时代》，第43—44页。这些观点又在《周易之制作时代》中重申，《青铜时代》，第69—70页。此外，郭沫若在《啼笑皆是》《"五十以学"答问》中都谈到了孔子"五十以学"问题，观点没有改变。见《沸羹集》，大孚出版公司1947年版，第133—136、147—148页。

② ［日］本田成之：《作易年代考》，原载《支那学杂志》1920年第1卷第2、3号，转引自刘大钧总主编《〈周易〉经传》第2册，上海科学技术文献出版社2010年版，第648页。

③ 钱穆：《论〈十翼〉非孔子作》，李镜池：《易传探源》，顾颉刚编《古史辨》第3册，上海古籍出版社1982年版，第90、96页。

④ 郭沫若：《先秦天道观之进展》，《青铜时代》，第43页。

⑤ 郭沫若：《论儒家的发生》，《今昔集》，第218页。

⑥ 郭沫若：《借问胡适——由当前的文化动态说到儒家》，《中华公论》1937年创刊号。

说，孔子删诗书，定礼乐。诗书都经过修改，这话，我们是得承认的。除《诗经》本身有其统一性外，逸诗便很少文学意味，这也不失为一个证明。不过删改的人，不必一定是孔子，但总得是孔子的门徒。再简切的说：《诗经》是在春秋战国之际经过后人加了一番整齐划一的工作。"①郭沫若还提出一个新颖的观点，即儒家典籍如《尚书》之周代诸篇，《诗经》中的《雅》《颂》，其中可能有刻录金石盘盂之上的文句。孔子和弟子周游列国时，必曾看过各国的"宝器"，或许将其记录下来，作为"修史之资"②。

对于第二个问题，即"通过哪些史料可以了解孔子"，郭沫若的做法分为两种情况。其一，郭沫若改进了史料使用不谨慎的问题，更主要地运用《论语》来论证孔子思想，这大多体现在他的学术论文中，如《先秦天道观之进展》《〈周易〉之制作时代》等。其二，在小说、演讲和杂文中，他除了引用《论语》，还将《庄子》《列子》《吕氏春秋》《琴操》中的记载作为可信的孔子事迹讲述。因而可以认为，他此前所谓"专靠《论语》，我们不会知道孔子"的说法依旧有效，但在学术论证时他则选择性地使用更为可靠的史料。

如上所述，在很长一段时间中，郭沫若对孔子已不再是无条件的崇拜，孔子是可以贬损的对象。不过他的贬损并未到过分的程度，而是回归理性地看待孔子。郭沫若依然承认孔子是"不世出的天才"（《驳〈说儒〉》），认为孔子虽没有写大部头的书，但"伟大是毫无问题的"③。他在一次讲演时说"五四以来把孔子否定得太过火，现在似乎应该给以正确地批判了"④。

四 研究总结阶段

1943 年 8 月郭沫若完成《墨子的思想》，至 1944 年 1 月写作《韩

---

① 　郭沫若：《论古代文学》，《郭沫若全集·文学编》第 19 卷，第 268 页。
② 　郭沫若：《周代彝铭进化观》，《青铜时代》，第 281 页。
③ 　郭沫若：《一样是伟大》，《郭沫若全集·文学编》第 19 卷，第 325 页。
④ 　郭沫若演讲，爱兰记录：《关于歌德》，《诗创作》1942 年第 16 期。

非子的思想》期间，是其诸子研究成熟期的第一阶段。2月20日，他在《后叙》中说："本来还想再写一两篇，如对于名家的批判，先秦儒家与民主气息之类，但因兴趣减衰，不愿再糜（靡）费时日也"①。在这半年的时间里，郭沫若撰写的7篇诸子研究论文中并没有论述孔子和先秦儒家的，只在《后叙》里有所谈及。

他首先阐述了研究儒家的困难所在，即后人对儒家内部的分类过于笼统，而儒家本身在先秦和秦以后有着很大的不同。秦以后的儒家思想中汇集了先秦诸子各派的成分，还有外来的注释，如果总称为"儒"并且统归之于孔子，就会有很大问题。郭沫若认为"实则论功论罪，孔家店均不能专其成"，即使是先秦儒家，孔子与孟子、荀子都不尽相同，孔门各弟子的言论，更不应让孔子一人负责。"孔子因而成了超人，也因而成了盗魁，这是断断乎不合逻辑的。"正确的做法应当是分析辨别，将各人的责任还给本人。②这是郭沫若一贯的主张，也是对五四新文化运动以来对以孔子为招牌的"孔家店"褒贬观点的总批评，他所提倡的是一种客观的方法。

郭沫若运用马克思主义唯物史观分析古代思想的方法是，将思想作为社会结构在意识形态上的反映。他对孔子社会身份和阶级立场的判断是有变化的，最早认为孔子是站在革命与反革命思想中间的折衷派，后来认为孔子是反贵族的，是"儒"这个群体的代表。在《后叙》中，郭沫若明确提出："孔子的主张是奴隶解放的要求在意识上首先的反映。他虽然承继了前时代贵族所独占的文化遗产，但他把它推广到庶民阶层来了。他认识了教育的力量，他是注重启发民智的。"郭沫若反驳了将孔子"民可使由之，不可使知之"（《论语·泰伯》）视为其支持愚民政策的证据，认为"可"应当解释为"能"，而非"宜"。因为孔子还提出"举善而教不能"（《论语·为政》），"庶之，富之，教之"（化用自《论语·子路》），表明他并不赞成蒙蔽民智。③《后叙》是郭沫若对自己一个

① 郭沫若：《青铜时代·后叙》，《青铜时代》，第296页。
② 郭沫若：《青铜时代·后叙》，《青铜时代》，第296—297页。
③ 郭沫若：《青铜时代·后叙》，《青铜时代》，第297页。

阶段以来诸子研究的总结，所谓"孔子是解放奴隶思想的代表"这一观点是此前没有提出过的，表明他已对孔子的身份立场、代表何种意识形态有过思考，但并未展开去写。

直到1944年上半年受到"朋友们"的刺激又重启诸子研究之后，郭沫若撰写的第一篇分论便是《孔墨的批判》。该文中，孔子与墨子是作为一个"对照组"被呈现的。全文分为三小节，第一小节是"论孔墨的基本立场"，第二小节、第三小节分论孔子和墨子的思想体系。郭沫若认为，儒家与墨家这两个派别是对立的，即使他们可能会互相攻击诬蔑，但他们所写下的记录至少"在显明相互间的关系上是断然正确的"①。于是郭沫若使用了《墨子》中的材料来分析孔子，他选取了《非儒》中的三个故事。

第一个故事是：齐景公向晏子询问孔子的为人，晏子指责孔子到楚国时指使石乞参加白公胜叛乱，是"深虑周谋以奉贼，劳思尽知以行邪"。晏子认为这是煽动以下乱上、臣子弑君，与别国的贼人勾结、怂恿作乱的行为，是不仁不义的，更不是贤人的作为。第二个故事是：晏子反对齐景公赐予孔子封地，他举出了一系列儒家骄傲而好享乐的缺点，景公于是作罢。孔子因此怀恨在心，撺掇齐国的田常攻打吴国，撺掇越国伐吴，阻止高、国、鲍、晏等各家反对田常叛乱，使得齐国和吴国都遭受了亡国的灾难。第三个故事较为简短，说孔子担任鲁国司寇时不顾公家，却去帮助季孙氏，季孙氏获罪逃走时，孔子还帮其举起门闩。《非儒》篇最后评述说，因为孔子心术不正，他的弟子如子贡、季路，阳货、佛肸和雕漆都效仿他作乱。

对于第一个故事，郭沫若根据《左传》考证，白公胜作乱时孔子已去世三月，齐景公已去世十二年，故事显然是"诬罔之辞"。不过至少可以看出墨子的倾向是反对乱党的，而孔子则有帮助乱党的嫌疑。对于第二个故事郭沫若认为，《庄子·盗跖》中有"田成子常杀君窃国而孔子受币"的记载，这印证了《墨子·非儒》的说法。与之相反的，《论

---

① 郭沫若：《孔墨的批判》，《十批判书》，第63页。

语》说孔子劝鲁哀公讨伐田常。郭沫若认为，证明孔子帮助乱党的史料有《墨子》《庄子》两种，证明他反对乱党的史料只有《论语》，所以应当采信"多数"的说法，结论就是"孔子是袒护乱党，而墨子是反对乱党的人"①。郭沫若此处的逻辑是有一定问题的。首先，《非儒》篇抨击孔子和儒家是叛乱者，只能得出《非儒》作者的立场是反对乱党，并不能得出被其攻讦的对象（孔子）一定是帮助乱党的结论。其次，《墨子》《庄子》中孔子支持田常，而《论语》中孔子反对田常，郭沫若依据"多数取胜"的原则相信前二者而否定《论语》的论证是靠不住的。例如《左传·哀公十四年》也有孔子劝哀公征讨田常的记载②，这便不能说是多数取胜了。结合《非儒》《论语》，更严谨的结论是，儒墨两个学派都自诩为忠君者，对叛乱者进行口诛笔伐，甚至诬蔑对方煽动了叛乱。

在"孔子袒护乱党"的结论下，郭沫若进一步阐明了"乱党"身份的实质是代表民意的新兴势力。他继续分析故事中的人物，认为田常和季孙氏利用养士的手段，把人民从公室争取走了。白公胜是"信而勇"的人，石乞是智勇兼备的"好汉"。郭沫若认为，孔子生前不怎么得意，有一个时期任何人都可以侮辱他、威胁他的生命，这和亡命的暴徒也没有区别了。但孔子的门徒却要帮他掩饰，如子路在孔子病重时让门人假扮为"臣"，就是一种"撑门面"的掩饰。郭沫若将臣解释为奴隶，称子路是在"退回旧时代"，让孔子享受奴隶主的待遇，所以被有着新思想的孔子批评③，孔子是不愿做奴隶主的。孔子死后，《论语》《孟子》都将孔子掩饰为反对叛乱的人。郭沫若还举出《论语·阳货》中，公山弗扰、佛肸叛乱时孔子不顾子路反对，希望前去实现自己执政理念的事迹，说明孔子是袒护乱党的，而《论语》却没能将这段事迹抹去，是

---

① 郭沫若：《孔墨的批判》，《十批判书》，第 67 页。

② 杨伯峻编著：《春秋左传注》第 4 册，中华书局 2012 年第 3 版，第 1689 页。

③ 原文："子疾病，子路使门人为臣。病间，曰：'久矣哉，由之行诈也！无臣而为有臣，吾谁欺？欺天乎！且予与其死于臣之手也，无宁死于二三子之手乎！且予纵不得大葬，予死于道路乎！'"（《论语·子罕》）本段通常被解释为孔子不接受由"臣"来治丧，因为认为是一种"僭越"的行为。

"是值得珍异的事"①。总体而言，郭沫若论证过程的说服力并不足以支持"孔子祖护乱党"的结论，他过于希望证明孔子是新兴、进步意识形态的代表，于是将孔子与反对奴隶制的"乱党"联系在了一起。

在第二节中，郭沫若研究了孔子的思想体系，开篇即为其做了定性：孔子顺应社会变革潮流，"大体上他是站在代表人民利益的方面的，他很想积极地利用文化的力量来增进人民的幸福"②。随后郭沫若从以下几个方面对孔子思想进行剖析。

第一，孔子思想体系的核心是"仁"。郭沫若在《论语》中选择了九个例子，证明"仁"的含义是"克己而为人的利他行为"，就是"仁者爱人"，所谓人指的是人民。为了实现"仁"，就要牺牲自己，增进人的幸福，这是高度的人道主义，这种要求的期限是时时刻刻的。牺牲自我服务大众即所谓"至善"，实现至善的过程便是"勇"。"仁"是有等级的，能够将"仁"从亲人推及民众，就可成为"圣"。孔子"一以贯之"的道就是这种人道主义，郭沫若认为孔子的仁道顺应了奴隶解放的潮流。

第二，要做到"仁"便需要"学"。学习的内容有六艺和历史，"好问"是求学的法门。孔子讲究实事求是，反对冥想式的"唯心思维方法"，并且认为主观与客观相互印证才能成功，即"学而不思则罔，思而不学则殆"。孔子注重客观根据，不谈怪力乱神，极其看重对《诗经》的学习，也重视音乐尤其是古乐的作用。他爱好弹琴，将音乐这种过去由贵族垄断的艺术推广到民间。孔子承认人民是可以被教育的，这与原本的贵族教育已有不同。孔子教授的内容分为"文行忠信"四教，其教育方法不是机械性的灌输，能够做到因材施教、有教无类。

第三，孔子对礼的重视。孔子崇拜周公，但"周礼"多出于孔子及其门徒的编纂和假托。郭沫若认为，礼可能起源于祭祀神的仪式，后来扩展到对人的各种仪式。孔子尊崇的周礼，是在礼的形式中引入了

---

① 郭沫若：《孔墨的批判》，《十批判书》，第71页。
② 郭沫若：《孔墨的批判》，《十批判书》，第75页。

"仁"的新精神，并且把本来"不下庶人"的礼在精神层面普及到庶人之中。但孔子仍受时代限制，导致他过于注重古礼，有时就会开历史倒车。例如"拜下，礼也，今拜乎上，泰也，虽违众，吾从下"（《论语·子罕》）就是违背时代的变化而固守古礼。郭沫若评价说，孔子对于礼既有复古也有维新。

第四，孔子的政治思想。孔子生于大变革时代，他提出过一些实际的政治主张，如"正名"，如"足食足兵"。他认为实施仁政需要经过一定的时间，要有"尊五美，屏四恶"的信条，其中最需要重视的是"因民之所利而利之"，要为人民谋幸福，提出为政者需要"节用"。郭沫若认为，从孔子所言"足食足兵，民信之矣"可以看出他既患贫也患不安，既患寡也患不均。孔子的政治理想是回归"尧舜之道"，《论语》中称赞尧舜，尤其赞颂禅让和选贤与能的方式。郭沫若分析了《礼记·礼运》中"天下为公"思想的来源，是历史上原始公社的"乌托邦化"，禅让是族长传承制度的反映。《礼运》之所以提倡"天下为公"，就是借着对原始公社的憧憬，表达对现实中奴隶制家天下制度的不满。《礼运》的这种思想是进步的，而孔子就是其最早的倡导者。郭沫若辩解说，"君君、臣臣、父父、子子"的本义是君父是要如尧和舜一样，臣子是要如舜和禹一样，只是齐景公歪曲了孔子的意思，讲出了"信如君不君，臣不臣，父不父，子不子，虽有粟吾得而食诸"（《论语·颜渊》），将这句话变成了维护统治秩序的意思。总之，孔子是要复兴乌托邦式的尧舜盛世，而不是复兴西周的政治。

第五，孔子的天命思想。当时社会的变革使得奴隶制的"上帝"观念被动摇，孔子否定了"人格神"的上帝，其所谓"天"是自然或自然中的理法。孔子对鬼神至少是"怀疑派"，只是出于实际政治的需要，要在形式上"敬鬼神而远之"。孔子强调"命"，郭沫若认为，拥有积极进取的精神孔子不像是一个宿命论者，其"命"是指自然的必然性，是人力无法改变的部分，因此只需做到尽己所能即可。

最后郭沫若总结说，孔子的思想体系"在主观的努力上是抱定一个仁，而在客观的世运中是认定一个命。在主观的努力与客观的世运相调适的时候，他是主张顺应的。在主观的努力与客观的世运不相调适的时候，他是主张固守自己的"①。他对孔子的最终评价是，孔子是生于奴隶制崩溃的革命时代并顺应新的必然趋势的人。

该文对孔子思想的分析基本都引用了《论语》作为史料，这体现了郭沫若学术研究进一步的严谨化，不以其他未辨明的史料来假充论据。第一节中对"孔子祖护叛乱"的论证颇显牵强，第二节对孔子思想的梳理却一气呵成，从思想核心的"仁道"与仁道实现的方法，论到孔子的学习、教育和施政以及天命观念，是较为系统性的阐述。但其对《论语》往往有不同于通常义的解释，大多是为了支持自己论点的某种发挥。

郭沫若在《我怎样写〈青铜时代〉和〈十批判书〉》中称，自己写作《孔墨的批判》的目的是要揭露孔子和墨子对立的立场，表明孔子是扶助私门的。杜国庠曾说郭沫若"祖护儒家"，郭沫若辩称，所谓"儒家"过于笼统，其含义覆盖了很长时间中不同的流派，不能一概加以反对或支持。但他明确承认自己"祖护孔子"，因为孔子是由奴隶社会转向封建社会的前驱者。他的这种观点与同一阵营的马克思主义史学家是相当不同的，郭沫若猜想"恐怕要使好些友人更加瞠惑"，甚至有人会认为他"替旧势力张目"。然而他说自己不想"畏缩"，相信只要进行客观研究，有确凿的证据，是可以说服别人的。②郭沫若对孔子的正面态度出于他一贯的感观，也出于自身的反叛性，在新文化运动的高潮中他逆潮而上，此时也依然与身边的"主流"相悖。

根据1921年《我国思想史上之澎湃城》原本的计划，郭沫若是要写"孔子晚年定论"这一专题的，但之后他从未就这个主题写过文章。1945年他写道，必须通过一个人的"晚年定论"才能得知其思想归宿，可见所谓"晚年定论"是指一个人的思想在后期的定型。孔子号称"圣之时"，他的思想是随着时间而变的，对于先秦文献记载时间的先后，

---

① 郭沫若：《孔墨的批判》，《十批判书》，第92页。
② 郭沫若：《我怎样写〈青铜时代〉和〈十批判书〉》，《十批判书》，第420页。

我们无从判断，因此孔子的"晚年定论我们实在也无从知道"①，等于郭沫若承认了最早的写作计划是无法完成的。

不过有一个值得注意的地方，或可作为理解郭沫若观点的一种补充。郭沫若在《儒家八派的批判》中确定了《礼记·礼运》是子游氏之儒的经典，因为该篇主要记录了孔子与子游（言偃）的对话。《礼运》最重要的内容是提出了"大同小康"说，其开篇曰："昔者仲尼与于蜡宾，事毕，出游于观之上，喟然而叹。仲尼之叹，盖叹鲁也，言偃在侧。"有人认为这一记载不可信，因为根据孔子参加鲁国的"于蜡"祭典，说明应是他在鲁国担任司寇的时候，当时子游年仅十岁，二人不可能进行这番谈话，因此《礼运》本身记载的孔子谈论"大同小康"的言论也不可信了，"大同思想"不是孔子的思想。郭沫若称，孔子不一定是在 51 岁担任鲁国司寇时才能参加"于蜡"祭典，也可能是他晚年周游列国之后回到鲁国，受到国君的尊敬而被邀请的。他认为大同小康之说是"从原始公社和奴隶制所反映出来的一些不十分正确的史影而已"，孔子推崇尧舜，本质上就是把原始社会的尧舜时代视为理想乡②，进而提出了一种乌托邦式的大同说。郭沫若从始至终都认为大同思想出于孔子，通过以上的论证可以得出"孔子晚年阐发大同说"的结论，这或许就是他曾经构思的"孔子晚年定论"的重要内容。

1946 年 7 月，李公朴、闻一多惨遭国民党特务暗杀，郭沫若发表《李闻二先生悼辞》，赞扬他们给人们留下崇高的典型，为民族增加光辉。他说，一个民族必须有典型人物作代表，如孔子、孙中山等。李闻二先生的斗争是光明与黑暗、公道与私欲的斗争，历史证明，光明和公道会取得最终的胜利。《庄子》《吕氏春秋》记载了孔子生前处处碰壁、潦倒不得志的样子，他被呼为"盗丘"，被形容为"丧家之犬"，但日后却成为万世师表，直到今日仍受尊敬。郭沫若形容说："看他那个情形，实在和我们今天的'左翼文化人'并没有什么两样。"③言外之意是说自

---

① 郭沫若：《孔墨的批判》，《十批判书》，第 86 页。
② 郭沫若：《儒家八派的批判》，《十批判书》，第 115 页。
③ 郭沫若：《李闻二先生悼辞》，上海《时代》周刊 1946 年第 40 期。

己和同道的左翼文化人不必在乎当下的待遇，如同孔子一样，历史必然会给出正确的评价。

1920年郭沫若首次对友人披露自己的孔子观，直到1944年才对孔子进行了系统性的研究，其间在论文和文学作品中的论述既分散片面，也不甚严谨，在早年使用史料时较为轻信草率，在非学术作品中更是引用了很多传说故事。这些问题在《孔墨的批判》中都得到了改善，该文是郭沫若孔子研究的大成。但考察郭沫若的孔子观，不能仅从最终的作品中去看，厘清其孔子观的变化，也为研究郭沫若的学术方法和观点的发展提供了明确的线索。

郭沫若对孔子的总体评价，有赞扬崇拜的波峰，也有辛辣讽刺的波谷，但总体上是正面的，以肯定孔子为主。五四新文化运动对孔子的彻底清算，马克思主义学者对孔子和儒家的较低评价，让郭沫若在变革主义者阵营中显得格格不入，也令他受到很多朋友的指责。郭沫若的孔子观一方面反映出他本人的性格特点，其早年的"反叛"性在一生中有多种方式的表现，对权威的反叛、对主流观点的反叛此时显露出来；另一方面，也证明了郭沫若观点具有一致性，他的精神世界存在着相当程度的观念惯性，其孔子观是这种惯性的集中表现。

1922年，郭沫若将《诗经》翻译为白话文，编成《卷耳集》。在序言里他说："我这个小小的跃试，在老师硕儒看来，或许会说我是'离经畔道'；但是，我想，不怕就是孔子再生，他定也要说出'启予者沫若也'的一句话。"① 这句话似乎有承认自己是孔子弟子辈的含义。1943年6月，郭沫若写下了一首题为《孔丘》的旧体诗，从中不仅能够读出他对孔子的肯定，还透露出一种自比其类的豪情，这是我们理解郭沫若孔子观的重要材料：

> 孔丘四十已不惑，欧谚人从四十始。
> 吴刚今日兼有之，表里通彻乘风起。

---

① 　郭沫若：《卷耳集·序》，《郭沫若全集·文学编》第5卷，第157页。

垂天健翮逍遥游，况有嫦娥共白头。

文辞华藻壮山海，笔削严谨成春秋。

慧福双修道已闻，即不百年亦何忧？

丈夫忧先天下耳，要使瓮牖之子如公侯！

凤凰鸣矣朝日升，为人须争第一流！ ①

---

① 　郭沫若:《孔丘》,《郭沫若全集·文学编》第 2 卷，人民文学出版社 1982 年版，第 229 页。
这首诗作于 1943 年，当时并未发表，1959 年收入《潮汐集》。

第五章 儒家思想研究

如前文所言，郭沫若认为，后人不断解释孔子的同时也在歪曲他的思想，甚至对先秦的儒家思想不加区分，统统归于孔子。正确的工作应当将孔子、先秦儒家和后世儒家区分开来，还原历史。随着时间的推移，郭沫若对儒家源流和内部派别区分的认识不断加深，除孔子以外的先秦儒家代表人物，他主要研究了荀子和公孙尼子，对孟子没有专论。此外，一些先秦文献长期被儒家奉为经典，郭沫若对这些传统经典也进行了辨析和研究。

第一节 儒家源流与派别

一 儒家的起源问题

郭沫若研究"儒"的起源，始于其对胡适《说儒》的批判。胡适的文章发表于 1934 年，其主要观点是"儒"是殷民族的教士，孔子被人认为是殷商亡国后"五百年必有王者兴"预言应验的圣者，孔子将殷民族的"儒"扩大到"仁以为己任"的儒，把柔儒改进为刚毅进取的儒。该文分为六个部分，第一部分中胡适接受了章太炎《原儒》的观点，认为"儒"的含义经历了从广义到狭义的过程，广义的儒是"术士"，狭义的儒是指孔子开创的学派。胡适提出，章氏的缺陷在于没有说明广义的儒的起源时代和具体来历，他们与狭义的孔门之儒有什么关系，于是自己尝试研究这些问题。①

第二部分中，胡适考察到"儒"的名称最初见于《论语》"女为君子儒，毋为小人儒"。《说文》称："儒，柔也，术士之称。从人，需声。"他考证道，凡从需的字，大多有柔弱的意思，而最早的"儒"的穿着显出一种文弱迂缓的感觉，这可能是"儒"的第一种含义。傅斯年《周东封与殷遗民》一文可以证明鲁国是殷人移民的国家。殷人虽然在周的统治下过着奴隶的生活，但因为宗教保持着团结，掌握宗教仪式知识的专业人士保存着殷商文化和衣冠，周人用"士"来泛称他们。这些"殷士"穿着长袍戴着大帽，又不抵抗统治者，因此得名"儒"。儒就是柔懦之人，"不但指那逢衣博带的文绉绉的样子，还指那亡国遗民忍辱负重的柔道人生观"②。儒服就是殷人的服饰，儒的第二个含义是穿戴古衣冠、行殷礼的殷人遗民。

继而胡适论到"三年之丧"，他考证的结论是鲁国、滕国和周王朝都不实行三年丧制，但孔子却说"三年之丧，天下之通丧也"（《论语·阳货》）。子张问《书》云：'高宗谅阴，三年不言。'何谓也"，孔子回答说："何必高宗，古之人皆然。君薨，百官总己以听于冢宰三年。"（《论语·宪问》）胡适解释说，这并不是孔子在说谎，因为孔子和子张都是殷人，其"天下"指的是大多数的殷遗民，"古之人"是指殷商的先王。胡适认为三年之丧是殷民族的丧礼，被"儒"所继承。

第三部分中胡适描述了"儒"的生活。在孔子的年代，"小人儒"是俗儒，他们是不劳作的寄生阶级，以宗教礼仪为职业，主业是"治丧"，但很贫穷，受人轻视。孔子和弟子都是以教师和相礼为业，也是殷商儒祝，孔子是其中有远见的领袖。

第四部分论述广义之儒转变为孔门狭义之儒的过程。儒是宗教的教士，他们懂得丧礼、乐舞甚至"傩"的技能，因此广义上的儒成为"术士"的通称。胡适认为，孔子是儒教的中兴领袖，也是殷遗民"民族运

---

①　胡适：《说儒》，《胡适文存》第 4 卷，华文出版社 2013 年版，第 3—6 页。

②　胡适：《说儒》，《胡适文存》第 4 卷，第 15 页。

动"的伟大代表。他引用宋国的正考父鼎铭"一命而偻，再命而伛，三命而俯，循墙而走"，证明殷民族的政治中心宋国处境困难，铭文"是何等的柔逊谦卑"。宋襄公的野心是复兴殷商，但最终失败了。

胡适称，殷民族亡国的几百年中形成了"救世圣人"的预言，这与希伯来民族的"弥赛亚"类似。他认为《商颂·玄鸟》是一首预言诗，"商之先后，受命不殆，在武丁孙子。武丁孙子，武王靡不胜，龙旂十乘，大糦是承"中的"武丁"就是"武王"，这个武王是殷民族预言中的英雄，后来转变成"救世圣人"。《左传》记载，孟僖子说"吾闻将有达者，曰孔丘，圣人之后也"，说明孟僖子听到当时民间有传言说孔子便是应运而生的圣人。胡适还猜想预言的内容是"殷商亡国五百年后，有个大圣人出来"，而孔子自己也有"自许自认"的心理，热心做一番功业进行救世，于是将殷民族性的"儒"放大，成为儒家的宗主。[①]

第五部分讲孔子的做法。胡适认为，孔子打破了民族的界限，提出"吾从周"的口号，将过去殷人宗教上的"儒"扩大为全天下的"师儒"，并且担当了"仁以为己任"的使命。孔子还将原本柔弱的儒和杀身成仁的武士结合在一起，造就了新的儒行，使之具有刚毅勇敢的精神，这就是"振衰而起儒"的大事业。第六部分中，胡适考察了儒与道、孔子与老子的历史关系，提出老子也是儒，其思想代表"儒"柔懦的古义，孔子是对这种正统含义的超越。[②]

胡适的文章发表于 1934 年，郭沫若却在 1937 年发文反驳，题为《借问胡适——由当前的文化动态说到儒家》[③]，该文 1942 年收入《蒲剑集》时改题为《驳〈说儒〉》，并以此题收入《青铜时代》，以下以《驳〈说儒〉》称之。郭沫若撰写该文的缘由不是《说儒》本身，而是读完胡适和"某女士"的通信后一时激愤而作。1936 年 10 月鲁迅逝世，苏雪林给胡适写信攻击鲁迅，12 月 14 日胡适回复苏雪林，郭沫若所谓的通信即指此信。《借问胡适》的第一节和第二节是为鲁迅的辩护和对胡适

---

①　胡适：《说儒》，《胡适文存》第 4 卷，第 29—41 页。

②　胡适：《说儒》，《胡适文存》第 4 卷，第 42—63 页。

③　郭沫若：《借问胡适——由当前的文化动态说到儒家》，《中华公论》1937 年创刊号。

的抨击，第三节转而批判胡适的论文《说儒》，郭沫若形容说"那文章是很堂皇的，博引宏征，高瞻阔步，蛇蛇炎炎，垂三万言，我想，那一定是博士的得意之作"①。

郭沫若首先摘抄了《说儒》中描述耶稣和孔子的语句，复述了胡文第四部分认为孔子是儒家宗主的话。他讽刺说，文章中有"民族复兴的气运在流荡"，读后可以感叹伟大圣人的确"复活"了，他"相信"胡适一定是第一位进入孔庙的儒者。随后郭沫若对《说儒》中的漏洞进行了逐一批判。

（1）"三年之丧"并非殷制。胡适提出，"三年之丧"是殷民族的丧礼而被"儒"所继承，郭沫若针对其引用的一个论据进行了批驳，即《论语·宪问》中记载的孔子与子张的对话。子张曰："《书》云：'高宗谅阴，三年不言。'何谓也？"子曰："何必高宗，古之人皆然。君薨，百官总己以听于冢宰三年。"郭沫若考察了殷墟卜辞，发现新王即位之后的第二年或第三年便进行了两次有酒肉、乐舞的祭祀活动，这可以推翻所谓君主死后三年不言、不为乐的说法，至少证明殷代没有这种"三年之丧"的礼仪。此外，郭沫若认为所谓"谅阴"不是通常解释的居丧守制之意，而是一种不能说话的病症，其原意是武丁（高宗）即位后患了"暗哑症"。孔子为了自己托古改制的目的，将其自行解释为"古之人皆然"②。

（2）胡适所引论据不可靠。胡适文中屡次引用《周易》，并推测卦爻辞的形成年代是殷亡之后的一二百年中。郭沫若彼时已完成了《周易之制作时代》，他申明自己的观点称，卦爻辞的作者是战国前期的馯臂子弓。此外，胡适引用了若干次正考父鼎铭文作为柔懦的证明。正考父鼎铭在《左传》和《史记·孔子世家》中均有记载，郭沫若将二者抄录对比，发现段落首尾上有显著的差异，他认为《左传》的文字是刘歆的窜改，不可信。他又举出《史记》本身对于正考父时代记载的矛盾，

---

① 郭沫若：《驳〈说儒〉》，《青铜时代》，第 116 页。该文在 1954 年人民出版社改版《青铜时代》时删去了第一节和第二节。

② 郭沫若：《驳〈说儒〉》，《青铜时代》，第 118—122 页。

《宋世家》说是宋襄公时，《孔子世家》说是宋戴、武、宣公时，相差一百多年。因此他以为《史记·孔子世家》也是出于刘歆的窜改，剽窃自《庄子·列御寇》和《礼记·檀弓》。此外，郭沫若还举了几个例子证明殷人是勇猛而非柔慈奴性的。

（3）《商颂·玄鸟》并非预言诗。郭沫若批评胡适对《玄鸟》的解释过于牵强附会，认为"武王"绝不是弥赛亚式的"救世圣人"。他对《玄鸟》的断句提出了自己的看法，认为应是：

> 商之先后，受命不殆，在武丁孙子，武丁孙子。
> 武王靡不胜，龙旗十乘，大糦是承。

第一段与第二段没有关系，这样就不会产生"武王"是武丁孙子的误解，"武王"指的就是殷商的开创者汤，而不是武丁的孙子——一个预言中的救世圣人。

（4）对殷末史实的澄清。郭沫若认为胡适所谓武丁之后殷商国力衰退的说法不合乎史实，他以末代国君帝辛为例，举出卜辞中所反映出的殷末对东南进行经营的证据，说明其国力强大，进而推翻胡适的"武王"是预言中的复兴圣人之说。

最后，郭沫若阐发了自己对于儒家起源的观点。他首先对"儒"的含义进行了辨析，认为史料中并没有古代术士被称作"儒"的证据，秦汉以后将术士称作儒，是对这一名称的滥用。儒的名称来源是贵族中的"祝宗卜史"之类的官员，其本义的确是"柔"，这是对不事生产的柔弱贵族们的蔑称。而儒者产生于春秋时代，是奴隶制崩溃的产物。在社会变革中，土地逐渐私有且集中，促使社会阶层的分化和官制的改革，产生了"儒者"这种职业。最初他们是破落贵族、高等游民，即孔子所谓"小人儒"。那些新兴的"暴发户"需要利用人充当门面，便开始豢养儒者作为家臣食客，儒被职业化了，便成为孔子所谓"君子儒"。孔子有三千弟子之众，是一个"儒帮"。儒的职业化和行帮化产生的后果是，他们将原来由少数贵族占有的知识普及到民间。儒起源于邹鲁，是因为鲁国素来是文化的中心，而周室东迁后，其王室已失去了文化。①

时隔 5 年之后，1942 年 7 月，郭沫若撰写了论文《论儒家的发生》，该文的内容基本是对《驳〈说儒〉》的重复，依次对"三年之丧"、《易经》的年代、正考父鼎铭和《商颂·玄鸟》这几个问题进行了讨论，其间提出了若干补充。如除了提出"三年之丧并非殷制"的观点，还认为"三年之丧"是孔子的创制；除了提出《易经》作于战国，还主张孔子与《易传》也无关。在对正考父鼎铭进行辩伪时，郭沫若补充了一条论据。他认为古人的器铭是用来记载功勋、赏赐或契约的，而正考父鼎铭文是一种"法诫语"（座右铭），不合铭文体例，因此是伪作。②该文比之《驳〈说儒〉》思路更加通顺、语句更加易读，应是郭沫若专门润色的成果。

二　儒家的流派

郭沫若在《青铜时代·后叙》中说明了为何应该对儒家进行内部的区分：

> 关于儒家最难理论。事实上汉人分家的办法已经过于笼统，而后人言儒家尤集笼统之大成。粗略言之，所谓儒家之在秦前秦后已大有不同。秦以后的儒家是百家的总汇，在思想成分上不仅有儒有墨，有道有法，有阴阳，有形名，而且还有外来的释。总而称之曰儒，因统而归之于孔。实则论功论罪，孔家店均不能专其成。
>
> 就是先秦儒家，也有系统上的进展和个人思想上的分歧。孔子和孟荀不尽同，孟荀亦各有特点或偏见，孔子门下所谓七十子之徒，他们的言论，更不能让仲尼来负责。但先秦邹鲁之士，既被总而称之为儒，彼辈功过亦统而归之于孔。孔子因而成了超人，也因而成了盗魁。这是断断乎不合逻辑的。
>
> 应该从分析着手，从发展着眼，各人的责任还之各人，这可算

---

① 郭沫若：《驳〈说儒〉》，《青铜时代》，第 133—138 页。

② 郭沫若：《论儒家的发生》，《今昔集》，第 212—228 页。

是对于古人的民主的待遇。①

　　郭沫若将儒家区分为先秦儒家和秦以后的儒家，关于先秦儒家中的人物和流派，他撰写过专门性的文章如《孔墨的批判》《荀子的批判》《公孙尼子与其音乐理论》《儒家八派的批判》，秦以后的儒家他有《秦楚之际的儒者》。

　　郭沫若自称在考察儒家八派的时候尽了最大的能力，因为可见的资料都被后世儒者湮灭或者粉饰了，他们将孔子的弟子及其再传门徒都视为正统派，无视其内部的分别，而这些流派与儒家之外的其他诸子学派也并非水火不容，反而也是互相影响的。② 为此他做了一番辛苦梳理的工作。

　　关于孔子之后的儒家流派，较早的文献记录是《荀子·非十二子》《韩非子·显学》。《非十二子》反对子思、孟轲，贬损子张氏之儒、子夏氏之儒和子游氏之儒是"贱儒"，推崇"仲尼、子弓"为圣人：

　　　　略法先王而不知其统，犹然而材剧志大，闻见杂博。案往旧造说，谓之五行，甚僻违而无类，幽隐而无说，闭约而无解。案饰其辞而只敬之，曰："此真先君子之言也。"子思唱之，孟轲和之。世俗之沟犹瞀儒，嚾嚾然不知其所非也，遂受而传之，以为仲尼子游为兹厚于后世，是则子思孟轲之罪也。

　　　　……

　　　　弟佗其冠，神禫其辞，禹行而舜趋，是子张氏之贱儒也。正其衣冠，齐其颜色，嗛然而终日不言，是子夏氏之贱儒也。偷儒惮事，无廉耻而耆饮食，必曰"君子固不用力"，是子游氏之贱儒也。③

---

① 　郭沫若：《青铜时代·后叙》，《青铜时代》，第296—297页。
② 　郭沫若：《我怎样写〈青铜时代〉和〈十批判书〉》，《十批判书》，第422页。
③ 　（清）王先谦：《荀子集解》，中华书局1981年版，第59—60、66页。

《显学》是所谓"儒家八派"的由来：

> 世之显学，儒墨也。儒之所至，孔丘也。墨之所至，墨翟也。自孔子之死也，有子张之儒，有子思之儒，有颜氏之儒，有孟氏之儒，有漆雕氏之儒，有仲良氏之儒，有孙氏之儒，有乐正氏之儒。自墨子之死也，有相里氏之墨，有相夫氏之墨，有邓陵氏之墨。故孔墨之后，儒分为八，墨离为三，取舍相反不同，而皆自谓真孔墨，不可复生，将谁使定世之学乎？①

郭沫若在《儒家八派的批判》中引用了《显学》对儒家的分派，并对此八派进行了逐一研究。

（1）子张之儒。子张即孔子弟子颛孙师，郭沫若认为子张是个过激派，他所举出的论据有：孔子形容子张"师也辟""师也过"；曾子所谓"有若无，实若虚，犯而不校"与《荀子·非十二子》对子张之儒的谩骂相符，曾子和子游都曾批评子张不符合仁道，郭沫若认为这是孔门弟子里的中庸派对过火派的评价。

他进而引用《论语》《庄子》中子张的言论和故事，对其思想进行了考察，认为子张的精神是宽宏大量的，临危时能够奉献生命；子张向孔子请教的问题反映出他关心"仁""从政"等问题，把民众看得很重要；子张的后学戴着矮帽子（弟佗其冠），言语平庸随便，同乎流俗，近于墨家，而墨子亦可能受到子张的影响；子张博爱容众，主张君子"尊贤而容众，嘉善而矜不能"。最后郭沫若总结说，"子张氏在儒家中是站在为民众的立场的极左翼的"②。

（2）子思之儒、孟氏之儒、乐正氏之儒是一系。关于子思是谁，传统有两种解释，一说是孔子的学生原宪；二说是孔子的孙子孔伋。③不过郭沫若没有辨析子思的身份，他默认是后者。他说"孟氏自然就是孟

---

① 《韩非子·显学》，浙江书局辑刊《二十二子》，第 1185 页。
② 郭沫若：《儒家八派的批判》，《十批判书》，第 113 页。
③ 周予同：《从孔子到孟荀——战国时的儒家派别和儒经传授》，《学术月刊》1979 年第 4 期。

轲"，是子思的弟子。乐正氏是孟子的弟子乐正克，子思、孟氏、乐正氏这一系出自子游，即孔子弟子言偃。

前文所引王先谦《荀子集解·非十二子》中说："子思唱之，孟轲和之。世俗之沟犹瞀儒、嚾嚾然不知其所非也，遂受而传之，以为仲尼子游为兹厚于后世，是则子思孟轲之罪也。"郭沫若认为这是一项极为重要的资料，甚至两千年来都被人忽略了。有的学者认为"子游"是"子弓"之误，因为《荀子》中对子游是讥讽的，对子弓是推崇的，并且屡次提到"仲尼子弓"而非"仲尼子游"。郭沫若反对说，此句"仲尼子游"指的本来就是子思、孟轲的道统，"仲尼子弓"是荀子自述的道统，二者不是同一指称，原文"以为仲尼子游为兹厚于后世"没有错误。这种解释见陈澧《东塾读书录》卷十二《诸子书》，郭沫若自谓是受杜亚泉的指点找到了这一则说法①。因此，如果相信子思和孟轲"以为仲尼子游为兹厚于后世"，则说明思孟是继承子游的。

郭沫若接着论述子游。他认为子游重视思想而轻视礼数，《礼记·礼运》中有孔子和子游的对话，毫无疑问是子游氏之儒的典籍。《礼运》篇强调五行，如"人者，其天地之德，阴阳之交，鬼神之会，五行之秀气也"，"人者，天地之心也，五行之端也"，并且把"五"这个数字神秘化，将"色声味"都与五行相配。而子思的《中庸》和孟轲的《孟子》中，虽然没有字面意义上的"金木水火土"的五行含义，但郭沫若认为："五行系统的演化确实是存在的。"②以上与《荀子》抨击思孟一派的说法"案往旧造说，谓之五行"相符，更可证明思孟出于子游。

《尚书》之《洪范》《尧典》《皋陶谟》《禹贡》保存了相当多的五行资料，于是郭沫若推测它们的作者就是思孟一派的儒者。他否定冯友兰认为《大学》是荀学的观点，主张其为孟学，是乐正氏之儒的典籍，此外《礼记·学记》亦为乐正氏所作。

---

① 郭沫若：《后记之后》，《十批判书》，第429—430页。
② 郭沫若：《儒家八派的批判》，《十批判书》，第118页。

（3）颜氏之儒指颜回一派。颜回有一些避世的倾向，郭沫若认为这也是《庄子》之中颜回出现了十次的原因。在《庄子》的《人间世》和《大宗师》中，孔子与颜回讨论的主题是"心斋"和"坐忘"等玄虚之说，郭沫若分析可能是颜氏之儒对颜回本身避世倾向的一种夸大，后来被庄子采用了。

（4）漆雕氏之儒是孔门的任侠一派。孔子弟子有漆雕开、漆雕哆和漆雕徒父，郭沫若认为只有漆雕开能建立一个独立的学派，此处漆雕氏之儒应指他。《汉书·艺文志》中《漆雕子》13篇的作者被记为"漆雕启後"，郭沫若认为是讹误，"後"字是衍文，"啓"是"启"的误写。应是"漆雕启"，即漆雕开。他又将孟子形容北宫黝的说法"不肤挠，不目逃"（《孟子·公孙丑》）与《韩非子·显学》中记载漆雕子的主张"不色挠，不目逃"联系在一起，认为北宫黝可能就是漆雕氏之儒中的一位。《礼记·儒行》中盛赞儒者的刚毅和特立，郭沫若认为《儒行》可能就是漆雕氏之儒的典籍。

（5）仲良氏之儒不可考。这一派郭沫若论述最少，推测仲良氏之儒是孟子记载的楚国人陈良，并且屈原应该出于他的门下。

（6）孙氏之儒是荀子一派。因荀子屡次称道孔子、子弓，足见他是子弓的徒属。郭沫若认为，子弓并非有人认为的孔子弟子仲弓，而是馯臂子弓。《史记·仲尼弟子列传》称孔子传《易》给弟子商瞿，商瞿传给楚人馯臂子弘，《汉书·儒林传》称商瞿传给鲁人桥庇子庸，子庸传馯臂子弓。郭沫若认为馯臂子弘与馯臂子弓是同一人，不过他不是接受《易》的人，他就是《易》的作者。子弓与子思是同时代的人，郭沫若认为这两派在儒家思想上是同一种发展，是中国思想史上最早具有分析倾向的思想，他们都认为宇宙是变化的。在此基础上，子思提出五行相生，子弓提出阴阳对立，最后由邹衍进行汇合并发展成了所谓阴阳家。①

对比《荀子·非十二子》与《韩非子·显学》，二者都提到了子张之儒，但《非十二子》所推崇的子弓和贬损的子夏、子游，在《显学》

---

① 郭沫若：《儒家八派的批判》，《十批判书》，第128—132页。

中都没提到。子弓是荀子一派，即孙氏之儒的来源，子游是子思、孟氏之儒的来源，可以视为《显学》中三派的师承。唯独子夏不见于《显学》，郭沫若为此有些苦恼，说《韩非子·显学》中的"八派中把子夏氏之儒除外了，不知道是什么原故"①。关于这一问题，郭沫若在1944年写作《儒家八派的批判》时没有想通，因此将其搁置了。

后来他突然发现了原因所在：前期法家的来源主要是子夏氏之儒，《韩非子·显学》要对儒家和墨家进行批判，自然不能提"自己的祖宗"子夏，并且把子夏氏之儒从儒家里剔除了。直到西汉之后，由于古文家们耍的手段，又把子夏氏之儒当作了儒家的正宗。②他想通这个问题的时间被记录在《南京印象》中。1946年6月21日，当时郭沫若正在南京开展促进国共和平谈判的工作。当天见过周恩来之后，"周公忙得十万火急，而我自己却是闲得没法开交。我自己究竟有什么事情好做呢？临行过于仓卒，除掉准备送客的几本《十批判书》之外，别的书什么也没有带来。回到寓里，索性躺在床上展开自己的书来读"。读着读着他突然灵感乍现，想通了法家的代表人物是子夏门人或再传弟子这一问题，随后"这一种不合时宜的观念在我的脑中迷糊着，它倒很有些催眠作用，把我送入了睡乡"③。在1950年《十批判书》改版时，郭沫若将这个观点写入了《儒家八派的批判》和《前期法家的批判》。此外，1943年在《述吴起》中，因吴起师承子夏，郭沫若一度将吴起归于儒家，1945年在《前期法家的批判》中又改为了法家。

对于秦以后的儒家，郭沫若只研究了秦楚之际的动向，他发现儒者在当时分为三个倾向：在秦朝担任官职，埋头研究或著书，参加革命。因为李斯是荀子的弟子，郭沫若将之作为"担任官职的儒者"的代表。李斯虽为儒者，却是焚书坑儒的发动者，他与自己的宾客（其中有不少儒者）被赵高所杀。此外还有在秦做博士的叔孙通。研究或著书的儒者

---

① 郭沫若：《儒家八派的批判》，《十批判书》，第109页。
② 郭沫若：《蜥蜴的残梦——〈十批判书〉改版书后》，《郭沫若全集·历史编》第3卷，第71页。
③ 郭沫若：《南京印象》，《郭沫若全集·文学编》第14卷，第486—487页。

以荀子为代表。郭沫若的观点是，荀子活到了秦始皇统一天下，但晚年过得很窘迫。此外还有拒绝叔孙通邀请的两个鲁国儒生，他们被叔孙通嘲笑为"真鄙儒也，不知时变"。

参加革命的儒者，郭沫若举出了 8 人。其一是孔子的八世孙孔甲，曾担任陈涉的博士。其二是曾经在淮阳"学礼"的张良，他所拜见的仓海君"也应该是当时的一位儒者而兼带着在做秘密工作的人"[①]。其三是成安君陈馀。其四是刘邦谋士郦食其。其五是陆贾。其六是陆贾之友朱建。其七是楚元王刘交，郭沫若评述说："真没有想到在见儒即大骂的刘邦之下，还有这样一位深于诗教的异母弟。"[②]其八他又提到叔孙通，认为他抛弃博士官职去参加革命，性格圆通，很识时务。

郭沫若在列举完儒者后，还顺便罗列了其他人物的属性，如陈平、田叔、曹参为道家，张良由儒转道，张苍是阴阳家，蒯通、范增是纵横家。他发现，在韩非生活的时期依然是显学的墨家，在秦楚之际却似乎绝迹了，认为可能是为了"保卫"秦被消灭了，或是改行变成了儒者。他总结说，先秦的诸子百家在秦之后都汇合到儒家之中。虽然他们都打着孔子的招牌，但还是"吃着各家的饭"，尤其是墨家的理论，依然被各代王朝在实际上尊崇着，秦以后"从实质上来说，倒是墨存而儒亡的"[③]。

第二节　儒家代表人物

郭沫若对先秦儒家代表人物的专论，只有荀子和公孙尼子，对孟子的研究散见于几篇文章之中，以下按人物年代先后作一考察。

一　公孙尼子的音乐理论

1943 年 9 月郭沫若撰写了《公孙尼子与其音乐理论》，该文的兴趣

---

① 　郭沫若：《秦楚之际的儒者》，《青铜时代》，第 255 页。

② 　郭沫若：《秦楚之际的儒者》，《青铜时代》，第 256—257 页。

③ 　郭沫若：《秦楚之际的儒者》，《青铜时代》，第 266 页。

源于对儒家和墨家的研究，他发现二者争论的一个重要问题在于音乐，于是对儒家的音乐理念进行了一番研究。儒家音乐观的代表作品是《乐记》，郭沫若参考《史记·乐书》《荀子·乐论》和其他文献，将《礼记·乐记》按照刘向《别录》记载的篇目顺序"整个抄录了一遍"①。在研究《乐记》期间，他"发现"了公孙尼子，并确定其作品为《乐记》的主要来源。

《公孙尼子与其音乐理论》可分为对三个问题的探讨，即《乐记》的内容来源、公孙尼子其人、公孙尼子的音乐思想，三者是层层推进的关系。②

郭沫若在开篇直接给出了第一个问题的答案。《隋书·音乐志》引南朝沈约的《奏答》称"《乐记》取《公孙尼子》"。张守节《史记正义》说"《乐记》者公孙尼子次撰也"，郭沫若认为张守节的说法大体来源于南朝的皇侃，皇侃与沈约是同时代人，以上两条史料都被他采信。《汉书·艺文志》中儒家有《公孙尼子》28篇，杂家有《公孙尼》1篇，这两种书均已失传。郭沫若认为二者的作者是同一人，即公孙尼子，而《公孙尼子》正是《乐记》的主要来源。

《乐记》的文字如今保存在《礼记·乐记》和《史记·乐书》中，均为11篇。刘向《别录》中有《乐记》23篇，其中11篇与《礼记》《史记》相同。郭沫若梳理了这11篇在三种文献中的顺序，发现三者均不相同。今本《礼记·乐记》中的篇目顺序是：《乐本》《乐论》《乐礼》《乐施》《乐言》《乐象》《乐情》《魏文侯》《宾牟贾》《乐化》《师乙》。

进而他对这11篇的内容做了考察，发现其中有些篇目的观点互相矛盾，不似同一作者所作。甚至一些内容与其他先秦文献相同，如《乐礼》篇的一节与《易传·系辞传》几乎完全相同，《乐言》《乐情》《乐化》《乐象》也有和《荀子·乐论》相同的文句。他判断，现存的《乐记》并不全是公孙尼子的作品，而是汉人的抄写混乱了，掺入了其他

---

① 郭沫若：《我怎样写〈青铜时代〉和〈十批判书〉》，《十批判书》，第414页。
② 郭沫若：《公孙尼子与其音乐理论》，《青铜时代》，第164—177页。

文献的内容。必须将这些可疑的内容剔除，才能得到公孙尼子的真实思想。

关于第二个问题，郭沫若认为公孙尼子可能是孔子弟子公孙龙。他的证据是，其一，《乐本》篇谈论到了五音、八音，但没有延伸到战国初年盛行的五行、八卦上去，可见其年代早于战国。其二，《乐本》中对于"性"的看法是"外人生而静，天之性也，感于物而动，性之颂也"，这与孔子"性相近，习相远"一脉相通。总之公孙尼子应是孔子的直传弟子，比子思稍早，当然比孟子和荀子都要早，而荀子之音乐理论明显受公孙尼子影响。

对于第三个问题，郭沫若做了长篇论述。他依旧从社会史的通则论起，认为人类与生俱来的感观需要享受艺术，尤其是音乐，但社会产生贵族和奴隶阶级之后，一切享受的分配也就不平等了。在殷周的奴隶制社会，奴隶与贵族的享受是天渊之别，当奴隶制逐渐解体的时候，思想家便要对不平等的享受进行改革。郭沫若认为，墨家和道家都是"非乐"的，前者出于不可浪费的主张，后者出于"音乐有害"的观点，本质上这两派都是要求去除情欲。儒家则相反，主张节制享受、与民同乐。例如孔子热爱音乐，对音乐有深刻的造诣和评论，他将艺术与礼联系起来，用礼乐"内以建立个人的崇高的人格，外以图谋社会的普及的幸福"①。

但这种艺术思想在《论语》中没有得到展开，直到公孙尼子时，儒家的音乐思想才得到了理论性的发展。郭沫若对包含在《乐记》中的公孙尼子音乐思想做了总结：乐的本质一方面是人内在抒情的精神活动，"其本在人心之感于物也"。人受到外界的刺激，将感情表达出来即是乐。乐主要的性质是和谐，其功能是同化，可以让他人感受到本人的感情。另一方面，音乐是对外在生活的反映和批判，也可以成为政治的借鉴。为政者从民间音乐中可以得知人民的疾苦和政治的良莠。因此，音乐就能成为政治工具，它与"礼"结合起来，作为"政教的大端"，不

---

① 　郭沫若：《公孙尼子与其音乐理论》，《青铜时代》，第169页。

仅可以使得天下太平，甚至可以让"宇宙明朗化"。郭沫若解释说，这可以理解为发挥人的创造力，对宇宙万物起到作用。《乐记》的最深奥处，几乎达到了神秘的地步，所谓"乐由天作，礼以地制"，郭沫若形容说"就这样音乐便倒立了起来"①，他的意思是这句话颠倒了音乐产生的顺序，制作礼乐的人反而成了神圣者。自此之后，儒家凡是谈论音乐的都没有脱离公孙尼子的思想范围。

在这篇文章之后，郭沫若曾在《吕不韦与秦王政的批判》《孔墨的批判》《儒家八派的批判》提到公孙尼子，都是在申明公孙尼子的思想是《乐记》来源的观点。

二 孟子的思想

郭沫若没有为孟子撰写过专门性论文，以孟子为主题的作品只有1935年的短篇小说《孟夫子出妻》。小说讲了这样一个故事：孟子想通过禁欲成为"圣贤"，一直像仆人一样伺候他的孟夫人满足了他的愿望，主动返回了娘家。于是孟子"觉悟"了一个浅显的道理，一个人要成为圣贤、要"养浩然之气"，"都是有别的人作着些低贱的劳动来垫底的。"郭沫若在文前有一段"作者白"，称小说取材自《荀子·解蔽》的一句话"孟子恶败而出妻"，他通过上下文认为"败"是因美色而败坏身体之意，不是有些人解释的妻子德行败坏。《荀子·解蔽》篇对"孟子恶败而出妻"的评价是"可谓能自强矣，未及思（仁）也"，称赞孟子勉力控制，但达不到考虑"仁"的地步，因为圣人不需要自控就能"纵其欲，兼其情"。可见郭沫若对这句话的理解是恰当的，他创作这篇小说的目的是要揭示很多人忽视的孟子禁欲的一面，也要同情孟子的妻子，认为"这样无名无姓的做了牺牲的一个女性，我觉得不亚于孟子的母亲，且不亚于孟子自己"。②

在郭沫若对古代社会和思想研究的论述中，《孟子》大多作为引文

---

① 郭沫若：《公孙尼子与其音乐理论》，《青铜时代》，第175页。
② 郭沫若：《孟夫子出妻》，《杂文》1935年第3号。该文收入《豕蹄》时删去了"作者白"。

和论据的来源，简单举两个例子如：引《孟子·滕文公下》"圣王不作，诸侯放恣，处士横议，杨朱、墨翟之言盈天下。天下之言不归杨，则归墨"，说明当时杨朱与墨子并立。①引用《孟子·滕文公上》"方里而井，井九百亩，其中为公田，八家皆私百亩"作为讨论井田制的材料。②

郭沫若也谈到孟子思想本身。早期在1923年，郭沫若曾将惠施与孟子做过一个对比，他认为惠施主张实利主义，而孟子与惠施正相反，因为其见梁惠王的时候，"开口便教他行仁义，便教他复古"③，郭沫若此处的意思是孟子是个过于理想主义的人。在1935年的《先秦天道观之进展》中，郭沫若认为孟子的天道观是承认一个最高的自然立法者，强调"万物皆备于我"④。之后他再讨论孟子就是撰写《青铜时代》和《十批判书》期间了，主要见于《青铜时代·后叙》《宋钘尹文遗著考》《儒家八派的批判》《稷下黄老学派的批判》几篇文章中。

郭沫若在《儒家八派的批判》中为孟子找到了道统，即孟子是子思的弟子，他们是出自子游氏之儒。据《荀子·解蔽》"孟子恶败而出妻，可谓能自强矣"推测，他是一位禁欲主义者，所谓"败"不是妻子道德败坏，而是"嫌男女之际败坏精神或身体"⑤，这重申了小说《孟夫子出妻》的观点。据《史记·孟轲列传》"序诗书，述仲尼之意，作《孟子》七篇"可知编制诗书是孟氏之儒的重要事业。⑥

孟子的思想核心通常被提到是"性善论""四端说""养气"，郭沫若并未就这些思想本身进行研究，而是对它们进行了新的阐释。

首先，郭沫若认为"性善""四端"与思孟学派的五行学说有关。荀子诟病思孟"案往旧造说，谓之五行"，说明后者倡导五行学说，因而被荀子厌恶。"五行"指的是金、木、水、火、土五大元素，但子思、孟子的书中却没有明确的关于五种元素的文字，郭沫若认为那是因为他

---

① 郭沫若：《先秦天道观之进展》，《青铜时代》，第50页。
② 郭沫若：《由周代农事诗论到周代社会》，《青铜时代》，第103页。
③ 郭沫若：《惠施的性格与思想》，《文艺论集》，第49页。
④ 郭沫若：《先秦天道观之进展》，《青铜时代》，第54页。
⑤ 郭沫若：《儒家八派的批判》，《十批判书》，第126页。
⑥ 郭沫若：《儒家八派的批判》，《十批判书》，第119页。

们的书不全，其五行说失传了。①不过他认为即使没有确凿的文字证据，但可以从他们的著作《中庸》和《孟子》中发现"五行系统的演化"。

孟子说过，"恻隐之心仁之端也，羞恶之心义之端也，辞让之心礼之端也，是非之心智之端也。人之有是四端也，犹其有四体也"（《孟子·公孙丑上》），还有"君子所性，仁义礼智根于心"（《孟子·尽心上》）。郭沫若发现，以上"四端"中有"仁义礼智"，却缺少了"信"，而"仁义礼智信"是儒家"五常"之一。

郭沫若解释说，孟子虽然没讲"信"，但讲"诚"，信就是诚。孟子的诚就是"天道"："诚者天之道也，思诚者人之道也，至诚而不动者未之有也，不诚未有能动者也。"（《孟子·离娄下》）他又引用《中庸》的"诚者天之道也，诚之者人之道也，诚者不勉而中，不思而得，从容中道，圣人也"去解释《孟子》中的"诚"，认为"诚就是中道"。由此我们得到了郭沫若的一个"公式"，即"信"就是"诚"，就是"中道"。郭沫若发现，"诚、信、中道"与"土神则信"的说法相符，因为五行之中"土神"是位于中央的，也就是"中道"。于是"诚信是位乎五行之中极"，而子思、孟子因此也将"诚"当成了万物的本体。②这就是郭沫若所谓《中庸》《孟子》中的"五行系统的演化"。进而他评价道，对五行说的倡导是思孟学派的功绩，将神道造化的观念转向物质元素的分析，是一种进步，但不幸被后世的阴阳家所利用，转为迷信。③

郭沫若以上论证过程中最重要的一环，就是认为"诚、信、中道"与"土神则信"符合。"土神则信"的来源是章太炎的《子思孟轲五行说》，章氏在文章中引用《中庸》郑玄注："木神则仁，金神则义，火神则礼，水神则智，土神则信。"④郭沫若在写作时参考了章氏的文章，将"土神则信"直接拿来使用了。然而查《礼记正义》，郑注原文为："木

---

① 郭沫若：《青铜时代·后叙》，《青铜时代》，第 299 页。
② 郭沫若：《儒家八派的批判》，《十批判书》，第 118 页。
③ 郭沫若：《青铜时代·后叙》，《青铜时代》，第 299 页。
④ 章太炎：《子思孟轲五行说》，《章太炎全集·太炎文录初编》，上海人民出版社 2014 年版，第 8 页。

神则仁，金神则义，火神则礼，水神则信，土神则知。"①郭沫若没有验证便引用了章太炎文中错引的文句"土神则信"，因此建立在这一句基础上的论述是不牢靠的。

其次，郭沫若认为孟子的"浩然之气"来源于稷下黄老学派。他将《管子》之《心术》《内业》归于宋钘，《白心》归于尹文。《内业》篇中多次提到"气"，如"灵气在心，一来一逝。其细无内，其大无外；所以失之，以躁为害"，"精存自生，其外安荣，内藏以为泉原。浩然和平，以为气渊"，该篇首尾就是对"灵气"的赞美。郭沫若认为这就是孟子"浩然之气"的"张本"。孟子说："其为气也，至大至刚，以直养而无害，则塞于天地之间。其为气也，配义与道，无是馁也，是集义所生者，非义袭而取之也。"（《孟子·公孙丑上》）这句话本来是讲"气"与"义"的关系，但忽然说"配义与道"，郭沫若认为这个"道"用得很不自然，很突兀。"道"从哪里来呢？就从《内业》的道家思想来，在《内业》中"灵气"与"道"是一体的。郭沫若认为孟子从稷下黄老学派的"灵气"和"道"中演化出自己的"浩然之气"，"道"这个突兀的词汇即是证据。还有一个证据是，孟子在与告子谈话时，告子先说"不得于言勿求于心，不得于心勿求于气"之后，孟子才提到"浩然之气"，因此孟子的概念是后于告子的。告子据郭沫若研究也是宋钘、尹文学派的人，因此结论还是孟子受稷下黄老学派的影响。另外，宋钘与孟子的区别是，前者强调宽仁，后者强调刚义，后者之所谓"养心莫善于寡欲""万物皆备于我""上下与天地同流"都是受了前者的影响。②

郭沫若为孟子的政治立场作了辩护。他先辨析了孟子最为人诟病的言辞"或劳心，或劳力，劳心者治人，劳力者治于人，治于人者食人，治人者食于人"（《孟子·滕文公上》）。郭沫若称本句前有"故曰"，也

———

① （汉）郑玄注，（唐）孔颖达疏：《礼记正义》，（清）阮元校刻《十三经注疏》第 3 册，中华书局 2019 年影印本，第 3527 页。

② 郭沫若：《宋钘尹文遗著考》，《青铜时代》，第 228—229 页。又见郭沫若《稷下黄老学派的批判》，《十批判书》，第 141—142 页。

就是说本句不是孟子本人的观点。此外《左传》也有"君子劳心，小人劳力，先王之制也"一类的说法，孟子此句只是用来反对许行的"无政府式的平均主义"。孟子还曾说过"民为贵，社稷次之，君为轻""君之视臣如草芥，则臣视君如寇仇"，可见他并不是以劳心者为贵，以劳力者为贱的。郭沫若评价说，孟子与孔子一样，大体上是以人民为本位的。①

关于孟子的政治和哲学思想，郭沫若提到以下几点。一是孟子把《考工记·匠人》中的"九夫为井，井间广四尺，深四尺，谓之沟"改为"八夫共井"，中间剩余的一块田改成了"公田"，目的是实现孟子耕者有其田的理想②。二是《大学》中"修齐治平"思想来源于孟子的"天下之本在国，国之本在家，家之本在身"（《孟子·离娄上》）③。三是孟子所谓"子莫执中，执中为近之。执中无权，犹执一也"（《孟子·尽心上》）的"子莫"，郭沫若认为就是影响了馯臂子弓的商瞿子木，商瞿子木的"执中"思想也在《易》中有所反映。但这种执中"是一种直线式的折半主义"，会让变化静止下来，并且不能进化。郭沫若认为孟子反对子莫（商瞿子木）折半主义的执中，而主张要"有权"即平衡轻重，他的"与民同乐""使有菽粟如水火"，就是"有权"的执中。④四是孟子接受了宋钘"情欲寡浅"的主张，要"养心莫善于寡欲"（《孟子·尽心下》），二人都是禁欲主义的。⑤

除此之外，郭沫若还将孟子视为"惯会宣传的人"，称理解他的话要打些折扣。⑥孟子还是一个"好辩"之人，对于辩术很有研究，郭沫若的《名辩思潮的批判》中有"告子和孟子"一小节论及。⑦他还谈论过孟子对音乐的理解，认为孟子的音乐观受到公孙尼子的影响，从其

---

① 郭沫若：《青铜时代·后叙》，《青铜时代》，第297—298页。
② 郭沫若：《古代研究的自我批判》，《十批判书》，第25页。
③ 郭沫若：《儒家八派的批判》，《十批判书》，第120页。
④ 郭沫若：《儒家八派的批判》，《十批判书》，第131—132页。
⑤ 郭沫若：《荀子的批判》，《十批判书》，第194页。
⑥ 郭沫若：《孔墨的批判》，《十批判书》，第74页。
⑦ 郭沫若：《名辩思潮的批判》，《十批判书》，第227—232页。

"金声也者始条理也，玉振之也者终条理也"（《孟子·万章下》）可见其对音乐不是外行。其"天之高也，星辰之远也，苟求其故，千岁之日至，可坐而致也"（《孟子·离娄下》）反映出孟子掌握一定的天文历法知识。①

三　荀子的思想

郭沫若最早论述荀子思想是在 1935 年 1 月的《先秦天道观之进展》，两个月后他写作《周易之制作时代》也多谈及荀子，因为"荀子本来是在秦以前论到周易的唯一的一个儒者"②。郭沫若通过荀子对子弓的推崇，推理出《易经》的作者是馯臂子弓，之后还专门辟出一小节比较《易传·象传》与荀子。

郭沫若找到了《荀子》中直接引用《易经》的两句话：

> 《易》曰："括囊，无咎无誉。"腐儒之谓也。（《荀子·非相》）
> 《易》曰："复自道，何其咎？"。（《荀子·大略》）

前一句是《坤卦》六四的爻辞，后一句是《小畜卦》初九的爻辞。

此外《荀子·大略》中还有一处论到《咸卦》："《易》之咸，见夫妇，夫妇之道不可不正也，君臣父子之本也。咸、感也，以高下下，以男下女，柔上而刚下。"《易传·象传下》解释《咸卦》说："咸、感也，柔上而刚下。二气感应以相与，止而说，男下女，是以亨。利贞，取女吉也。天地感而万物化生，圣人感人心而天下和平，观其所感而天地万物之情可见矣。"

郭沫若认为这两句话明显很相似，他分析说，如果荀子是引用《易传·象传》，他应当会标明出处，因为这是荀子一贯的做法。《大略》中的话是荀子自己对《咸卦》的解释，《易传·象传下》反而是将荀子的

---

① 　郭沫若：《青铜时代·后叙》，《青铜时代》，第 299 页。
② 　郭沫若：《周易之制作时代》，《青铜时代》，第 74 页。

话展开了，从君臣父子扩展到宇宙观上。因此郭沫若断定，荀子的话在前而《彖传》在后。他进一步考察说，《易传·说卦传》中对"兑"的解释是少女，对"艮"的解释是少男。咸卦是艮下兑上，因此有男下女上的说法。郭沫若称，荀子依据这些解释来理解《易经》，而《彖传》是将荀子的解释夸大了。①他认为《易传》之《彖传》《系辞传》《文言传》都明显受到荀子的影响。

在这篇文章中郭沫若也提到了荀子的生平。他认为荀子本是赵人，客死于楚国的兰陵，秦始皇统一六国时荀子大概还是活着的。他还引用了《荀子·尧问》中对荀子描述"迫于乱世，鳍于严刑，上无贤主，下遇暴秦"，"蒙佯狂之色，视天下以愚"，感叹说荀子和门人的处境是"岌岌乎其危"。②

此后到诸子研究的成熟期时，郭沫若才对荀子进行了专门研究，其观点主要见于《荀子的批判》，《秦楚之际的儒者》《青铜时代·后叙》《儒家八派的批判》等也有谈及，因为其写作时间的集中，我们可以将它们作为一个整体来分析，以《荀子的批判》的思路为线索。

郭沫若对荀子总体的评价为，荀子是先秦诸子中最后一位大师，他的思想集百家的大成，并且十分驳杂，甚至可以说是杂家的祖宗。③荀子是赵国人，游学于齐，曾为稷下的先生，后应春申君之邀去楚国担任兰陵令，后来曾在赵国与临武君议兵，去过秦国向秦昭王和范雎传道，但未被采用。郭沫若认为荀子的"死是在秦始皇兼并天下以后，焚书坑儒之祸说不定都是在他的生前出现的"④，在《秦楚之际的儒者》中将荀子列为秦楚之际的儒者之一。

郭沫若所举证据有二，第一是《盐铁论·毁学篇》的"李斯之相秦也，始皇任之，人臣无二。然而荀卿为之不食，睹其罹不测之祸也"。

---

① 郭沫若：《周易之制作时代》，《青铜时代》，第78页。
② 郭沫若：《周易之制作时代》，《青铜时代》，第81—83页。
③ 郭沫若：《荀子的批判》，《十批判书》，第185页。
④ 郭沫若：《儒家八派的批判》，《十批判书》，第129页。

郭沫若称李斯担任丞相是在秦始皇三十四年，是中国统一后的第九年①，所以荀子至少活到了此时。据《史记》和刘向的《叙录》记载荀子"五十游学"于齐，但郭沫若认为应该相信应劭《风俗通义·穷通篇》说荀子是"十五游学"于齐，这样他"活到八九十岁尽可能及于秦代"。第二是《荀子·尧问》中的内证，这一段郭沫若在《周易之制作时代》引用过，即"上无贤主，下遇暴秦""蒙佯狂之色，视天下以愚"。他认为《荀子·成相》中有很多荀子晚年陷于窘迫时发的牢骚，对秦之暴政进行抨击。②

荀子的道统，郭沫若在《儒家八派的批判》中也说得很清楚："他是时常称道仲尼，把仲尼认为儒家的总教祖的。他又屡次称道子弓，和仲尼并举，足见他又是子弓的徒属了。"③后来他改用了一种更为谨慎的说法，称荀子"直接的师承是怎么样，我们却不大明了。照年代说来，他可能只是子弓的私淑弟子"，荀子在书中屡次提到"子宋子"，可能是在游学期间师事过宋钘，大概也曾听过孟子、慎到和环渊等人的课。④如前文所述，郭沫若在《周易之制作时代》中已阐明了荀子受到子弓和《易经》的影响，是先秦儒者中国唯一谈《易》的，并启发荀氏门人撰写了《易传》中的几篇。这时郭沫若又进一步论述说，荀子早年并不把《易》当成经典看待，可能是晚年"蒙佯狂之色"的时候，才将《易》掺杂到自己的著作中去，并把子弓视为神圣。⑤

郭沫若不止一次地说，荀子是原创性很强的思想家，他认为《荀子》中至少百分之八十的部分是其本人所作，但《仲尼》不是他的作品。《致仕》《儒效》《王制》《君道》《议兵》《强国》都有一定问题，而

---

① 此处郭沫若所据的应是《史记·秦始皇本纪》，秦始皇二十八年时李斯还是廷尉，中间无记载，到三十四年再出现时已为丞相。（汉）司马迁：《史记》第1册，中华书局2013年标点本，第312、321页。

② 郭沫若：《秦楚之际的儒者》，《青铜时代》，第253页。此外，《儒家八派的批判》中也引用过《盐铁论》《尧问》作为荀子卒年的证明。

③ 郭沫若：《儒家八派的批判》，《十批判书》，第129页。

④ 郭沫若：《荀子的批判》，《十批判书》，第185—186页。

⑤ 郭沫若：《儒家八派的批判》，《十批判书》，第130页。

《乐论》采用了《乐记》和《礼记·乡饮酒义》的文字。先秦诸子许多以文章见长，如孟子的犀利、庄子的恣肆、韩非子的峻峭，而荀子是浑厚的，其思想非常驳杂，乃至于更像一位"杂家"。

其驳杂的原因是，荀子批判了大部分先秦思想家，其他学派有老子、庄子、申子、它嚣（环渊）、慎到、田骈、季真、魏牟、惠施、邓析、宋钘、墨翟、陈仲、史鳅，儒家内部有子张、子夏、子游乃至子思和孟子。这既表明荀子对诸子各家的不满从而试图超越，另一方面也说明荀子可能受到了他们的影响。①1947年郭沫若在《"格物"解》中认为，《荀子·劝学》中"假舆马者非利足也而致千里。假舟楫者非能水也而绝江河。君子生非异也，善假于物也"是对"格物"之"格"很好的解释。"格"即"假"，凭借之意。他认为这种思想来源于子思，但因为荀子对思孟都持反对态度，就隐去了"子思"的名号。荀子就是这样一边批判诸子，一边对其中可以接受的思想进行引用甚至发展。②

由于荀子的思想是庞杂的，郭沫若将之做了个人的归纳，通过"宇宙观""人性论""社会理论"和"政治理论"四个方面来进行分析。

第一，荀子的宇宙观是一种循环论。郭沫若认为，荀子的宇宙观来源于《易》，但对其进行了扬弃。如其所谓"天地始者，今日是也"（《荀子·不苟》）和"皓天不复，忧无疆也；千岁必反，古之常也"（《荀子·赋》），是从《周易》之"复极必剥，剥极返复"的观念演化而来的。这种宇宙观的缺点是只能看到变化和循环，而看不到进化和发展。荀子所说的神是指宇宙的运行变化，"万物都要变化"这个规律在荀子看来是万变中的不变，这种规律是"天行有常，不为尧存，不为桀亡"（《荀子·天论》）。

但好在荀子没有走向形而上学，而是反对陷入玄思，如其"唯圣人为不求知天"（《荀子·天论》），"君子……之于天地万物也，不务说其所以然，而致善用其材"（《荀子·君道》）等都是证明。同时，郭沫若

---

① 　郭沫若：《荀子的批判》，《十批判书》，第185页。
② 　郭沫若：《"格物"解》，《天地玄黄》，大孚出版公司1947年版，第597页。

赞扬荀子反对迷信、反对尊天明鬼的态度。他从《荀子·天论》中的"大天而思之，孰与物蓄而制之？从天而颂之，孰与制天命而用之"发现了荀子"制天命"的思想。荀子承认必然性的同时，要让人力来控制这种必然性，从而使其有利于人，强调人定胜天。郭沫若称，这颇为符合近代的科学精神。

那么，荀子为何还承认"上帝"的存在呢？例如《荀子·赋》中讲"皇天隆物，以示下民。或厚或薄，帝不齐均"，其中的"皇天"和"帝"不但是过去人格神的名称，还具有神通的能力。郭沫若认为，这是由于儒家的惰性通病造成的，他在谈论孔子时也曾提到。儒者虽然不尊天明鬼，但却不敢摧毁习俗和仪式，而是用文饰的手段来处理。荀子说："日月蚀而救之，天旱而雩，卜筮然后决大事，非以为得求也，以文之也。故君子以为文，而百姓以为神。以为文则吉，以为神则凶也。"（《荀子·天论》）正是绝佳的证明，君子对日食、月食、秋雨和占卜等，抱着"以为文"的态度，老百姓才能以之为神。郭沫若评价道，这表明荀子肯定"神道设教"的办法。①

第二，荀子的人性论主张"性恶论"，郭沫若对此的判断是，这只是一种好胜的强辞。荀子"性恶论"的基本观点是，人天生的本质即是"性"，"性"是恶的，只有靠后天人为的努力，即"伪"，才能成为好人。换言之，人生来都是平等的"小人"，凭借"人之所积"才能成为圣人，人的积累要靠学习。

在郭沫若看来，荀子的性恶论是有其生理和心理的依据的，因此他也从这两方面来进行分析评价。他认为荀子在生理上的根据是，人性有对食色喜欢或厌恶的"情欲"，如果任其发展就与禽兽没有分别，因此定要用礼义去引导人的情性，这种观点与近代生物学家的见解类似。在心理上荀子的论据更简单，即其所言"苟无之中者必求于外，苟有之中者必不及于外"（《荀子·性恶》），正是因为人的本质中没有善，没有礼

---

① 郭沫若：《荀子的批判》，《十批判书》，第186—189页。"神道设教"语出《周易·观卦·彖传》："圣人以神道设教，而天下服矣"。郭沫若使用这个词语指儒家的策略，利用祭祀鬼神的宗教仪式，让人民信服。

义，所以才向外部去求索。

郭沫若批判道，这种心理上的论证最为薄弱，因为在常识中，与未曾拥有而去求有这样的情况相比，一个人已经拥有之后却贪求更多是更为普遍的。荀子对"有之中者必不及于外"的举证是"富而不愿财，贵而不愿势"，郭沫若提问，世上哪里有这样的富贵人呢？因此荀子的依据只是一种"缺乏原理性的假说"，并不符合现实。至于生理方面，近代科学证明人与动物是有异的。荀子当然不知道这个进化论的常识，他走向了"人生来即恶"的极端，郭沫若认为也是违背事实的。并且荀子不能自圆其说的是，如果人性为恶，则善和礼义从何而出。另外，荀子说过"水火有气而无生，草木有生而无知，禽兽有知而无义。人有气有生有知，亦且有义，故最为天下贵也"（《荀子·王制》），表明人和草木禽兽是有区别的；又说过"夫禽兽有父子而无父子之亲，有牝牡而无男女之别，故人道莫不有辨。辨莫大于分，分莫大于礼"（《荀子·非相》），说明"有辨"是礼的起源，亦即承认人性本来就有"义""辨"的美德。以上都是郭沫若提出的荀子学说中的矛盾之处。

在荀子人性论的论题中，郭沫若还分析了其心性说。他认为"心"在荀子书中的意义可被比作"精神"，荀子在《解蔽》篇中详细描述了心的作用："心者形之君也，而神明之主也，出令而无所受令。自禁也，自使也，自夺也，自取也，自行也，自止也"，同时心通过"虚壹而静"的方式来获得知识。郭沫若总结说，荀子的"心"具有绝对的"自律性"和"三位一体的妙用"（虚、壹、静），这说明心的价值是"善"。然而荀子却无法解决"人性是恶的，心却能够善"的矛盾。郭沫若质疑，如果性需要通过"积伪"这种不懈的努力来获得善，心为什么要"虚壹而静"，这又是一种矛盾。荀子对于知识的看法是"凡以知，人之性也"（《解蔽》），"所以知之在人者谓之知"（《正名》），郭沫若认为这就是说人的本性具有良知的能力，与孟子之"良知"类似，也与荀子本人的性恶论矛盾。

既然有如上几种内在矛盾，那么荀子的性恶论自然也无法成立。郭沫若称，其实"性可以为善，可以为不善"更加符合事实，而荀子对性恶论的强调，是有意与孟子性善论相对立的强词夺理。①

　　第三，荀子的社会理论是一种阶级的社会观。郭沫若评价，荀子是诸子中明显具有社会观念的思想家，他认为人类"能群"是征服自然而生存的主要能力，"群"需要靠分工来维持，分工的依据是礼义。《王制》说"人生不能无群，群而无分则争"，郭沫若认为其中的"分"已经具有一种复杂的含义，从区分功能到区分职业乃至确定名分秩序："君君臣臣父父子子兄兄弟弟，一也；农农士士工工商商，一也。"荀子的宇宙观是循环而不变的，其社会观也是如此，上述的"分""礼义"是"一也"，是不变的。荀子对分的解释"开启了此后二千余年的封建社会的所谓纲常名教"，其《君道》篇对君臣、父子、兄弟、夫妇的品质做了要求。此外，荀子是极为尊崇师道的，甚至将君主和老师合而为一，对朋友也很看重。

　　荀子对"士农工商"的要求是"农以力尽田，贾以察尽财，百工以巧尽械器，士大夫以上至于公侯莫不以仁厚知能尽官职"（《荀子·荣辱》），郭沫若指出这就是等差阶级的社会分工，以此为基础构建了封建社会的秩序。他还发现，新兴阶层"士"的地位在荀子的时代已有所提升，如"由士以上则必以礼乐节之，众庶百姓则必以法数制之"（《荀子·富国》），在过去"礼乐"是"大夫"的专享，如今也分给了士。荀子认为，阶级等差的社会反而是平等的。因为没有差别的平等是不可能的，在这个前提下，人人都是不平等的，在"不平等"上人人是"平等"的，即平等的不平等。这种观点，郭沫若认为是受慎到、田骈的影响。荀子批评他们"尚法而无法"，而自己要"复古法"。

　　郭沫若抨击荀子的"复古"是开倒车，是要复兴"周道"，而周道在郭沫若的认识中是落后的奴隶制度。虽然荀子所谓的周道是自己添加了新成分之后的周道，但本质还是要向后看，这是其"不变"宇宙观的延续。②

────────────

① 　郭沫若：《荀子的批判》，《十批判书》，第189—195页。
② 　郭沫若：《荀子的批判》，《十批判书》，第195—205页。

第四，荀子的政治理论是重视王道且不反对霸道。《荀子·王制》篇区分了王、霸、安存、危殆、灭亡的五等国势，郭沫若认为这几个名词都有实际的指向，如"灭亡"指齐闵王、宋献王，"危殆"指魏安釐王、赵孝成王、楚国等，"安存"泛指苟且偷安的国家，"霸"指秦国。荀子对秦国的评价很高，甚至称为"治之至"，但秦国在其眼中还够不上王道，只是霸的极致。荀子入秦就是为了宣传自己的"王道"观，希望被秦王采纳。郭沫若分析了战国时期儒家"王道"思想的由来。在战国后期中国即将迎来大一统，如何建立社会的新秩序成为儒者们思考的内容。他们阐发了一种王道思想，与霸道的纯粹武功相比，王道要求有武功的文治。荀子阐述了不少"王道"的内容，如王者之政、王者之人、王者之制、王者之论、王者之法，包括了立法、司法、行政、文化政策和生产政策等各方面，郭沫若对其一一作了解析。

"王者之政"总结而言比较简单，就是"举贤良，除奸慝，养废疾"，郭沫若认为其中充分表现了时代精神，如"虽庶人之子孙也，积文学，正身行，能属于礼义，则归之卿相士大夫"（《王制》），反映了封建社会中茅屋也可以出公卿的现象。另外，荀子要将反对现行制度的人处死（"才行反时者死无赦"），表明他的主张里根本没有言论和思想自由，这是秦始皇焚书坑儒、汉武帝罢黜百家的渊源之一。

"王者之人"指辅佐王者的人，荀子主张王者要选取好的宰相来治理国家，此外还要有外交官和"便嬖左右"的亲信，他们构成了三种"国具"，前者是最重要的基杖，后二者是耳目口舌。

"王者之制"讲"道不过三代，法不贰后王……是之谓复古"，即前文所说的开倒车。郭沫若进一步论述道，荀子开倒车除了有个人宇宙观和人生观的原因，当时的社会也为这种思想提供了环境。经过长期动荡，新的阶级秩序稳定的同时，有一些思想家宣扬神农皇帝，另一些思想家蔑视三代，在荀子看来都不能适应新的统治秩序，所以强调要复归三代。

"王者之论"指在司法上的论功行赏和论罪行罚。郭沫若继续做社会分析，他认为类似这种"尚贤使能"的思想，只有"氏族统治的奴隶制解纽之后才认真发生出来"，荀子的主张是从法家的"信赏必罚"蜕化出来的。

"王者之法"指在财政经济上的政策，如"田野什一""不征""不税"，也是要复古，只是在历史上从来没有实现。郭沫若认为荀子大体上是一位重农主义者，其书中凡是有注重人民和百姓的陈述，都是指农民。①

王者之政以外，郭沫若还探讨了荀子论君主和论"术"的问题。关于君主的人选，荀子主张"有德者必在位"，人王兼为人师是他的理想，这继承了初期儒家理想，但荀子不主张初期儒家的禅让说。因为现实中王位是固定的，荀子不能"高唱禅让"，否则就是图谋不轨。但放弃禅让制度就不能保证有德之人在位，荀子的解决办法是，君主不专政，依靠各方尽职就能治理："传曰：农分田而耕，贾分货而贩，百工分事而劝，士大夫分职而听，建国诸侯之君分土而守，三公总方而议，则天子共己而已。"（《荀子·王霸》）另一种办法是革命，荀子将汤武推翻前朝称为"权险之平"，认为在"天下不一，诸侯俗反，则天王非其人也"的时候可以用暴力更换君主。郭沫若猜测荀子如此"干脆"地赞成革命，是因为其晚年不能忍受秦始皇的暴政，在后者这个"大独裁者"统治下喊出了"权险之平"的口号。②

此外关于荀子言"术"，郭沫若是持辩护态度的。他承认自己不大喜欢荀子，如果抓住《荀子》书中那种类似腐败官僚社会"宦海指南"的各种"术"，去抨击荀子是很容易的事，但他却不愿这样做。一方面，郭沫若觉得荀子不应如此卑鄙；另一方面，他试图为书中前后不一的思想寻找一种解释。如《臣道》篇和《仲尼》篇就完全不能相容，这令他很伤脑筋。后来在写作的过程中郭沫若发现，《仲尼》篇并非荀子的作品，而是其弟子的杂录，"就这样我总算费了一些心思，没有过于轻率地诬枉古人"③。

---

① 郭沫若：《荀子的批判》，《十批判书》，第205—213页。
② 郭沫若：《荀子的批判》，《十批判书》，第213—215页。
③ 郭沫若：《我怎样写〈青铜时代〉和〈十批判书〉》，《十批判书》，第422—423页。

郭沫若认为，《荀子·仲尼》中的"擅宠于万乘之国，必无后患之术""持宠处位，终身不厌之术"，《致仕》中"衡听、显幽、重明、退奸、进良之术"读起来显得特别卑鄙和乡愿，又如"主尊贵之则恭敬而傅，主信爱之则谨慎而嗛，主专任之则拘守而详"云云，简直是"妾妇之道"。荀子并没有堕落到这样的程度，他在《臣道》中反对"偷合苟容，以持禄养交""巧敏佞说，善取宠乎上"的臣子，他称赞进谏之臣，鼓吹"从道不从君"。因为荀子特别重视礼，书中也反复强调礼，于是郭沫若将《荀子》全书通读了一遍，统计了每一篇中"礼"字的字数。他发现，只有《仲尼》《宥坐》两篇中无一礼字。《宥坐》篇早已被考证为弟子杂录，而《仲尼》篇也没有作为荀子中心思想的"礼"，郭沫若断定其也是弟子杂录。此外《致仕》篇虽有礼字，但全篇不甚连贯，还有从其他书如《左传》抄录的文字，因此也是有问题的。[①]

总体而言如他自己所说，郭沫若并不是很喜欢荀子，但他尽量保持了克制的、相对客观的评判态度。他肯定了荀子思想中光辉的一面，如其不承认神明、否定天生的圣贤，强调后天之学习和环境的影响[②]；同时也猛烈地批判了其政治理论中帝王和贵族本位、重刑威罚的思想。他评价说，荀子所谓"皋牢天下而制之，若制子孙"（《王霸》）反映了家天下的神气；所谓"由士以上则必以礼乐节之，众庶百姓则必以法数制之"（《富国》）则"完全恢复了旧时代的意识"[③]。可见，维护旧时代和统治者是郭沫若反感荀子的根本原因。

第三节　经典与儒家思想

《庄子·天运》有云："孔子谓老聃曰：'丘治《诗》《书》《礼》《乐》《易》《春秋》六经'"，这是"六经"最早的出处。六经又被称为六艺，刘歆《七略》中有"六艺略"，《汉书·艺文志》的顺序是

---

① 郭沫若：《荀子的批判》，《十批判书》，第215—217页。
② 郭沫若：《荀子的批判》，《十批判书》，第191页。
③ 郭沫若：《青铜时代·后叙》，《青铜时代》，第298页。

"易""书""诗""礼""乐""春秋"，其中"乐"无经，其他五类均有经若干篇①，后又被合称"五经"。

如本书第一章所述，郭沫若儿时所受的传统教育，要求对儒家经典进行熟读并理解。幼年在家塾中，他便记诵了"五经"，但觉得它们的词句古涩。进了学堂，郭沫若最喜欢的两位老师帅平均、黄经华都是教授经学的，他们都是今文经学家廖平的弟子。帅平均讲《礼记·王制》《今文尚书》，黄经华教授《春秋》，认为六艺（六经）都是孔子所作，这与康有为《孔子改制考》的观点一致，属于孔教主义者，或许还可以名之为孔教原教旨主义者。郭沫若并未接受这种观点，他并不认为孔子是六经的作者，最早秉持传统的"孔子删《诗》《书》，笔削《春秋》"的观点，认为孔子见过《易经》，虽然没作《易传》，但《易传》《礼记·礼运》中的"子曰"是对孔子言论的记录。后来他改变了想法，认为孔子既未读过《易经》，也与《易传》无关，《诗》《书》经过一定的删改，但不一定是孔子所为。

在近现代历史中变革主义占上风的社会背景下，很多人对于儒家经典是持批判和否定的态度的，郭沫若称"一提起来大家都感觉不时髦，落后，甚至反动"。他的观点与此不同，觉得首先可以将其作为史料看待，其次认为其文学价值是永恒的，应当选读②。1943 年郭沫若撰写了《论读经》一文，特别对经典问题阐述了自己的看法。他提倡成年人阅读经典，但他知道对于少年人尤其是中学生，经典过于难读。原因是经典内容中体现的生活、风俗、语法和字义都与当下不同，普遍读经的前提是对经文的翻译。郭沫若认为如果为了提高道德涵养的目的读经，只要选读《论语》《大学》《中庸》即可；如果为了研究古代社会的目的，则所有的经典都在阅读的范围之内。要有研究经典的资格，第一步必须先通音韵、训诂、文字之"小学"的训练，进而研究甲骨文和金文，才能辨别古书上的讹误和伪托。第二步要成为"古代通"，要懂得科学方

---

① （汉）班固：《汉书·艺文志》，《汉书》第 6 册，第 1701—1715 页。
② 郭沫若：《关于"接受文学遗产"》，《今昔集》，第 32 页。

法，将中国古代社会与"各先进民族的古代研究和现存各后进民族"对比参照。郭沫若觉得这是很不容易的，他说"我自己也就是时常在读经的一个人，但我并不能全懂"。尽管如此，他认为儒家的经典是研究古代的重要资料，无论如何是值得研究的。①

儒家的"五经"中，郭沫若认为《诗经》"是我国文献中的一部可靠的古书，这差不多是没有可以怀疑的余地的"②，后来更加严谨地说《诗经》"经删订，是经过儒家整齐化了"③。郭沫若对于"春秋三传"都有引用，但对《公羊传》《穀梁传》引用得很少，主要引用的还是《左传》。对于《左传》的性质，郭沫若的态度是相信清代今文学家的观点，即《左传》系西汉刘歆改编。如在 1928 年他说："本来《左传》自身与其认为史乘，毋宁认为小说。"④1935 年他明确地说："《左传》和《周礼》都是被刘歆窜改过的东西"⑤，认为《左传》上解经的语句如"礼也""非礼也"都是刘歆添加的⑥。称《左传》的材料取自《国语》，今存《国语》是被取材之后剩下的"残骸"，又说《左传》上"君子曰"和"凡"以下的话都是假的⑦。尽管如此，他一直将《左传》作为重要的史料使用，因为他觉得不可尽信，但也不可尽不信。

对于此外的三种经典，郭沫若都曾做过一定程度的辨析和研究。如前文所言，郭沫若研究儒家经典的主要目的是为研究古代社会做准备，将其引为史料。他辨析文献的作者和时代，是要据此将文献作为那个时代社会事实和思想的反映；同时在辨析的过程中，他也确定了某些文献与儒家的真正关系，从中又发现了儒家思想留下的印记。下文将考察郭沫若对《易》《书》《礼》的研究，并将其拆解为三个问题：（1）文献的作者与时代；（2）文献反映的社会现实和思想；（3）文献与儒家的关系

---

① 郭沫若：《论读经》，《沸羹集》，大孚出版公司 1947 年版，第 103—107 页。
② 郭沫若：《诗书时代的社会变革与其思想上的反映》，《中国古代社会研究》，第 97 页。
③ 郭沫若：《由周代农事诗论到周代社会》，《青铜时代》，第 102 页。
④ 郭沫若：《周易的时代背境与精神生产》，《中国古代社会研究》，第 32 页。
⑤ 郭沫若：《屈原》，开明书店 1935 年版，第 29 页。
⑥ 郭沫若：《周易之制作时代》，《青铜时代》，第 69 页。
⑦ 郭沫若：《论古代社会》，《今昔集》，第 194 页。

及其中的儒家思想。

一　《周易》

今所谓《周易》，又被称"易经"或简称"易"，包括"经"与"传"两部分，"经"包括卦象、卦名、卦辞和爻辞，"传"有十种，即《彖传》（上下篇）、《象传》（上下篇）、《文言传》、《系辞传》（上下篇）、《说卦传》、《序卦传》和《杂卦传》，又被称为"易传""十翼"。①

关于《周易》作者的传统说法，郭沫若曾进行过概括："《周易》相传是三圣的秘籍，就是伏羲画卦，文王重卦，周公作爻辞。更加上孔子的'十翼'便成为四圣，或者把周公挤掉，仍保存三圣的名目。"②伏羲画卦出自《易传·系辞传》："古者包牺氏之王天下也，仰则观象于天，俯则观法于地，观鸟兽之文与地之宜，近取诸身，远取诸物，于是始作八卦。"③所谓"文王重卦""孔子作《易传》"出自司马迁《史记》，"周公作爻辞"的确定说法出自东汉的马融和吴国之陆绩④。

郭沫若对《周易》的认识经历了几个阶段，不同的阶段中他对作者与时代的判断不同，因此对其所反映的社会现实和思想、其与儒家关系的观点也不同。

第一个阶段

（1）文献的作者与时代。郭沫若在早年相信伏羲作八卦说⑤，认为重卦者也是伏羲氏，或者至少是神农氏，《易》之卦次顺序表示了"民约建国论"。郭沫若认为，《周易》之前有原始的"古易"，其思想是合理的、朴素的客观观念论，而《周易》为卜筮之书，卜筮起源于三代，表现了一种"迷信的思想"。《易传》不是孔子本人所做，是孔门弟子将

---

① 郭沫若本人用到"易经"一词时，一般指《周易》的"经"的部分，"传"的部分一般称为"易传"。为便于区分《周易》的经与传的部分，在本书中也做同样的指称。

② 郭沫若：《周易的时代背境与精神生产》，《中国古代社会研究》，第 27 页。

③ （魏）王弼、（晋）韩康伯注，（唐）孔颖达等正义：《周易正义》，（清）阮元校刻《十三经注疏》第 1 册，中华书局 2019 年影印本，第 179 页。

④ 史学善：《"爻辞周公"说辨析》，《周易研究》2001 年第 2 期。

⑤ 郭沫若：《同文同种辨》，《黑潮》1919 年第 1 卷第 2 期。

"古易"和《周易》中合理与迷信的部分混淆在一起，又掺杂了孔子言论而完成的。①

（2）文献反映的社会现实和思想。在这个阶段，郭沫若认为作八卦的伏羲"实为我国合理的思想与同一切文物制度之创始者"，八卦出于对自然的观察和象形会意，"乾坤二字确系天地之象形：天空一片清匀而无坏缺，故画一以表天；一画中分为二以表地，确是除河流域之象形为无疑"，表明伏羲时代中国人诞生于大陆，沿着黄河流域东迁。《易》的上经卦次早于三代，表明了一种世界最早的"民约建国论"。中国在"羲农黄帝"时代的思想是一种朴素的客观观念论，是动的、进化的宇宙观。②郭沫若将"易的观念"解释为"无际限的、超越感觉的、变化无极的、浑沦的宇宙之实体"，说明在三代之前的原始时代，中国人的祖先就思考过宇宙实体的问题。③

（3）关于《周易》与儒家的关系，如上文所说只谈到了《易传》是孔门弟子的混淆，没有做进一步的展开。

第二个阶段

（1）文献的作者与时代。到了1928年运用马克思主义科学方法研究古代社会之后，郭沫若推翻了自己从前的观点。他笃定地说，伏羲作八卦是神话性的传说，阳爻和阴爻是古代生殖器崇拜的孑遗。三爻组成一卦是因为古人对数字"三"有神秘的看法，进而三三相重成为"六爻"，并得到六十四重卦。后来又为之发明了释义的爻辞，于是《易》诞生了。郭沫若比喻道："它的父亲是偶然的凑巧，它的母亲是有意的附会。它的祖父不消说是蒙昧的无知。"他认为《易经》的制作不必是一个时期，作者也不必是一个人，将伏羲、神农、夏禹、文王和周公说都否定了。④关于《易传》，郭沫若的观点与上一阶段无异，认为其是孔门弟子的笔录，其时代大约就是春秋战国时期。

---

① 郭沫若：《我国思想史上之澎湃城》，《学艺》1921年第3卷第1号。
② 郭沫若：《我国思想史上之澎湃城》，《学艺》1921年第3卷第1号。
③ 郭沫若作，成仿吾译：《中国文化之传统精神》，《文艺论集》，第2页。
④ 郭沫若：《周易的时代背景与精神生产》，《中国古代社会研究》，第27—33页。

（2）文献反映的社会现实和思想。《易经》反映的是由渔猎畜牧转向农业，即从原始公社转向奴隶社会的社会，宗教上有"上帝"这种至上神的观念，上帝的意旨就是天子的意旨，也反映了祖先崇拜、庶物崇拜和灵魂不灭的观念。从《易经》中也能发现舞蹈、装饰、雕塑和音乐等艺术形式，只是程度较为幼稚，其爻辞很多具有诗意。郭沫若讨论了《易经》中的辩证思想，如八卦建立在男女两性的基础上，其根本观念就是阴阳两性的对立，乃至万物都是对立的，宇宙中充满了矛盾。而这些矛盾是"小往大来，大往小来，无平不陂，无往不复"、相反相成的，于是生出了变化。郭沫若认为这本来是一种正确的辩证宇宙观，但其实践伦理却是折衷主义、机会主义和改良主义的，其作者的目的是要一成不变，要"不大不小，不平不陂"，因此要实行"中行"。①

《易传》所反映的是奴隶制向封建制转变的社会中的思想，那是个"贵族的臣仆革贵族的命"的时代，因此《易传》的作者极度赞美汤武革命。《易传》是解释《易经》的，如《序卦传》是要解释《易经》卦次顺序。郭沫若认为很难判定《序卦传》的解释是否是作《易》之人的原旨，但反映出《序卦传》作者自己的观念是一种"唯物的社会进化观"：《序卦传》的第一节解释《易经》上经三十卦，"有天地然后万物生焉"是天地对立而生成万物。"饮食必有讼，故受之以讼"是人因为对食物的争夺而成立了国家。"物畜然后有礼"是反映了国家的治理。第二节解释《易经》下经三十四卦，首先总结人类社会的进化，进而揭示一切的进化是若干个连环，其中心思想就是"把世界看成进化，而且进化的痕迹是取的连环形式"。一切都有尽头，但没有绝对的尽头，一切都相对，但不是绝对的相对，相生相克又相反相成，郭沫若认为这是一种有趣味的宇宙观。《易传》之《象传》《系辞传》《文言传》等都有类似的观点。②

但《易传》的作者将变化视为"绝对的绝对"，郭沫若认为这是站在支配阶级的立场上，要恒久地保持支配权。并且《易传》将绝对的恒

---

① 郭沫若：《周易的时代背境与精神生产》，《中国古代社会研究》，第 56—68 页。
② 郭沫若：《周易的时代背境与精神生产》，《中国古代社会研究》，第 71—80 页。

久变成了"本体"，即"道"，郭沫若认为这是将原来从天地万物之变化演化出来的"道"，颠倒为产生天地万物的至高存在，即神。于是有了宗教，宗教的教主就是所谓"圣人"，是"精神上的贵族"。郭沫若称，"精神上的贵族"是指做了统治者的士大夫阶级，他们将宗教变成了有意识的愚民工具。《易传》不但将原来相对的绝对变成了绝对的绝对，而且将相对的相对变成了绝对的相对，即将相对物体之间的转化停止了，于是有"天尊地卑""卑高已陈"等说法，这是要固化阶级。《易传》用"中行之道"来确保这种固化，要求"无过无不及"，这也就是折衷主义、机会主义和改良主义。①

（3）文献与儒家的关系及其中的儒家思想。郭沫若认为《易传》本身就是儒家的作品，不过他并未区分其中各篇的作者和时代。他将《大学》、《中庸》与《易传》互相参证，去论证其中的儒家思想。他认为《大学》《中庸》包含着三个骗局，即神的骗局、尽性的骗局和阶级的骗局（见本节第三部分《礼记》），而《易传》也是这种儒家系统骗局的一部分。郭沫若称，《易经》表达的是奴隶社会的中行之道，《易传》就是封建思想的儒家中庸之道，它们就是要偏袒支配阶级。如《彖传》说"小往大来吉亨，则是天地交而万物通也……君子道长小人道消也"，又说"大往小来，则是天地不交而万物不通也……小人道长君子道消也"，这是站在大的、"君子"的立场上，去否定小的、"小人"，这种"折衷主义根本只是折半面的衷"。支配阶级运用礼乐刑法作为维系权力的工具，即使有"君子明慎用刑而不留狱"的温情主义，但权衡的权力也掌控在其手中。郭沫若指出："对于工贼的收买是诉于温情，对于乱党的惩治是利用恐怖"，儒家的折衷主义"是披着一件羊皮的虐杀主义"，是"披着羊皮的豺狼"②。

第三个阶段

（1）文献的作者与时代。1935 年 3 月 10 日郭沫若写作了《周易之

---

① 郭沫若：《周易的时代背境与精神生产》，《中国古代社会研究》，第 80—87 页。

② 郭沫若：《周易的时代背境与精神生产》，《中国古代社会研究》，第 90—96 页。

制作时代》，又将其先前的观点彻底推翻了。他既不认为八卦是伏羲所作，也不再称其为原始社会生殖器崇拜和数字神秘化的产物，而是断定为大部分卦形"是由既成的文字诱导出来的东西"。郭沫若解释了乾☰、坤☷、坎☵、离☲、震☳、兑☱如何从字形和象征义（天、地、水、火、雷、风）演化为各自的卦象。剩余的艮☶、巽☴两卦很难解释，不过他也勉强解释了一番。他猜测，八卦的作者是先发现了坎（水）、坤（地）可以写作☵、☷，它们都有三爻，每一爻又有"—"和"--"两种符号，便反过来用这些符号造成了其余的 6 种卦形。郭沫若以上的推理过程，与其第二阶段的观点基本是相反的。

在这个结论的基础上，郭沫若认为"易"的创作时代不会早于春秋，因为殷周的典籍和古器物上丝毫找不到八卦的痕迹。另外，八卦本身反映了"乾坤对立是天地对立"的思想，但金文中超现实的观念只有至上神、皇天、帝、上帝等，没有"地"字，春秋以前的文献也没有"地"字，更没有天地对立的观念。①

郭沫若的观点是《易经》是战国馯臂子弓的作品，《易传》的不同篇章有不同的作者和时代。他指出，据《晋书》和杜预《左传集解后序》载，晋代汲县出土的战国魏襄王墓竹书中有"易经"二篇，与《周易》上下经相同，有"易繇阴阳卦"二篇（杜预作"阴阳说"），与《周易》略同，无"彖象文言系辞"。竹书中有编年体史书"纪年"，所记载的史事到魏襄王二十年（公元前 299 年），证明至少到此时《易传》的十翼尚未形成，《易经》已经完成，但不成熟。此外，竹书中还有《师春》一篇，《晋书》称"书《左传》诸卜筮"，杜预称"纯集疏《左氏传》卜筮事，上下次第及其文义，皆与《左传》同"。郭沫若却不这么认为，在他看来，关于卜筮事件的《师春》不会受到秦始皇的焚烧，肯定流传下来，藏在汉代的内府之中，后来刘歆将《师春》的内容直接编入了《左传》，所以二者在晋人眼中是相同的。《左传》中卜筮事件的爻辞，有的与现存的《周易》相合，有的不合，说明作为《师春》底本

---

① 　郭沫若：《周易之制作时代》，《青铜时代》，第 63—66 页。

的"易"不止一种。而且，《左传》所有的卜筮预言都在后文中"应验"了，实际上只有事后伪造的预言才能真正应验，记载中最晚的卜筮事件发生于鲁哀公十一年（公元前484年），因此郭沫若认为《师春》底本的"易"也作于鲁哀公十一年之后，即春秋以后。

郭沫若由此断定，汲冢出土的"易经"和"易繇阴阳卦"是战国初年的东西。他推测，《易繇阴阳卦》是南方人所作，这位作者去了北方的魏国后，另外作了一部《易经》。①《史记》记载，孔子传《易》给鲁国人商瞿，商瞿传给楚人馯臂子弘，这与《汉书》所载"馯臂子弓"是一个人，弘是肱的笔误，肱的假借字是弓。郭沫若认为《易经》《易繇阴阳卦》的作者就是这位馯臂子弓，也就是荀子称道的子弓。

《易传》"十翼"中，郭沫若认为据《论衡》《隋书·经籍志》推断，《说卦传》《序卦传》《杂卦传》原为一组，后来分为三篇，出现于汉宣帝时，他怀疑这三篇或许是"卦下易经"的另一种记录。"卦下易经"是汲冢出土的一篇"似说卦而异"的文献，郭沫若认为很可能也是子弓的作品。此外，郭沫若参考李镜池的《易传探源》，认为《象传》是模仿《彖传》的，作者可能是秦汉之际的齐鲁儒者。而《彖传》《系辞传》《文言传》则是荀子门徒在秦统治时期撰写的，时间当在荀子之后，晚于郭沫若所认为的荀子见到李斯为秦相的时间，即秦始皇三十四年。《荀子》中有一处与《彖传》的理论和用语相同，郭沫若认为荀子不会引用《彖传》而不写明出处，且《彖传》之语是对荀子观点的进一步展开，因此《彖传》一定晚于《荀子》。他认为《文言传》不成于一人之手，但其中一部分与《彖传》是同一作者，因为二者都提到"时乘六龙以御天"。六马的车驾出现在战国末期，乘龙御天是南方的观念，这也证明了二者的作者国别和时代。②

（2）文献反映的社会现实和思想。郭沫若称，《易经》作者的子弓利用了当时的各种历史资料编成了卦辞和爻辞，其中殷周时代的爻辞

---

① 郭沫若：《周易之制作时代》，《青铜时代》，第70—78页。
② 郭沫若：《周易之制作时代》，《青铜时代》，第78—83页。

特别多，因此《易经》被蒙上了一层原始的色彩，以至于后人受到了蒙蔽，将其视为上古文献。子弓是一位神秘主义者，他编写《易》的目的就是要提出一种"新式的卜筮方法"①。《易经》中的坤卦六五"黄裳元吉"，离卦六二"黄离元吉"，解卦九二"得黄矢"，鼎卦六五"鼎黄耳金铉"等，其中的"二"是上卦的"中间"位置，"五"是下卦的"中间"位置，并且使用了黄色表示位置，爻辞也多是吉利的。中、黄、吉，说明作者"已经知道五方五色的配合的证据"②。

郭沫若认为《易经》的基本认识是宇宙的过程是变化的，变化的原因是阴阳等相反的性质之对立。将这种观点用到人事就是"中"，人事的变化不可走到极端，地位才能长久安定。这是一种直线式的折半主义，让变化静止，即使有变化也不能发展为"进化"③。这种观点与郭沫若先前对《易经》的分析无二。郭沫若有一次讨论"因果律"的时候也提到《易经》的这种辩证思想。他说，一般的因果关系有"因大于果""果大于因""因果相等"三种，宇宙的进化和人类社会的发展属于第二种"果大于因"的关系，其中还包含着"互为因果"的关系，使得宇宙和社会能够不断地发展下去。《易经》虽然看上去是"互为因果"的循环论证，但其实本质是"因果相等"关系，因此只有变化而没有发展。④

（3）文献与儒家的关系及其中的儒家思想。《易经》是子弓作品，《易传》尽管是多人所作，但其作者都是儒者。因此毋庸置疑《周易》全书都是儒家的产物，同时也受到了道家的影响。郭沫若称，《易经》的辩证思想受了老子和孔子的影响。老子认为宇宙中有"阴阳"这样相反相成的对立性质，孔子所说的"天何言哉？四时行焉，百物生焉，天何言哉？"（《论语·阳货》），就是看出了宇宙变化的过程。《易经》则是

---

① 郭沫若：《周易之制作时代》，《青铜时代》，第83页。

② 郭沫若：《儒家八派的批判》，《十批判书》，第132页。

③ 郭沫若：《儒家八派的批判》，《十批判书》，第131页。

④ 郭沫若：《啼笑皆是》，《沸羹集》，大孚出版公司1947年版，第134页。

将二者做了综合，将阴阳二性的相生相克视为宇宙变化的原理。①关于《易传》，郭沫若特别提到《系辞传》的思想系统继承了荀子。荀子毫无芥蒂地在书中运用老子"道"的观念，将神、天、道当作一体。《系辞传》所谓"一阴一阳之谓道，继之者善也，成之者性也。……显诸仁，藏诸用，鼓万物而不与圣人同忧，盛德大业至矣哉。富有之谓大业，日新之谓盛德，生生之谓易。……阴阳不测之谓神"，完全体现了"道即是易，易即是神"的概念，是荀子思想的"复写"②。

综上所述，在三个不同的阶段中，郭沫若对于《周易》作者和写作时代的结论是相当不同的，但他对于《易经》和《易传》中所体现的折衷的、机会的和改良的辩证思想，在不同时间的判断是颇为一致的。他的最终结论是《周易》就是儒家思想的产物，其"中行"的思想主要反映了对阶级地位的固化要求。

二 《尚书》

郭沫若在家塾中读的是梅赜所献《古文尚书》，直到小学老师帅平均教授他们《今文尚书》，他才明白《尚书》有今古文之区别，自己还曾经研读《皇清经解》，其中阎若璩对《古文尚书》的辨伪让他最感兴趣。

《尚书》又称"书"，是先秦的历史文献。据刘起釪先生考证，在先秦各类其他文献中对"书"的引用有330多次，有篇名的有50多篇，其中见于汉代各类《尚书》版本中的有26篇，不见于汉代《尚书》版本但有篇名者32篇，此外还有没有篇名但可以成篇的19篇③。可见秦火之后确有相当多的"书"篇失传了。伏生在秦乱时将书藏于屋壁中，等到汉代安定之后将其取出，在齐鲁之间教学传授。汉文帝时求治《尚书》者，当时伏生已90多岁，文帝就派晁错往受之。伏生所传《尚书》是以汉隶书写成，被称为"今文尚书"。据《史记·儒林列传》记载，

---

① 郭沫若：《周易之制作时代》，《青铜时代》，第 75 页。
② 郭沫若：《周易之制作时代》，《青铜时代》，第 79—80 页。
③ 刘起釪：《尚书学史》，中华书局 2018 年版，第 61 页。

伏生所传《尚书》有"29篇",后经考证其中《泰誓》（太誓）与先秦文献里引用的《泰誓》完全不同，是西汉时被掺入的。因此今天通常认为伏生所传"今文尚书"为28篇：《虞书》之《尧典》《皋陶谟》，《夏书》之《禹贡》《甘誓》，《商书》之《汤誓》《盘庚》《高宗肜日》《西伯戡黎》《微子》，《周书》之《牧誓》《洪范》《金縢》《大诰》《康诰》《酒诰》《梓材》《召诰》《雒诰》《多士》《毋佚》（无逸）《君奭》《多方》《立政》《顾命》《鲜誓》（费誓）《吕刑》《文侯之命》《秦誓》。

西汉将"今文尚书"立为官学，有欧阳家、大小夏侯家三家传授。另外，孔氏家族本来藏有用先秦文字写成的"古文尚书"，孔子第十一世孙孔安国对其"以今文读之"（《史记·儒林列传》），发现比"今文尚书"多十余篇。西汉末刘歆推崇《古文尚书》，在其《移太常博士书》中说，武帝时鲁恭王破坏孔子宅发现《古文尚书》16篇"逸篇"，孔安国将之献给宫中。《古文尚书》在东汉兴起，在东汉末成为显学，当时流行的是杜林的漆书本，有贾逵、马融、郑玄作注，所传仍然是29篇，与西汉的今文篇目相同。需要注意的是，郑玄注本将29篇拆分为34篇，又将"逸篇"中的《九共》拆为9篇，即"逸篇"共24篇作为存目，全部篇目有58篇。西晋永嘉之乱是中国历史上又一次文献毁灭的灾难，三家所传《今文尚书》全部失传。东晋元帝时，豫章内史梅赜献上所谓"孔安国传《古文尚书》"58篇，其中33篇即伏生所传28篇（从中又析出了5篇①），多出的25篇，即后世考证为伪书的部分是：《虞书》之《大禹谟》，《夏书》之《五子之歌》《胤征》，《商书》之《仲虺之诰》《汤诰》《伊训》《太甲》三篇、《咸有一德》《说命》三篇，《周书》之《泰誓》三篇、《武成》《旅獒》《微子之命》《蔡仲之命》《周官》《君陈》《毕命》《君牙》《冏命》。"孔安国传《古文尚书》"在唐代获得了正统地位，并于唐玄宗时定本。②

---

① 从《尧典》分出《舜典》，从《皋陶谟》分出《益稷》，《盘庚》分为三篇，《顾命》分出《康王之诰》。

② 以上参考刘起釪《尚书学史》，中华书局2018年版；李民、王健《前言》，《尚书译注》，上海古籍出版社2019年版，第1—21页。

郭沫若在《论古代社会》中说：

> 书经有古文今文之分。秦始皇焚烧书籍之后，汉初收集书籍，当时伏生老儒，目已盲，背诵他小时读过的书，由他的女儿笔记下来，用汉初通行隶书，书之。伏生女所书的，即为今文。到后来鲁恭王时代，在孔子家屋壁内发现许多书籍，这些书是古文写的。又秦始皇烧书，不是烧尽所有的书，如医药种树的书，是没有烧的。古文派，就是宗这种文字。后来古今两派斗争得非常利害，近人康有为即为今文派，章太炎是古文派。我们不偏向那一派，那个说的可靠，就取那一个。①

这里所谓伏生口述给女儿的说法并非《史记》原文，而是出自《史记正义》引用东汉卫宏的《诏定古文尚书序》。郭沫若此处所谓不偏向今文或古文，指的是西汉时的今古文尚书，而非东晋梅赜所献"孔传《古文尚书》"。对于"孔传《古文尚书》"，郭沫若认为"《古文尚书》除今文所有的二十八篇之外都是伪作，清时的学者已经把它批判得体无完肤。这真是我们应该感谢的一项功绩"②。郭沫若对于梅赜《古文尚书》有时会当作典故进行引用，如《五子之歌》《胤征》《说命》《武成》《君陈》等，但他在学术撰述中是将其视为伪书的。如《大禹谟》，郭沫若称之为"伪《尚书·大禹谟》""伪书《大禹谟》"③，他认为《书经》上的《泰誓》是西晋人假造的，不过当中有些是真的"④。此外，郭沫若也引用过先秦文献中的《书》的佚文，如《礼记·大学》《孟子》中的《太甲》佚文，《孟子》中的《伊训》佚文，《墨子》中的《仲虺之诰》《汤诰》，《左传》中的古本《泰誓》等。⑤

---

① 郭沫若：《论古代社会》，《今昔集》，第203—204页。
② 郭沫若：《诗书时代的社会变革与其思想上的反映》，《中国古代社会研究》，第97—98页。
③ 郭沫若：《诗书时代的社会变革与其思想上的反映》，《中国古代社会研究》，第152页。郭沫若：《屈原身世及其作品》，《屈原研究》，第29页。
④ 郭沫若：《论古代社会》，《今昔集》，第210页。
⑤ 郭沫若：《先秦天道观之进展》，《青铜时代》，第19、26页。

对于《今文尚书》，郭沫若几乎每一篇都曾引用过，其中大多数篇章他并未进行辨析。作为史料援引和研究较多的是《尧典》《皋陶谟》《禹贡》《洪范》，而他对这几篇的作者及时代的辨析也最多，此外他考证过的还有《甘誓》《盘庚》《高宗肜日》《吕刑》等，郭沫若对以上这些篇目的看法也发生过很大变化，下面仍旧分阶段述之。

第一阶段：早期未疑

（1）文献的作者与时代。郭沫若相信《今文尚书》中的内容就是其所声称的时代，如《尧典》和《皋陶谟》是对尧舜时期的记载，《洪范》是"夏禹假托《洛书》以作《洪范》"，"其原文全部虽不必出于禹手，然其思想之统系则为承受于禹也"①。后来又说："《洪范》虽不能确定说是夏禹著的，但它包含着三代的传统思想我们是可以无疑的。"②

（2）文献反映的社会事实和思想。《尧典》与《皋陶谟》反映了在尧舜的原始时代，一切的山川草木都被认为神的化身，人与神同体。③《尧典》中"类于上帝，禋于六宗，望于山川，遍于群神"是中国最古老的宗教仪式的记载，《皋陶谟》"天聪明，自我民聪明，天明畏，自我民明威，达于上下"反映了泛神论的宇宙观。④郭沫若对《洪范》论述颇详，他认为《洪范》是夏禹思想的表现，"天锡禹《洪范》九畴"是说人格神的"天"将万物授予唯一的天子，其国家观念类似天国，九畴由殷的箕子传授给周武王，演变为夏商周三代的愚民政策。⑤在那个时代"国家是神权之表现，行政者是神之代表者。一切的伦理思想也是他律的，新定了无数的礼法之形式，个人的自由完全被束缚了"⑥。

第二阶段：怀疑辨析

（1）文献的作者与时代。在《中国古代社会研究》中，除了认定《古文尚书》是伪作，郭沫若对《今文尚书》的可靠性也产生了怀疑。

---

① 郭沫若：《我国思想史上之澎湃城》，《学艺》1921年第3卷第1号。
② 郭沫若：《读梁任公〈墨子新社会之组织法〉》，《文艺论集》，第34—35页。
③ 郭沫若作，成仿吾译：《中国文化之传统精神》，《文艺论集》，第2页。
④ 郭沫若：《我国思想史上之澎湃城》，《学艺》1921年第3卷第1号。
⑤ 郭沫若：《我国思想史上之澎湃城》，《学艺》1921年第3卷第1号。
⑥ 郭沫若作，成仿吾译：《中国文化之传统精神》，《文艺论集》，第3页。

《诗书时代的社会变革与其思想上的反映》最初在杂志上发表时，郭沫若列出了"今文尚书二十九篇"，可能是受到《史记·儒林列传》影响，将"今文"记成了29篇，多出的一篇是《周书·蔡仲之命》，在后文中他还直接引用说"《周书·蔡仲之命》上说：降霍叔于庶人，三年不齿"①。《蔡仲之命》是"伪《古文尚书》"之一篇，不知为何郭沫若将其当作今文尚书的一篇。这样的说法在联合书店1930年第2版《中国古代社会研究》中被沿用，后来郭沫若意识到了错误，在联合书店1930年第3版中将"今文"改为28篇，删去了《蔡仲之命》。②

郭沫若断定，《今文尚书》中《虞书》和《夏书》的4篇完全不可靠，其中《尧典》《皋陶谟》《禹贡》是儒家的伪托，作者"论理该是孔丘"。理由首先是商代时中国文字还在构造中，那么尧舜时绝对不可能写出这几篇文章。《禹贡》中画土分贡，有甸服、侯服、绥服、要服、荒服的五服之制，都是不可能的。它们所反映的思想是儒家托古改制的伪作。《甘誓》应该归入《商书》，是商王上甲微讨伐有扈氏的誓词。此外，《商书》《周书》都经过殷周太史和后世儒者的粉饰，其可靠性依据时代的远近递减。③例如，他说"大抵'盘庚'里面只多少有一些史影，大部分是后世史家或孔门所润色出来的东西"④。不过郭沫若没有对《洪范》起疑，他认为即使《洪范》不是文中宣称的作者"箕子"所作，也不会是后世儒者的假造。⑤

（2）文献反映的社会现实和思想。对于其认为可信的史料《洪范》，郭沫若进行了分析。他将"九畴"的内涵做了一番总结，认为这九种大法就是神权统治的规则，是西周奴隶制时代的支配思想。九畴具有鲜明的目的：肯定人格神的存在，政教合于一尊，有意识地用折衷手段来消除社会进化，进而让统治者的子孙永远继承位置。这种思想以现实的权

---

① 郭沫若：《诗书时代的社会变革与其思想上的反映》，《东方杂志》1929年第26卷第8号。

② 郭沫若：《诗书时代的社会变革与其思想上的反映》，《中国古代社会研究》，联合书店1930年第2版，第98页，以及《中国古代社会研究》，联合书店1930年第3版，第98页。

③ 郭沫若：《诗书时代的社会变革与其思想上的反映》，《中国古代社会研究》，第98—105页。

④ 郭沫若：《卜辞中的古代社会》，《中国古代社会研究》，第231页。

⑤ 郭沫若：《诗书时代的社会变革与其思想上的反映》，《中国古代社会研究》，第148页。

力为后盾，同时也作为该权力的"护符"①。

他认为《周书·秦誓》所反映的思想，与其他篇目完全不同。《周书》几乎每篇都有"上帝"，而《秦誓》是秦穆公的演讲，其重心放在人的身上，其理想的人格具有一种"自由公正"的精神，这种精神是时代的代表。虽然《秦誓》肯定人的价值，但秦穆公死的时候还是要让三家良臣从葬，这反映了新旧转换时代高潮期的矛盾。②

（3）文献与儒家的关系及其中的儒家思想。既然《尧典》《皋陶谟》《禹贡》是儒家的伪托，那么其中当然反映了儒家的思想。第一，人格发展的阶段。郭沫若认为《大学》《中庸》中的人格发展是"格、致、诚、正、修、齐、治、平、赞、参、配"，而《尧典》中尧的人格正与之相符，如"钦明文思安安，允恭克让"是格致诚正，"光被四表，格于上下"是赞参配。《皋陶谟》中皋陶对禹的进言"慎厥身，修思永。惇叙九族，庶明励翼，迩可远在兹"，完全是儒家的口吻，"迩可远"的意思就是修身可以平天下。第二，天人一致观。前文说到，郭沫若曾认为《皋陶谟》之"天聪明，自我民聪明，天明畏，自我民明威"是原始时代的泛神论思想，此时他认为这是一种合理的泛神论，只能出现在周代的人格神之后，《皋陶谟》反映的是后世儒家的天人一致观。第三，折衷主义的伦理。郭沫若论《周易》之思想时，认为其反映的儒家哲学就是"无过无不及"的折衷主义，这时他觉得《尧典》中"直而温，宽而栗，刚而无虐，简而无傲"也是折衷主义的表现。第四，三年之丧。郭沫若认为《尧典》的"二十有八载帝乃殂落，百姓如丧考妣，三载，四海遏密八音"中的"三载"显然是儒家三年之丧的反映。第五，《禹贡》是孔子大一统观念的表现。③

第三阶段：最终观点

（1）文献的作者与时代。在这一阶段，郭沫若将《尧典》《皋陶谟》《禹贡》《洪范》视为一组文章，认为它们的作者是子思之儒，有时他说

---

① 　郭沫若：《诗书时代的社会变革与其思想上的反映》，《中国古代社会研究》，第161—162页。

② 　郭沫若：《诗书时代的社会变革与其思想上的反映》，《中国古代社会研究》，第174页。

③ 　郭沫若：《诗书时代的社会变革与其思想上的反映》，《中国古代社会研究》，第100—102页。

是子思所作，大多数时候泛称子思之徒、子思一派、思孟一派所作。他首先论证了《洪范》的上下时限在《墨子》之后、《吕氏春秋》之前。《洪范》中有"无偏无党，王道荡荡。无党无偏，王道平平"，而《墨子》中引用"王道荡荡，不偏不党。王道平平，不党不偏"时说是"周诗曰"，郭沫若认为这说明在墨子及其弟子的时代《洪范》尚未撰成。《吕氏春秋》引用称"故《鸿范》曰：无偏无党，王道荡荡"，说明至此《洪范》已形成了。他认为《洪范》与《中庸》是互为表里的，从而证明其为子思之儒的作品，并且称从思想和内容来看，《尧典》《皋陶谟》《禹贡》也出自其手。①

此外，郭沫若还考证了未曾辨析过的 2 篇文献。他认为《商书·高宗肜日》中"王司敬民，罔非天胤"的说法是可疑的，因为卜辞中没有见到"民"字或从民之字，因此该篇不可信。②后来他修改了自己的观点，称虽然卜辞未见"民"和从民之字，"但这只是没有机会用到而已，并不是殷代无民"，而"王司敬民，罔非天胤"是思想上的一大进步，不过肯定是经过儒家润色过的。③另外，过去他相信《吕刑》是周穆王所作，而今也觉得靠不住，猜想是春秋吕国的某位王所作的刑书，后来又经过了儒者的润色。④

（2）文献反映的思想。郭沫若认为，《洪范》的本质是一篇尊重神权的宗教论文，它肯定人格神的"天"和"上帝"，这在儒家思想上似乎是"倒逆"，但其实是为了托古给禹，并有意地"神道设教"⑤。《尧典》《皋陶谟》《禹贡》《洪范》这一组文章中，将"五"发展成了神秘的数字。例如，《洪范》讲"水曰润下，火曰炎上，木曰曲直，金曰从革，土爰稼穑。润下作咸，炎上作苦，曲直作酸，从革作辛，稼穑作甘"，是由五行演变为"五味"，还讲"貌言视听思"的五事，等等。《尧典》

---

① 郭沫若：《先秦天道观之进展》，《青铜时代》，第 20、52 页。
② 郭沫若：《先秦天道观之进展》，《青铜时代》，第 20 页。
③ 郭沫若：《古代研究的自我批判》，《十批判书》，第 34 页。
④ 郭沫若：《古代研究的自我批判》，《十批判书》，第 2 页。
⑤ 郭沫若：《古代研究的自我批判》，《十批判书》，第 52 页。

有五辰、五岳、五礼、五玉、五教、五典、五服、五刑,《皋陶谟》有五色、五声、五言,《禹贡》有"五服"。郭沫若认为,五是"以皇极居中",其本身又是一个中数,居中者是有支配的性质的。强调五就是强调"中"的观念,也与子思之中庸思想相符①。

三 《礼记》

儒家经典中的"礼",包括了《仪礼》《周礼》《礼记》"三礼"。《仪礼》又称《士礼》,郭沫若对《仪礼》的引用是很少的。《周礼》亦称《周官》,郭沫若相信《周礼》与《左传》一样是被刘歆窜改了,《周礼》分为天地春夏秋冬六官,每官 60 职,共 360 职,郭沫若认为这是有计划的构造,因为历史上没有任何一国或一代的官职是如此的整齐,刘歆是根据黄道周天 360 度编造了 360 个官职②。不过他承认,尽管《周礼》经过了刘歆的"剪裁添削、割裂改编",其中还保存了不少先秦资料。③

《礼记》是先秦至西汉的儒家礼仪作品集,今本《礼记》共 49 篇,按传统的说法是由西汉戴圣编定,因此又被称为《小戴礼记》(相传戴德所编为《大戴礼记》)。郭沫若肯定《礼记》"本来是汉儒的纂集"④,也多次引用《礼记》中的各篇作为史料。他对其中若干篇的作者和时代进行过辨析,比如认为《儒行》称赞儒者的刚毅特立,或许是漆雕氏之儒的典籍⑤;认为《乐记》的主体来源于《公孙尼子》(详见本章第二节中的"公孙尼子")。此外他着重研究了《礼运》《中庸》《大学》《学记》。

《礼运》

(1)文献的作者与时代。郭沫若在《儒家八派的批判》中确定《礼运》是子游氏之儒的作品,原因是《礼运》记载了孔子与子游的对话,虽不一定是子游本人记录的,而且在流传中也经过了润色,但要说孔子

---

① 郭沫若:《儒家八派的批判》,《十批判书》,第 118—119 页。
② 郭沫若:《论古代社会》,《今昔集》,第 194 页。
③ 郭沫若:《古代研究的自我批判》,《十批判书》,第 226 页。
④ 郭沫若:《卜辞中的古代社会》,《中国古代社会研究》,第 278 页。
⑤ 郭沫若:《儒家八派的批判》,《十批判书》,第 128 页。

或子游不能有其中的思想，则是将该篇的内容"看深远了"。

（2）文献反映的社会现实和思想。郭沫若发现《礼运》也强调"五行"，如"人者，其天地之德，阴阳之交，鬼神之会，五行之秀气也"，"人者，天地之心也，五行之端也"，将色、声、味、季节都配以五行，月的圆缺也是"五行之动"，人是"五虫之首"，等等。他认为《礼运》所阐述的大同小康之说虽然反映了原始公社和奴隶制社会的一些迹象，但正确的程度有限，其实是一种理想化的原始公社，甚至是"人类退化观"。这种将原始社会视为黄金时代，而后代却都是堕落的观点，是不符合历史事实的。

（3）文献中的儒家思想。《礼运》中的历史观点，符合孔子"祖述尧舜"的思想，是儒家将唐虞时代视为理想社会的缘故①，表明了对奴隶制的君主继承权和家天下制度的不满，希望恢复古代的禅让制度，让贤能者治理天下，其动机是进步的。②

《中庸》《大学》《学记》

（1）文献的作者与时代。传统说法中《中庸》的作者是子思，《大学》的作者是曾子。在《周易的时代背境与精神生产》中，郭沫若将《中庸》《大学》视为儒家的重要典籍，但不敢断定就是子思和曾子所作。到《先秦天道观之进展》时他就将《中庸》视为子思的作品了。后来他反对冯友兰认为《中庸》是"秦汉时孟子一派儒者所作"的观点，依旧坚持说子思拥有"创作权"，不过承认该篇也经过了后人的润色。③同时，他认为《大学》和《学记》是孟学，并且是孟子后学乐正氏之儒的典籍。其理由是，第一，乐正克是孟子的弟子，第二以"乐正"为氏的人是学官的后裔，《礼记·王制》中说"乐正崇四术，立四教"，第三，孟子称乐正克是"善人""其为人也好善"，而《大学》有1743字，

---

① 郭沫若：《儒家八派的批判》，《十批判书》，第115—116页。
② 郭沫若：《孔墨的批判》，《十批判书》，第88页。
③ 郭沫若：《儒家八派的批判》，《十批判书》，第123页。

其中就有 11 个 "善" 字。①

（2）文献中的儒家思想。郭沫若认为《大学》是以孟子性善论为出发点，其 "正心诚意" 都来源于性善，然后发展出 "格物致知" 的概念，即 "致知在格物，物格而后知至"。他考察了历代对此的解释，发现主要分歧在于 "格物"，如郑玄解为 "来事"，司马光解为 "格物欲"，朱熹解为 "穷至事物之理"，王阳明解为 "正意"，等等。郭沫若提出 "格" 乃 "假借" 之意，格物即为借物，也就是假借于物才能获得知识。格物致知是 "大学之道" "修齐治平" 的基础。②

郭沫若分析了《学记》中论 "大学之道" 的一段话："古之教者，家有塾，党有庠，术有序，国有学，比年入学，中年考校。一年视离经辨志，三年视敬业乐群，五年视博习亲师，七年视论学取友，谓之小成。九年知类通达，强立而不反，谓之大成。夫然后足以化民成俗，近者悦服，而远者怀之。此大学之道也。" 他说，《学记》的教育方针以今天的教育学观点来看是符合科学的，例如 "离经辨志" 是分析经和志的句读，"敬业乐群、博习亲师、论学取友" 是要和同门集体一起进修，和师友讨论和实习，二者结合起来是要将读书和实践并重③。而且这二者本身就是假借外物的 "格物"，所谓 "知类通达"，便是 "物格而后知至"，是修身的环节，"化民成俗，近者悦服，而远者怀之"，便是 "齐家、治国、平天下"。以上与《大学》完全可以互相印证。④

前文曾提及，郭沫若在《周易的时代背境与精神生产》中将《易传》视为儒家作品，并以《中庸》《大学》为参证做了讨论。具体而言，《中庸》曰："天下国家可均也，爵禄可辞也，白刃可蹈也，中庸不可能也"，"庸德之行，庸言之谨。有所不足，不敢不勉"。《大学》曰："所恶于上毋以使下。所恶于下毋以事上。所恶于前毋以先后。所恶于后毋

---

① 郭沫若：《儒家八派的批判》，《十批判书》，第 121 页。
② 郭沫若：《"格物" 解》，《天地玄黄》，第 592 页。"格物" 的解释又见《儒家八派的批判》，《十批判书》，第 120 页。
③ 郭沫若：《"格物" 解》，《天地玄黄》，第 593 页。
④ 郭沫若：《儒家八派的批判》，《十批判书》，第 122 页。

以从前。所恶于右毋以交于左。所恶于左毋以交于右。此之谓絜矩之道。"这种中庸之道和絜矩之道，就是儒家之折衷主义、改良主义、机会主义的标本，是儒家"中"的实践伦理的表现。

《中庸》有一个完整的宗教体系，即"本体即诚""本体自因""本体自变"，这是说"诚"这个本体产生了万物，万物变化着，但本体不动不变。要达到这个目的，只好"从容中道"。《大学》只是"中道"的实践伦理的一个部分，要采取中道就要有知识、看重理智、研究自然，也就是"格物致知"。通过格物致知明白了物盛而衰的道理，才能把握自己的意志，做到"意诚"，才能权衡自己的心理，做到"心正"，如此来齐家、治国、平天下。

郭沫若揭示了以上这个"系统"中的骗局。第一，神的骗局。他说，知识本来是从客观而来的，但这个系统却将其倒置了，声称"神"（本体）创造了天地万物。第二，尽性的骗局。因为这个系统强调的"知"是知道"执中、乘时"的道理，就是要妥协和改良，其所谓的"尽人性"是发挥妥协的个性，"尽物性"就是爱惜节用，终归是注重财而不是注重人。第三，阶级的骗局。这个思想系统反映了支配阶级的心理，他们要让支配权合理化，所以创造出至上神来统治万物。郭沫若指责道，儒家理论的系统就是这样一个骗局，是封建制度的支配理论，中国人受其支配两千多年后，养成了折衷、改良和机会主义的国民性。[①]

---

① 郭沫若：《周易的时代背景与精神生产》，《中国古代社会研究》，第88—92页。

第六章 墨家和道家思想研究

第一节 墨家思想研究

郭沫若的墨家研究以墨子研究为中心，在少数文章中也论及了墨家后学。1943 年，他的《墨子的思想》受到了朋友们的批评，为了回应，次年他写作的第一篇"诸子批判"即是《孔墨的批判》，文中表述了他诸子研究中一组最为重要的正反观点——对孔子的肯定与对墨子的否定。他对孔子的喜爱由来已久，而他对墨子的反感也是由始至终的。郭沫若的墨子观确立于其受泛神论影响的时期，从这时开始其中心论点便基本固定下来，随着对研究方法的掌握，其批判的广度和深度也有所增加。

一 墨子观的确立

1945 年，郭沫若在《我怎样写〈青铜时代〉和〈十批判书〉》中说，自己从前也曾讴歌过墨子，认为他是"任侠"之源，也研究过《墨经》中的形学和光学的文句，觉得声光电化等学问中国古人也是有的，并"隐隐引以为夸耀"。后面他又补充说，小时候"也曾经崇拜过他，认他为任侠的祖宗，觉得他是很平民的、很科学的。那时的见解和时贤并没有两样。但约略在二十年前我的看法便改变了。我认为他纯全是一位宗教家，而且是站在王公大人立场的人。前后看法的完全相反，在我是有我的客观根据的，我并没有什么'偏恶'或'偏爱'的念头。"①从中可以得到两个信息，一是郭沫若自称曾经有过"讴歌""崇拜"墨子的阶段，二是"约略二十年前"，即1925年左右，他改变了看法，但他并不承认自己受到了个人"喜恶"感情倾向的影响。

据郭沫若回忆，中学一次国文课的作文题目是要求写《史记·游侠列传》的读后感，他写了一篇不到一百字的文章交了头卷。文中的观点是"游侠者流出于墨家"，认为"任侠"之意可由《墨经》中"任，士损己而益所为也"来解释，又引用了"墨子兼爱，摩顶放踵"（《孟子·尽心上》）和墨家弟子赴汤蹈火的典故作论据。②这篇小作文是郭沫若最早写下的有关墨家的论述，但没有留下原文。此后直到1919年底郭沫若写给宗白华的信件，才是目前可见的最早的对墨子的评述。此信并未发表过，郭沫若最早发表的提到墨子的文章，实际是1921年1月24日给张资平的信函，计划在《我国思想史上之澎湃城》中写"墨子之宗教改革"。5月，郭沫若的论文《我国思想史上之澎湃城》发表，提到计划写"墨翟之宗教改革"。这个计划没有落实，但幸运的我们可以在1919年那封给宗白华的信中获知一二。郭沫若认为："只有后起的墨先生，他偏偏要复夏禹的古，如以改革宗教的功绩而言，他可以说是古代的南海圣人。"③意思是墨子要回归夏禹的人格神观念和君权神授的宗教专制，这种"宗教改革"恰似"南海圣人"康有为复辟孔教的行为。本书第二章提到，郭沫若在1916年左右被邀请加入丙辰学社时就构思着一篇中国传统思想研究论文，几年间一直处于思索中，最后在1921年才写成《我国思想史上之澎湃城》。在这几年间，受到泛神论影响的他是非常厌恶一神论宗教的，这可以解释他对墨子恶感的来源。

综上所述，儿时郭沫若确实认为墨家是任侠之源，不过并未到"讴歌""崇拜"的地步，与其儿时对庄子的喜爱和对孔子的崇敬相比，这根本谈不上"崇拜"，充其量就是一种正常的印象。到了留学时期他开

---

① 郭沫若：《我怎样写〈青铜时代〉和〈十批判书〉》，《十批判书》，第401、412页。

② 郭沫若：《批评与梦》，《郭沫若全集·文学编》第15卷，第233—234页。

③ 《郭沫若致宗白华函》（1919年12月27日），《宗白华全集》第1卷，第152页。

始研读诸子作品后，对墨子的基本观点和情感倾向便已经确定了，他认为墨子就是一个宗教主。郭沫若的确在1923年说道，"论理学可在墨子书中寻出其萌芽，物理学也可在该书中寻出一些胎儿的化石"[①]，认为《墨经》中多有关于物理和数理的考察，注重逻辑的建设。[②] 这是一种客观的评价，但也没有"隐隐的夸耀"，并不是崇拜的态度。

可见，郭沫若并不是在所谓"约略二十年前"（1925年）转变了看法，事实上从他一开始诉诸文字，就显示出对墨子的负面态度。他承认墨子有科学的优点，这只是对一个方面的肯定，其观点的主流还是否定墨子的。他说自己有着前后不一样的看法但后来改变了云云，应该是用来说明自己并没有偏恶于墨子的一种托词。

在1943年之前，除了以上提到的文章和《先秦天道观之进展》的部分文字，郭沫若真正对墨子的专论只有《读梁任公〈墨子新社会之组织法〉》，通过对这些论述的考察，可以发现郭沫若墨子观确立时的内容及其中心论点，这种中心论点此后再未改变。

关于1919年底郭沫若写给宗白华的信件，本书第二章曾提及其中论述羲农黄帝、尧舜和夏禹时代思想的文字，该信件的主题其实是反对抱一的文章《墨子的人生学说》。宗白华针对抱一的文章作了《中国的学问家—沟通—调和》一文，批评当时的中国学者遇到某种西洋学说，总是先寻找中国旧学中与之对应的思想，宗白华认为应当打破这样"沟通调和"的想法，不要用古说去比附新学。[③] 郭沫若对宗白华说，自己曾想写一篇《读〈墨子的人生学说〉》来表达自己的"疑惑"，但还是"流产了"。现在看到宗白华的文章后，就将自己的疑惑在信中提出请他评价。郭沫若从墨子思想本身与所谓西方思想的不一致之处去反驳抱一的比附。

第一，抱一称墨子的国家起源说与卢梭的民约建国论（社会契约

---

① 郭沫若：《论中德文化书》，《文艺论集》，第24页。
② 郭沫若：《惠施的性格与思想》，《文艺论集》，第56页。
③ 宗白华：《中国的学问家—沟通—调和》，《宗白华全集》第4卷，安徽教育出版社2008年版，第112—114页。

论）相似，例证是《尚同》的"古者天下之始民未有正长也，百姓为人……是故选择贤者立为天子"。郭沫若认为，原文没说是"民"去"选择"贤者的，《墨子》中反而有"古者上帝鬼神之建设国都立正长"的说法（《墨子·尚同中》），还有"天赏之，鬼誉之，使之贵为天子"[①]的话。这说明墨子的国家起源说是神权政治，而非民约建国论。

第二，抱一以为，墨子也有家族后起说，例证是《尚同下》有"由国君选立家长"的表述。郭沫若认为，首先家长的出现不必等于家族的出现，其次《尚同》的上篇和中篇还有"古者民始生未有刑政之时……以内者父子兄弟作怨恶离散不能相和合"，"古之民始生未有正长之时……内之父子兄弟作怨雠皆有离散之心，不能相和合"。说明在墨子的想象中，家长、刑政、政长没出现之前，就已经有不和的"父子兄弟"的家族了。

第三，抱一认为，中国学说中只有墨子明确了国家成立和人类进化的根源，与近世哲理相近。郭沫若认为《易经》上经的卦次表现的就是民约建国的过程，这一看法他后来在《我国思想史上之澎湃城》中进行了论述。

第四，抱一论述的是墨子的人生"学说"，而郭沫若认为墨子立说的基础是宗教的权威，墨子本人并非纯粹的学者，他的宗教思想是一种坚定的信仰。接着郭沫若便叙述了中国古代思想的发展历程，从羲农黄帝的客观宇宙观，到尧舜时出现了泛神论的上帝，到夏禹的人格神和政教专制，而墨子是要"革命性地"复夏禹的古。郭沫若最后写道，墨子的学理根据太薄弱了，只教人在利害与赏罚上打算，"归根结底，他不过是个变体的利己主义者"[②]。

1921年，梁启超出版了专著《墨子学案》，认为墨学的根本观念是"兼爱"，此外还论述了墨子的实利主义、宗教思想，墨家的实践和科学等，其中第五章为"墨子新社会之组织法"。梁启超在该章中称，墨

---

① 语出《墨子·非攻下》，原文为"天赏之，鬼富之，人誉之，使之贵为天子"，参见（清）毕沅校《墨子》，浙江书局辑刊《二十二子》，第240页。

② 《郭沫若致宗白华函》（1919年12月27日），《宗白华全集》第1卷，第149—153页。

子理想的"兼爱社会"的组织方法与欧洲"民约论"很相似，他引用了《尚同上》之"古者民始生未有刑政之时，盖其语人异义。……是以人是其义以非人之义，故交相非也。……天下之乱，若禽兽然。夫明乎天下之所以乱者，生于无政长，是故选择天下之贤可者，立以为天子"，"使从事乎一同天下之义"。梁启超说，"明乎天下之所以乱者"的主语"自然"是人民，"自然"是人民"选择"了贤者，"自然"是人民"立"贤者为天子，人民"使"之从事一同天下之义。这就是墨子的"民约论"，《墨子·经上》中的"君，臣萌通约也"也是一个道理。之后梁启超继续论述说，国家建立之后，墨子便主张专制，这与霍布斯的观点不谋而合。不过二者也有区别，霍布斯既要民约，又要君主世袭，墨子要民约，但要钜子相传，如果墨子的理想成功就是一种教会政治，这种社会是平等但不自由的。①

1923 年郭沫若针对此章写作了《读梁任公〈墨子新社会之组织法〉》，与 1919 年反对抱一的"墨子民约建国论"一样，他主要反驳了梁启超认为墨子持民约建国论的观点。首先，郭沫若说梁启超用了三个"自然"去认定主语是"人民"，但其实根本不是自然就能得出的结论。他依然引用了"古者上帝鬼神之建设国都立正长"一句，此外还在《墨子》书中找到了很多"上帝鬼神立正长"的例子，如《法仪》中"故天福之，使立为天子，天下诸侯皆宾事之"，《尚贤中》"是故天鬼赏之，立为天子以为民父母"，《天志上》"故天意曰……故使贵为天子，富有天下"等。通过以上的文句证明，在《墨子》中选立执政者的根本不是人民，而是天鬼。

对于梁启超的论据——《墨子·经上》的"君，臣萌通约也"，郭沫若也进行了考据，他发现梁启超在另一部作品《墨经校释》中对此说得更加详尽。《墨子·经上》说"君，臣萌通约也"，《墨子·经说上》说"君，以若名者也"。梁启超称，"萌"通"氓"，氓同民，即"君，臣民通约也"。他认为《经说上》的"若"字因为"音近而讹"，疑似应

---

① 梁启超:《墨子学案》，山东文艺出版社 2018 年版，第 41—44 页。

为"约"，这句话就成了"君，以约名者也"。这是说国家起源的时候，人民相约置君，与西方近世民约说类似。郭沫若从三个层面批判说，其一，梁启超自己也不敢肯定"若"是否能改为"约"，其二，梁启超只见《经上》的民约二字就说与西方近世民约类似很牵强，其三，梁启超将"通约"解释为"相约"，但相约的内容却未说明。

郭沫若以为，"通约"疑为"统约"，该句可解释为"君者臣民之统束也"，这与墨子整体思想一致，而"若"除了"约"还可以有"顺""择""尹""君"五种解释。如此郭沫若就否定了梁启超的解释及其民约说，进而又批判了同样承认民约说的胡适。反驳过后，郭沫若随即第一次提出了自己归纳的"墨家思想系统"。

这个"墨子思想系统"的中心是"信神鬼"。郭沫若认为，墨子信仰的是有意志的能够明赏威罚的神，并将"神的观念来做他一切思想言论的出发点"。《墨子·天志上》云："子墨子言曰'我有天志，譬若轮人之有规，匠人之有矩。轮匠执其规矩以度天下之方圆，曰：中者是也，不中者非也'。"郭沫若将这段话意译出来，作为墨子以神为出发点的论据。此外，《庄子·天下》中用墨子的口吻去称赞禹，称"不能如此，非禹之道也，不足谓墨"，郭沫若于是得出了结论："墨子是以私淑禹自任的。"郭沫若对禹和三代的定论是神权政治，其国家起源说是《洪范》的"天子作民父母以为天下王"，即神权起源。墨子继承于此，也是一个神权起源论者。

郭沫若对宗教思想进行了精湛的评价，认为要维系宗教"一方面靠着愚民的朦昧，一方面也要靠提倡者的人格。一种宗教的创始者与改革者，大都是一个伟大的人格。信仰他们的人，先为他们的伟大的人格所慑服，便把他们思想根据的薄弱性也就忘了"①。他比喻道，这就如同看海，有人只看到其浩瀚就振臂激赞，但不知道海里还有肮脏和怪物。人们看待墨子的兼爱精神与忍耐的毅力也是如此，一定会赞叹他人格的伟大。

---

① 郭沫若：《读梁任公〈墨子新社会之组织法〉》，《文艺论集》，第35页。

但是，墨子又处处用利害来鼓动人，他是一个实利主义者。于是赞赏墨子的人就用各种近代思想为其粉饰，如胡适将实利主义和逻辑作为墨子的根本观念，梁启超用"兼爱"作为墨子的根本观念。郭沫若反对这样的概括，认为墨子的兼爱和实利思想都以"天"为出发点和归宿点：人要兼爱的原因是"天是兼爱"的，兼爱则受天的赏，不兼爱就受天的罚。人如何知道天是存在的？因为古书上如此说。郭沫若说，墨子自始至终是一个宗教家，其思想的根据是薄弱的。[①]

在以上的文字中，郭沫若论述墨子思想时引用的是《尚同》《非攻》《兼爱》《天志》等篇，也引过《法仪》，讨论过《经》《经说》。早期他没有对《墨子》篇目进行过辨析，到20世纪30年代时意识到了这个问题。《汉书·艺文志》载《墨子》71篇，由于墨家学说不受重视，在漫长的历史中亡佚了不少，今本《墨子》存51篇。其中大致可分为5组，第一组是《亲士》《修身》《所染》《法仪》《七患》《辞过》《三辩》7篇；第二组是《尚贤》《尚同》《兼爱》《非攻》《节用》《节葬》《天志》《明鬼》《非乐》《非命》《非儒》，每篇各有上中下三篇共33篇，但因失传而只存24篇。这一组中除《非儒》之外的十篇又被称为"十论"；第三组是《经》上下、《经说》上下、《大取》《小取》6篇；第四组是《耕柱》《贵义》《公孟》《鲁问》《公输》5篇；第五组是其余11篇的攻城守备方法。这种分组方法始于胡适，后多被学者们所采用，但每一组的作者与创作时间都有争议。[②]

郭沫若的观点是，《尚贤》到《非命》这"十论"，各分上中下三篇，文字也大同小异，就是墨子后人对墨子语录的分别记载。《韩非子·显学》称儒分为八，墨分为三，即相里氏之墨、相夫氏之墨、邓陵氏之墨。《庄子·天下》说："相里勤之弟子，五侯之徒，南方之墨者苦获己齿、邓陵子之属，俱诵墨经而倍谲不同，相谓'别墨'。"郭沫若考证，《显学》之"相夫"是"柏夫"，应是《天下》所谓"五侯"，与

①　郭沫若：《读梁任公〈墨子新社会之组织法〉》，《文艺论集》，第29—45页。

②　崔清田：《显学重光：近现代的先秦墨家研究》，辽宁教育出版社1997年版，第35—36页。

《汉书·艺文志》墨家类下"胡非子"疑为一人。"苦获己齿"是南方之墨者，是一个奇异的姓名，而非两个人。通过郭沫若这样的解释，《显学》与《天下》的说法就得到了互相印证，证明墨家的确分为三派，三派分别诵读不同的"墨经"。此墨经就是各分三种的"十论"，并不是今本《墨子》中的《经》上下。①

《墨子·鲁问》云："子墨子曰：凡入国必择务而从事焉。国家昏乱则语之尚贤尚同，国家贫则语之节用节葬，国家憙音湛湎则语之非乐非命，国家淫僻无礼则语之尊天事鬼，国家务夺侵凌则语之兼爱非攻。"这里墨子提到的论说正好十篇。郭沫若认为，十论虽不是墨子亲自写作的，但如同《论语》一样，其中的确是墨子的思想②，而研究墨子的思想不应超过这十篇的范围。墨子本人的家世不详，郭沫若表示钱穆"墨本刑徒之称"的观点颇近情理，不过也可能其先人是主管刺墨的贱吏，总之墨子因为出身微贱反而趋向保守。

墨子的后学看到墨子"言多而不辩""不知文"的缺点，就沉溺于辩文，将墨子原本宗教的特质消除了。求文便趋于名辩，形成了《墨子》中《经》《说》《大取》《小取》的部分。要淡化宗教色彩便借取了儒家和道家的理论，形成了《亲士》《修身》《所染》等篇。因为这样的转变，墨子的学派可以说是"自行取消"了。③

在《先秦天道观之进展》中，郭沫若重申了墨子"宗教家"的本质。他评述说，墨子的思想立论薄弱，并且是逆历史发展的反动。墨家之所以风靡一时，是因为其"持论不高"，很容易被殷周时代以宗教为传统的民间所接受。④至此，郭沫若已确立了他的墨子观，他为墨子思想系统树立的中心是"信神鬼"，对墨子的判断是"宗教家"，认为其所有思想都是由这个中心延伸开去的。

---

① 郭沫若：《先秦天道观之进展》，《青铜时代》，第47页。
② 郭沫若：《老聃·关尹·环渊》，《青铜时代》，第208页。
③ 郭沫若：《先秦天道观之进展》，《青铜时代》，第49页。
④ 郭沫若：《先秦天道观之进展》，《青铜时代》，第48—49页。

二　批判的延展

前期，郭沫若对墨子思想的内容作了归纳，将其总结为"信神鬼的宗教中心说"，后来他掌握并熟练运用马克思主义社会分析方法后，自然地将对墨子的批判从思想延展到了思想反映的社会政治问题上。这样的分析主要见于 1943 年的《墨子的思想》和 1944 年的《孔墨的批判》，它们都是郭沫若诸子研究"成熟期"的作品，前者是兴趣牵引阶段的第一篇论文，后者是主动清算阶段诸子批判的第一篇论文。可以说，郭沫若诸子研究代表作《青铜时代》与《十批判书》的完成，与他对墨子的批判密切相关。

《墨子的思想》

郭沫若写作《墨子的思想》之前就已感觉到，自己的基本观点与"朋友们"是不同的。有的朋友替他"着急"，有的朋友（杜亚泉）说他"袒护儒家"。恰好此时乔冠华向他约稿，于是郭沫若要让朋友们不必"着急"，要平心静气地讨论。他要在文章中摆明根据，阐述观点，让他们看看自己是不是有所偏袒。①

《墨子的思想》开篇第一句话就阐明宗义，称"墨子始终是一位宗教家"，其思想带有反动性。这个论断与郭沫若此前的观点没有任何变化。从前郭沫若讲"反动性"，主要针对的是墨子"复古"，要回归三代的"政教合一"。在此文中他进一步对"反动性"展开了 7 个方面的论证：不科学，不民主，反进化，反人性，名虽兼爱而实偏爱，名虽非攻而实美攻，名虽非命而实皈命。他将《墨子》"十论"称为"十诫"，依旧认为研究墨子本人不应超出这十篇之外。

第一，不科学。郭沫若认为，墨子以"天志"为一切的尺度和一切学术思想的"脊椎"，信仰人格的上帝鬼神，而信仰的依据是古书，这就是不科学。有人认为墨子是在"神道设教"，郭沫若称这是儒家的方

①　郭沫若：《墨子的思想》，《青铜时代》，第 141 页。

法，不可张冠李戴。有人举出《经》《说》中一些科学知识来夸耀，郭沫若以为一方面那只是一些粗浅的常识，另一方面也不一定是墨子的思想。即便是墨子的思想，也不能与其宗教思想混同，其宗教思想依然是不科学的。

第二，不民主。郭沫若考察了"十论"里出现"王公大人"的次数，发现有67次，并且大部分篇章都有。有的篇章没有"王公大人"，但也有"士君子"一词，这证明墨子是属于官僚或统治阶级的。墨子承认"上下、贵贱、贫富、众寡、强弱、智愚"的对立，认为国家、人民、社稷、刑政都是王者的私有。一切刑政都由上而下推行，根本没有由下而上的观念，如《天志上》的"无从下之政上，必从上之政下"。其政治理想是由贵者和智者统治，如《尚贤中》说"自贵且智者为政乎愚且贱者则治，自愚且贱者为政乎贵且智者则乱"。墨子的书中没有思想言论和行动的自由，如《尚同中》的"上之所是亦必是之，上之所非亦必非之"。而所谓"美善在上而怨仇在下，安乐在君而忧戚在臣"和"君有难则死，出亡则从"①，郭沫若称简直是专制的奴隶道德。

此处郭沫若重复了20年前《读梁任公〈墨子新社会之组织法〉》的论证过程，否定墨子有"民约论"和"禅让说"的主张。王公大人传子孙后代，臣下视君主如神明，因此墨子的"尚贤""尚同"的后果就是极权政治。

第三，反进化。郭沫若以为真正的进化原则是"由质而文"，丰富物质文化进而发展精神文化。但墨子的"节用"只是要求节约，却没有任何增加生产的方法，其"非乐"更是要消灭精神文化，这种因陋就简的主张是阻挠进化。有人觉得墨子是要让王公大人以平民的标准生活，郭沫若却不这么理解，他认为，一方面，这种主张对老百姓的生活没有提升，根本的革命方法应该是将平民的生活提高到王公大人的水平；另

---

① 语出《墨子·尚贤中》，原文为"是以美善在上而所怨谤在下，宁乐在君忧戚在臣"，"君有难则不死，出亡则不从"。（清）毕沅校：《墨子》，浙江书局辑刊《二十二子》，第231页。后一句原文是说不尚贤的后果之一是君主有难不肯赴死，君主出亡不肯跟随。

一方面，墨子的主张看似是约束王公大人的，但本质是怕老百姓眼红，反而是保护王公大臣的策略。

第四，反人性。郭沫若抨击墨子的很多观点不近人情，例如要去除爱欲又主张"兼爱"，又如规定男子二十、女子十五的婚嫁年龄。这种观点的本质是墨子将人民当作了王公大人的所有物，甚至当作生产工具——生产衣食和儿女。其"非攻"的理由之一是战争会减少人口，其主张短丧的主要理由是服丧会减少人口出生。将人民视为工具，因此墨子是反人性的。

第五，名虽兼爱而实偏爱。郭沫若犀利地指出，墨子"兼爱"说的根本矛盾是承认一切既成秩序中的差别对立，然后再让人去兼爱，以期达到"强不执弱，众不劫寡，富不侮贫，贵不敖贱，诈不欺愚"（《兼爱中》）的效果。但天下是弱者、寡者多，而强者、富者少，要求处于不安乐状态的多数人去爱那些安乐的少数人，这种主张就是骗人的高调而已，这种"兼爱"也就是"偏爱"而已。

第六，名虽非攻而实美攻。郭沫若说，墨子承认私有财产神圣不可侵犯，所以他"非盗"，并且主张可以在自己家的范围内杀盗，以至于墨家后学竟然有"杀盗非杀人"的谬论。墨子将国家层面的战争类比为强盗，由"非盗变杀盗"的理论推论，"非攻"必然会变为对攻伐的赞美。一个喜欢攻伐的君主问，既然攻伐不义，为何汤武都被立为圣王？墨子回应说，这不是攻而是"诛"。郭沫若指出，"诛"不过是一个正义的口号罢了，墨子的逻辑错误是，承认私产就无法禁盗，承认国界就无法止攻，只好把"攻"划分为义战和非义战，然而任何侵略者都只会自称义战。此外，从"非攻"衍生出的"无斗"思想，实质是要剥夺被侵略者的武器。鲁君怕齐国攻打鲁国，墨子劝他尊天事鬼、爱利百姓，准备丰厚的财物，用谦卑的辞令向四邻诸侯送礼，驱全国来"事齐"，郭沫若认为这是无条件的投降主义。

第七，名虽非命而实叛命。墨子不愿在上帝鬼神的权威之外再设立必然或偶然的支配者，因此才要"非命"。只有上帝鬼神有生杀予夺的大权，而王公大人就是其在人间的代理。郭沫若称，墨子否定了"命"，就是要让人对于上帝鬼神、王公大人的权威彻底地皈依和服从。①

郭沫若认为，墨家的衰落并不是被儒家攻击所致，而是在儒家被尊崇之前自己就瓦解了。墨家后学受到儒家、道家和名家的影响，很多转入儒道，此外他们还因过分接近王公大人而失去了人民的基础。

他举了几个例子作为证明。《吕氏春秋·离俗览》载，墨家的钜子孟胜受楚国阳城君所托，守卫其食邑。然而阳城君因参与攻打吴起而获罪逃走，楚国要收回他的食邑。孟胜觉得自己对于阳城君而言，要么算师，要么算朋友，要么算臣子，因此要为他而死，以"行墨者之义，而继其业者"。于是他将钜子之位传给田襄子后自杀，弟子殉死者百八十三人。郭沫若评价道，孟胜的故事的确壮烈，但这种殉死却是一种奴隶道德。吴起是改革者，阳城君属于反革命派，孟胜是只为私人之谊而忘记大义。

《吕氏春秋·孟春纪》载，墨家另一钜子腹䵍居住在秦国，他的独子杀了人，秦惠王因他年长准备宽恕其子。腹䵍却说墨者之法是"杀人者死"，拒绝了秦惠王而杀死了儿子。郭沫若称，这个故事看似"大义灭亲"，但细究起来可以发现墨者在国法之外遵从私法。腹䵍是秦惠王的老师，而秦惠王是车裂了改革家商鞅的反动势力。以上这两位钜子与王公大臣们关系如此密切，可见其与人民关系的疏远。②

此外，郭沫若还论证了墨家如何拥护秦国。据其考证，墨家钜子的传授系统是：墨子为第一代，禽子为第二代，孟胜为第三代，田襄子、田鸠为第四代，腹䵍为第五代。据《吕氏春秋》记载田鸠入秦，三年未得见秦惠王，最后通过拿着楚国的将军之节而见到了惠王。郭沫若猜测田鸠终老于秦国，并传位给腹䵍。从田鸠入秦开始，墨学的中心转移到了秦国。《吕氏春秋》还写了秦惠王时，东方的一位墨者谢子入秦，当时秦国的墨者唐姑果害怕秦王亲近谢子，便进谗言阻止。郭沫若推测，唐姑果可能是腹䵍弟了，是在秦国当官的堕落墨者代表。秦国的墨学兴

---

① 　以上 7 点"反动性"参见郭沫若《墨子的思想》，《青铜时代》，第 142—150 页。
② 　郭沫若：《墨子的思想》，《青铜时代》，第 152—154 页。

盛，秦法之中也可能有墨法掺入。①

郭沫若认为，秦国从张仪之后的历代丞相都是实利主义者，其精神是近于墨家而远于儒家的。《吕氏春秋》中多载墨家事迹，赞美墨家的钜子，称墨翟为"子墨子"，可知吕不韦门客中多有墨者。吕不韦本人倾向于采取儒道的思想进行改革，但失败了。郭沫若进而表明了一个观点：秦始皇"是一位伟大的墨学实行者"。他从史料中找出了一些秦始皇的行为，认为符合"尚贤""尚同""非攻""兼爱""尊天明鬼""非命"的内涵，还说他"强力躬行""善于守备""非儒"，只是没做到墨家的"节用""节葬"而已。因此郭沫若断定，秦始皇实践了墨家的学说。他认为秦始皇时代是"空前绝后的大奴隶制的极权时代"，墨家主张的极权政治和奴隶道德正好适合秦始皇的要求，后来墨家随着秦亡而灭亡了。②

如上所述，郭沫若将墨子定性为："满嘴的王公大人，一脑袋的鬼神上帝，极端专制，极端保守的宗教思想家。"他是一位绝好的教主，他的"道"是反动的，即使墨家的殉道精神再令人感动，也不是什么值得夸耀的事。郭沫若发问说，真不知道这样的墨子何以竟成了"工农革命的代表"③。他的话自然意有所指，当时同一阵营的学者有不少类似观点。例如范文澜《中国通史简编》称"墨子创造新学派，代表下层社会农工奴隶要求改善自己的社会地位"，墨家是要求平等、反对统治阶级的剥削压迫的，又说："统治阶级能扑灭墨家，但是农民工人依时代发展的革命力量，却永远不能扑灭。"④又如吕振羽认为，从墨子整体的思想看，"封建领主和封建领主的社会秩序，为他所'深恶痛绝'；与新兴地主商人，亦显示其立场的不同；与没落贵族的意识尤形矛盾。另

---

① 郭沫若：《墨子的思想》，《青铜时代》，第156—157页。
② 郭沫若：《墨子的思想》，《青铜时代》，第157—158页。本段关于秦国与墨家关系的论述，在1954年人民出版社改版《青铜时代》时被删去。
③ 郭沫若：《墨子的思想》，《青铜时代》，第141页。
④ 范文澜：《中国通史简编》，第100、102页。

外，大体上却符合于当时农民的要求"①。

郭沫若也在文中直接提出了对朋友的两点反对意见，其一是有人根据《兼爱下》"非人者必有以易之"称，非人就是奴隶，这句话就是要解放奴隶。郭沫若解释说，原文只是说反对他人学说的同时要举出自己的学说。其二是有人提出墨学没有灭亡，而是演变为后世的任侠之士。郭沫若最早也是持这种观点的，如今他反对说，侠轻视权威、同情弱者，与墨家的精神正好相反。不仅墨家有不怕死的墨者，儒家也有漆雕氏之儒，因此不能因侠者不怕死就说他们是墨或儒的后裔。《史记·游侠列传》云"闾巷之侠，修行砥名，声施于天下，莫不称贤，是为难耳。然儒墨皆排摈不载"是一证明。《胡非子》佚文还有一个故事，说有一好勇之人名为屈将子，他拦截住墨者胡非子，要其讲解什么是勇。胡非子讲解了五种"勇"，有"猎徒之勇、渔人之勇、陶匠之勇、五刑之勇、君子之勇"，胡非子赞赏的是君子之勇。而郭沫若以为"剽必刺，视必杀"的五刑之勇才是任侠之勇，这是为墨者所不取的。②

两篇反对文章

郭沫若的论文发表后，受到杨天锡《〈墨子思想〉商兑》和筱芷《关于墨子的思想的讨论——就正于郭沫若先生》的直接反对。

杨天锡也不同意墨子是"工农阶级的代表"，但认为郭沫若走到了另一个极端，即认为墨子是宗教家。他认为墨子原本是奴隶之类的贱人，获得了解放成为自由民之后要进行贱人的解放事业。杨天锡对郭沫若的七个论点逐一反驳，他认为其一，墨子是科学的。墨子对事物要追根究底地问为什么，还是最早有较为完整科学方法论的人。墨子的"言有三表"是说言论有"本之，原之，用之"三个法则，这是将经验作为真理的标准。至于墨子天志明鬼思想的意义，一是增强普通贱人的勇气，二是有兼爱和平等的意义。其二，墨子是民主的，他反对王公大人

---

① 吕振羽:《中国政治思想史》，第 94 页。吕振羽此书初稿完成于 1936 年，这一版增订于 1943 年 3 月。

② 郭沫若:《墨子的思想》，《青铜时代》，第 141—160 页。

专政，主张在平民中选择有才能的人参政，其尚同思想也是为了实行兼爱。其三，墨子不反对进化。墨子要让一般百姓的生活水准提高，同时反对王公大人的奢侈。其四，墨子不反人性，而且最近人情，他的"去爱"是反对王公大人偏私的情欲，而不是主张绝情欲。其要求早婚是为了增加人口，挽救社会危机。其五，墨子兼爱并非偏爱。杨天锡以为如果墨子真的偏爱，就不会将"少数的安乐者"的不法行为暴露出来大加批判。其六，墨子的非攻是反对大国攻打小国，并教小国防守之道，类似苏联的武装和平。其七，墨子非命是要帮助贱人获得解放，因此要否定儒家维护王公大人的"天命"学说。

此外，杨天锡也反对郭沫若对墨家后学的结局和墨家拥秦的论断，认为墨家后学没有逃入儒家或道家，而且诸子各家为了实现自己的主张都会去接近王公大人，而非只有墨者一家接近。墨家不但做上层工作，还要做下层的宣传和工作，与民众接近。墨家虽然在秦国做过上层活动，但不及儒家之盛，儒家的李斯做了秦始皇的丞相，秦国还实行阳法阴儒的统治。墨学受到了儒家的打击，到汉代流为游侠，却因缺乏组织力、受到政治压力而衰亡。①

筱芷也认为"墨子是工农革命的代表"的观点是错误的，他承认郭沫若将墨子思想的反动倾向说得相当透彻，但是过分强调了反动性和宗教性，不是适当的评价。筱芷也从七点反对郭沫若。第一，他认为宗教家的思想体系主要在于"宗教信仰"，墨子虽然强调天志明鬼，但不是迷信天鬼，其目的是要表明"天欲义而恶不义"。而天鬼思想总体只占其思想体系的五分之一，因此墨子不是宗教家。第二，他认为墨子的政治思想虽然不民主，的确是要集权于天子的，但这种集权是适应生产力发展的进步，与"小国寡民"的落后相反。第三，墨子没有提出增加生产的方法，但其他学派也未能提出。当时的社会现实是"饥者不得食，寒者不得衣，劳者不得息"（《非乐上》），墨子要求内治官府、外收各种

---

① 杨天锡：《〈墨子思想〉商兑》，《郭沫若研究文献汇要卷9·历史卷上》，上海书店出版社2012年版，第183—199页。

收益是合理的，不能说是反进化。第四，墨子要求的婚姻年龄在当时不算早，其主张人口增加是为了生产力发展。第五，墨子固然主张阶级存在，主张"上同而下比"，但对王公大人主要是劝说他们节用非乐。而且"去情欲"是宋钘的主张，不能说墨子的兼爱是去爱。第六，墨子的"诛"与"攻"本质不同，墨子注重防御也不是无条件的投降主义。第七，墨子努力实践、提倡防御，没有因为自己主张"非命"就承认强权。

筱芷对墨子身份的判断是，墨子出身奴隶，后来进入士大夫阶层，但与孔子所代表的士大夫不同，墨子所在的士大夫阶层更偏向为封建制的武士群体。因此墨子比孔子更进步一些。筱芷提出了自己的墨子思想体系，即墨子是一个感觉论者，重视实践，在方法论上注重经验主义。墨子的政治论是注重帝王的表式作用，主张尚贤，他以天鬼作为护符，用兼爱、非攻、节用、非乐思想去要求一般人，特别是帝王。他反对宿命论，其最终目的是要建立一个人口、生产都富足的安定的专制集权社会。至于墨家的消亡，一是因为墨家依靠的"武士"士大夫丧失了社会基础；二是被统治者抛弃。筱芷认为郭沫若"墨家媚秦"因此随着秦而灭亡的观点可能也算一个原因；三是失去了骨干。最后他对郭沫若游侠与墨家关系的看法表示赞同①。相对于杨天锡，筱芷对郭沫若的反对稍轻，在批评的同时也对郭沫若的一些观点表示认可。

《孔墨的批判》

这两篇文章发表的半年后，郭沫若决意开始清算诸子，于 1944 年 8 月 1 日撰写了《孔墨的批判》。该文分为"论孔墨的基本立场""孔子的思想体系""墨子的思想体系"三个小节，有关孔子的两节已经在第四章论述。尽管第一节的主题是"论孔墨的基本立场"，实际上其主要篇幅是运用《墨子·非儒》篇中的三个孔子故事，来证明孔子"祖护乱党"的立场。对于墨子的立场郭沫若并未从正面论证，只因孔墨的对立

---

① 　筱芷：《关于墨子的思想的讨论——就正于郭沫若先生》，《郭沫若研究文献汇要卷 9·历史卷上》，上海书店出版社 2012 年版，第 200—207 页。

和《非儒》作者的立场，得出了"墨子是反对乱党的人"的结论。孔子和门人弟子帮助乱党的例子，在《非儒》中有七项，他说："墨家既一一列举出来加以非难，在墨家自己当然是决不会照着这样做的了。这不是很鲜明地表示着了儒墨两派的基本立场吗？"[①]

在 1943 年《墨子的思想》中，郭沫若从"墨子是宗教家"这个一贯的中心论点，扩展到了对墨子 7 个方面"反动性"的论述，实际上只是挑出了墨子思想中可供批判的部分。在《孔墨的批判》的第三节"墨子的思想体系"中，郭沫若用否定的态度概述了墨子"十论"的全部思想内容，同时对反对自己的观点进行了回应。

1. 天志与明鬼、尚贤与尚同

无论何时谈起墨子，郭沫若立论的出发点从未改变。在该文中，他继续强调墨子肯定鬼神的"中心论点"。《墨子·天志上》中的"我有天志，譬若轮人之有规，匠人之有矩。轮匠执其规矩以度天下之方圆，曰：中者是也，不中者非也'"这句话被郭沫若一再提起，这一次他将其比喻为"墨子思想的一条脊梁"，称如果没有这条脊梁，墨子就不是墨子了。就墨子信鬼神的问题，郭沫若列举了三个朋友的观点并进行反驳，其一是翦伯赞，后二位他没有指名道姓，而是称为"有的朋友说"，其实指的正是杨天锡和筱芷。

翦伯赞《中国史纲》中有这样的观点："降至战国时代七雄并峙，天子已降为诸侯之附庸，因而在诸侯的心目中早已没有天或上帝了。但是在这一时代的农民，他们却幻想有一个最高的权力，来制裁这些无法无天的诸侯，于是出现了墨翟的天志。"郭沫若反驳说，墨子的立场不能代表农民，农民反而欢迎所谓的"诸侯""乱臣贼子"，如西周之共伯和、齐国之田成子，又如秦灭六国之后，六国遗民反而思念自己的旧主。

郭沫若继续引述说，有的朋友说墨子的天道观是很平等的，证据是《墨子·法仪》中说"天下无大小国，皆天之邑也；人无幼长贵贱，皆

---

① 郭沫若：《孔墨的批判》，《十批判书》，第 72 页。

天之臣也"。这是杨天锡在《〈墨子思想〉商兑》中的观点，杨天锡认为这句话说明"人在天底下都是平等的，人们应当相亲相爱，不应该谁压迫谁。所以诸凡大国攻小国，大家攻小家，强暴弱，诈谋愚，贵傲贱，都是压迫人的举动，失了天赋平等的意义"①。郭沫若认为，《法仪》中的话是"普天之下，莫非王土，率土之滨，莫非王臣"的一种引申，在现实当中"邑"有大小，"臣"有贵贱，因此实际是不平等的。

杨天锡也论证了墨子的"明鬼"有平等的意思，他说当时的社会认为只有王公大人死了才能为鬼，"贱民"死了是不能为鬼的，如《左传》中子产评价伯有说"其用物也弘矣，其取精也多矣，其族又大，所凭厚矣，而强死，能为鬼"。而墨子的"明鬼"是要打破这种等级关系，表明任何人死了都能为鬼，这是一种平等。②郭沫若批评杨说是"自我作古"，因为"人死为鬼"是从有文字以来就形成的观念，而非墨子的发明。如《礼记·祭法》有"庶士庶人无庙，死曰鬼"，而子产评价伯有的时候还说过，匹夫匹妇如果强死，其魂魄依附于人成为"淫厉"，"淫厉"也是鬼。

另一个朋友引用《明鬼下》"虽使鬼神请亡，此犹可以合驩聚众，取亲于乡里"来证明墨子信仰鬼神的目的是出于利用，是神道设教，而且墨学后学抛弃了天鬼思想。这正是筱芷的观点。③郭沫若称，墨家后学不谈鬼神自然是进步，但墨子本人是虔诚的信仰者。认为墨子是出于利用而宣传天鬼的说法，郭沫若觉得反倒是冤枉了墨子。

墨子及其学派本可能发展成一个宗教，但没形成就让儒家和道家得势。郭沫若觉得这与中国的地理条件关系匪浅，各大宗教都产生于热带国家，在那里即使贵族也要忍受自然的严酷，因此容易幻想后世。中国是温带国家，贵族们能够享受现实而无须再升天入地，因此统治者们利用现实的统治工具而非宗教进行统治。反观墨子，其尚同与尊天相应，

---

① 杨天锡：《〈墨子思想〉商兑》，《郭沫若研究文献汇要卷9·历史卷上》，第187—188页。

② 杨天锡：《〈墨子思想〉商兑》，《郭沫若研究文献汇要卷9·历史卷上》，第188页。

③ 筱芷：《关于墨子的思想的讨论——就正于郭沫若先生》，《郭沫若研究文献汇要卷9·历史卷上》，第201页。

尚贤与明鬼相应。天之下有群鬼，王之下有群贤。尊天是尊崇神权，尚同是尊崇绝对的王权，以王的意志统一天下的意志。虽然名义上王要上同于天，但天不过是王的影子，其结果还是王的意志是天的意志。因此，所谓"天志"就是"王志"。能够保卫王的私产，消灭寇乱盗贼的人就是所谓的"贤"，《尚贤上》说的"虽在农与工肆之人，有能则举之，高予之爵，重予之禄，任之以事，断予之令"只是反映了奴隶解放的社会现实，并不是墨子革命性的主张。因此郭沫若的结论是，"尚同""尚贤"不过是对尊天明鬼对应的主张，其本质还神权与王权相结合，选举贤人来维护王权。

2. 兼爱与非攻

郭沫若认为墨子思想中最为特色的、起着核心作用的是"兼爱"和"非攻"，这两个主张其实是从积极与消极方面来说的同一个问题。墨子的"爱人"思想的中心是财产，人民在其心中是旧时代的奴隶，是一种财产。如《兼爱上》的"盗爱其室不爱异室，故窃异室以利其室。贼爱其身不爱人身，故贼人身以利其身"，"大夫各爱其家不爱异家，故乱异家以利其家。诸侯各爱其国不爱异国，故攻异国以利其国"，都是在抨击不尊重他人所有权的行为。墨子提出的解决办法是"兼相爱，交相利"，即尊重彼此的所有权。"非攻"就是反对攻乱贼窃，也就是反对不兼爱，本质上也是尊重所有权，因为攻打他国其实就是侵犯最大的所有权。郭沫若指出，墨子兼爱非攻说的核心就是尊重并保卫私有财产权，重在利己，从而走向法治刑政而非人道主义。在此处郭沫若做了一个妥协，他说，当时是奴隶制向封建制转化的过渡时期，私有财产权并不稳固，需要用学说体系将私有财产神圣化，的确不宜轻率地称这种学说是"反动的"，"在这一部分我可以取消我的这个判断"①，所谓这一部分应是指《墨子的思想》中的第六点"名虽非攻而实美攻是反动的"。

3. 节用与节葬

在郭沫若眼中，墨子"节用"与"节葬"的性质是一种与百姓无关

---

① 　郭沫若：《孔墨的批判》，《十批判书》，第 101 页。

的消极经济政策，是以王公大人为对象的，虽然其后果的确可以节省民力，但只能算是对民众间接的恩惠。他认为，墨子从未想过如何多给予百姓一些实惠，而是将其生活限制在不饿死冻死的简单阶段，这不是为人民考虑。郭沫若承认自己也并不想一味地批判墨子，但要说墨子讲民主、墨子是布尔什维克却是不对的。因为墨子是站在同情公室的立场上，只能想到如何利用奴隶进行生产，把人民当生产工具，而看不到人民可以有伟大的生产力，所以想不出如何改良工具、开发民智、让人民娱乐来增加生产效率，反而只能节衣缩食和繁殖人口。郭沫若称，在这个意义上墨子的确是反动的。

4. 非乐与非命

郭沫若认为，"非乐"是对艺术文化的一概反对，没有丝毫与民同乐的观念，只有驱使和榨取百姓的目的。中国古代的学问中只有乐律和历法可以称为带有科学性质的，均为儒家所看重。墨子未提律法，极端反对音乐，因此不能说是科学家。此外，郭沫若还反对杨天锡提出的"言有三表"的三表法是科学方法论。《非命上》曰："言必有三表。何谓三表？子墨子言曰：有本之者，有原之者，有用之者。于何本之？上本之于古者圣王之事。于何原之？下原察百姓耳目之实。于何用之？废以为刑政，观其中国家百姓人民之利。"郭沫若反驳说，墨子要"本之"的内容是"圣人之事"，是那些奴隶时代的传说；"下原察百姓耳目之实"也可以是为了自己的目的编造的百姓事迹；"国家百姓人民之利"中，国家和百姓人民和利益本质都是王公大人的。因此根本不能说三表法是科学的。

郭沫若以为，墨子的"非命"的确是反对宿命论，但是实质在利用命，一方面将论敌说成宿命论者，另一方面是要打击必然性。《非命上》有这样的举例："然而今天下之士君子，或以命为有，益尝尚观于先王之书？先王之书，所以出国家，布施百姓者，宪也，先王之宪亦尝有曰福不可请，而祸不可讳，敬无益，暴无伤者乎？所以听狱制罪者，刑也，先王之刑亦尝有曰福不可请，祸不可讳，敬无益，暴无伤者乎？所以整设师旅、进退师徒者，誓也，先王之誓亦尝有曰福不可请，祸不可讳，敬无益，暴无伤者乎？"①郭沫若对此的解读是，墨子本段话意思就是说，据先王所言"命"是不存在，因为福是可以请来的，祸事是可避免的，恭敬是有益处的，凶暴地对待是有害的。这种观点也就否定了必然性。郭沫若称，墨子所本的先王就是奴隶时代的宗主，这些宗主的指示是，要恭敬地祭祀上帝山川鬼神，向它们请福，不可凶暴地伤害它们，这样就可以避祸了。这"上帝山川鬼神"背后的宗主也就是王权，等于说"死生无命，富贵在王"。所以郭沫若的结论是，墨子的所谓"非命"是有利于王公大人的。②

通过本节的梳理可知，郭沫若墨子观最初确立的时候，他就对墨子进行了定性——墨子是尊天明鬼的宗教家，这种定性从始至终没有丝毫改变，并且随着对墨子批判的扩展而得到加固。郭沫若与同道者关于墨子的分歧是巨大的，想必他难以想通，为何自己被冠以"诬蔑墨家"的罪名，他说"墨家与我无仇，毁墨于我无利，我只是想除去自己主观的偏蔽而求得客观的真实而已"③。

郭沫若不愿改变他的根本看法，进而在《墨子的思想》和《孔墨的批判》中从墨子的 7 种"反动性"论到其"十论"的各种缺陷，将其思想体系的社会归宿定位于"维护王公大臣、反对叛乱（革命）"的立场上，可谓是对墨子全盘的否定。

第二节　道家思想研究

郭沫若对道家的态度早年是偏向正面的，称道家蕴含着合理的形而上学④，他热爱庄子，也赞扬老子，创作过以老庄为主角的小说，也在若干文章中有所谈及。1934 年，郭沫若加入了学术界对老子和《老子》

① （清）毕沅校：《墨子》，浙江书局辑刊《二十二子》，第 252 页。
② 郭沫若：《孔墨的批判》，《十批判书》，第 93—108 页。
③ 郭沫若：《墨子的思想》，《青铜时代》，第 158 页。这句话在 1954 年人民出版社改版《青铜时代》时被删去。
④ 郭沫若：《论中德文化书》，《文艺论集》，第 23 页。

一书的论争，到诸子研究的成熟期，他对道家人物和学派进行了总的梳理，并主要对庄子思想进行了研究。他最终的看法是，"道家要求保存个人主义"，从反对宗教迷信的角度来说是进步的，但总体而言其学说忽视社会、让人逃离社会，是反人民的。[①]

一 老子其人其书

1906年读高等小学之时，郭沫若在一篇作文中为所谓"愚者"辩护时引用道："老子曰大德不德是以有德，又曰至德之人其貌若愚"[②]。在留日时期，他除了因泛神论接近庄子，也接近了老子、孔子，构思《我国思想史上之澎湃城》时将老子定位为"再生时代（文艺复兴）的先驱者"。

在1923年的《中国文化之传统精神》中，郭沫若对以上这个定义做了展开，他以诗样的语句赞颂说："革命思想家老子便如太阳一般升出。他把三代的迷信思想全盘破坏，极端咒诅他律的伦理说，把人格神的观念连根都拔出来，而代之以'道'之观念。"郭沫若认为后世学者的错误在于，将老子的"无为说"完全解释为出世的。他自己做了这样的解读：老子的"道"是宇宙的实在，道没有目的，道却决定万物的生与灭。因此人也要不怀目的地做事，而不被"为"所搅乱，这就是"无所为"，即为了行动本身而行动，这样精神就会清静恬淡。此处的"为"郭沫若认为是去声的为，即"为了"之为。[③]该文对老子的评价是完全正面的。

不过几个月后，郭沫若以老子为主人公创作的小说《函谷关》却一转态度，含有相当的批判色彩，小说取材于《史记》所载老子为关尹留下"道德经"五千言之后出关的事迹。情节设计为老子去而复返，再次

---

① 郭沫若演讲，文雄译：《战时中国历史研究》，《中国学术》1946年创刊号。该文原刊于苏联《历史问题》杂志1945年12月号，由文雄翻译为中文。

② 郭沫若：《敝帚集·愚者辨》，郭平英、秦川编注《敝帚集与游学家书》，第12页。第一句语出《老子》"上德不德是以有德"，第二句见《史记·老子韩非列传》，老子对孔子说"君子胜德容貌若愚"。

③ 郭沫若作，成仿吾译：《中国文化之传统精神》，《文艺论集》，第3—5页。

遇到关尹时二人展开了对话。关尹对"道德经"爱不释手，大加赞叹说，读完书后"我的灵魂就飘然脱了躯壳，入了那玄之又玄的玄牝之门"①。老聃本来骑着青牛而走，回来却只拿着一根牛尾巴，关尹便询问其缘故，老聃称在沙漠中青牛因缺水倒下了，他自己为了活命喝了青牛的血。他出关是为了标新立异，表示自己是天下唯一的真人，但几乎断送了性命才知道，原来生命如此宝贵。他痛陈自己如何后悔，说虽然在书里说了许多"道德"，但出关几日的经历让他发现，自己终究是一个利己的小人，自己的书是伪善的：

> 我向你说过，晓得善的好处便是不善了，但我偏只晓得较权善的好处。我晓得曲所以求全，枉所以示直，所以我故作曖暧以示彰明。我晓得重是轻根，静为躁君，所以我故意矜持，终日行而不离辎重。我要想夺人家的大利，我故意把点小利去诱惑他。我要想吃点鲜鱼，我故意把它养活在鱼池里。②

以上皆出自《老子》（"道德经"），即"皆知善之为善，斯不善已"；"曲则全，枉则直……不自见故明，不自是故彰"；"重为轻根，静为躁君。是以圣人终日行不离辎重"；"将欲夺之，必固与之，是谓微明。柔弱胜刚强。鱼不可脱于渊，国之利器不可以示人。"③郭沫若认为这都是伪善和利己的表现。

他还让老子忏悔说："五色令人目盲，五音令人耳聋，五味令人口爽"的说法也是矛盾的，本意是爱惜身体，不想目盲耳聋口伤，但却把话说得太死，要断绝了这些知觉就只有死路一条。而且只要对自己有利，无论什么卑贱的态度都是道德。老聃剖白道，"我说的道是全无打算的活动的实体，我说的德却是全是打算的死灭的石棺"，最后他对关

---

① 郭沫若：《函谷关》，《塔》，商务印书馆1926年版，第39页。小说收入海燕书店1947年版《地下的笑声》时，改题为《柱下史入关》，文中关尹改称老聃为"柱下史先生"。
② 郭沫若：《函谷关》，《塔》，第41页。
③ 《老子》第2、22、26、36章，（魏）王弼注《老子道德经》，浙江书局辑刊《二十二子》，第1、3、4页。

尹说，他要回到人间去"认真地过一番人的生活来"，因为"离去了人间便会没有生命。与其高谈道德跑到沙漠里来，倒不如走向民间去种一茎一穗"①。一年后郭沫若回顾这篇小说称，这是借着老聃的口去批评老聃，要表明他的学说存在根本的矛盾，因为所谓的道和德是不能并存的，道家的宇宙观是"活泼的动流"，但其人生哲学是利己主义②。

郭沫若自己拥有泛神论的宇宙观，于是肯定《老子》一书的宇宙观，但对于《老子》出世的态度和利己哲学进行了批判，此后郭沫若再也没有就该书的思想作系统的分析。1934年他写作了《老聃·关尹·环渊》一文考辨了"老子"其人和《老子》其书。该文的写作缘起是受到了当时学术论争的影响，郭沫若说：《道德经》成书甚晚的一个问题，近年来由梁任公提出，经过多数学者的讨论，虽然还没有得到最终的结论，但成书的年代约略在战国中叶是为多数的人所一致看的。"③

《庄子》《吕氏春秋》《礼记·曾子问》都曾记载孔子问礼于老聃，《史记·老子韩非列传》这样写道：

> 老子者，楚苦县厉乡曲仁里人也，姓李氏，名耳，字聃，周守藏室之史也。孔子适周，将问礼于老子。……
>
> 老子修道德，其学以自隐无名为务。居周久之，见周之衰，迺遂去。至关，关令尹喜曰："子将隐矣，彊为我著书。"于是老子迺著书上下篇，言道德之意五千余言而去，莫知其所终。
>
> 或曰：老莱子亦楚人也，著书十五篇，言道家之用，与孔子同时云。
>
> 盖老子百有六十余岁，或言二百余岁，以其修道而养寿也。
>
> 自孔子死之后百二十九年，而史记周太史儋见秦献公曰："始秦与周合，合五百岁而离，离七十岁而霸王者出焉。"或曰儋即老子，或曰非也，世莫知其然否。老子，隐君子也。

---

① 郭沫若：《函谷关》，《塔》，第42页。
② 郭沫若：《伟大的精神生活者王阳明》，《文艺论集》，第75页。
③ 郭沫若：《老聃·关尹·环渊》，《青铜时代》，第205页。

老子之子名宗，宗为魏将，封于段干。宗子注，注子宫，宫玄孙假，假仕于汉孝文帝。而假之子解为胶西王卬太傅，因家于齐焉。①

《史记》记载了老子身世和其著书的三种说法，其一名李耳，是周的守藏室之史，见过孔子。他过关的时候著书五千言；其二是与孔子同时的老莱子，著书十五篇；其三是孔子死后129年的周太史儋。这三种说法中第一种最为人所信。

胡适在《中国哲学史大纲》中认为老子比孔子至多大20岁，生于周灵王初年（公元前570年左右）。他认为《老子》原是不分章节的杂记体，可能有后人改动加入的文字，不过没有怀疑其书的成书时代，应是沿袭旧说。②梁启超于1922年发表演讲《评胡适之〈中国哲学史大纲〉》，他觉得胡适将老子放在诸子首位的做法是有问题的，他自己的观点是《老子》（"五千言"）作于战国末年。梁启超指出《史记》记载的问题是"一个人的传有三个人的化身"，一是孔子问礼的老聃，二是老莱子，三是太史儋。可疑之处是《论语》《墨子》《孟子》都没提到过"老子"，即使真的有一个孔子向其问礼的老聃，也和作"五千言"的不是一个人。因为"五千言"显得过于自由和激烈，其中的语句、反映的战争、官职等都不像是在春秋时代，应在很晚才成书，可能在庄子之前或之后。③

1936年，罗根泽梳理了历代学者对老子年代的考证，早在北魏的崔浩就对《史记》的记载产生了怀疑，最早进行考辨的是宋代的陈师道，认为老子是在墨子、荀子之间。宋代的叶适认为著书的老子不是孔子问礼的老子，清代毕沅认为孔子问礼的老子就是太史儋，汪中也认为老子是太史儋，但在孔子之后。康有为认为《老子》是战国书，但未呈

①　（汉）司马迁：《史记》第7册，中华书局2013年标点本，第2589—2593页。
②　胡适：《中国哲学史大纲》，河北教育出版社2002年版，第40—42页。
③　梁启超：《评胡适之〈中国哲学史大纲〉》，《梁任公学术演讲集》第1辑，商务印书馆1922年版，第17—21页。

论据。罗根泽称，因梁启超和胡适的名望都很高，梁氏对胡适的质疑产生了很大的影响。张煦撰文反对梁说，此后便引发了一场大讨论。罗根泽列举了张煦之后如顾颉刚、唐兰、黄方刚、冯友兰、胡适、钱穆、马叙伦、郭沫若及罗氏自己等 17 人的看法，他们的对老子是谁，《老子》成书时间的观点各异，其中维护旧说者是少数，有胡适、张福庆、高亨等几人，多数人都持有《老子》晚出于战国时的观点。①

郭沫若认为《史记》对老子的三种记载，表明在汉代时这个问题便有很多莫衷一是的说法，司马迁为了调和这些说法，说"盖老子百有六十余岁""或言二百余岁"。但其实在秦汉之前，老子即老聃，并教导过孔子的事迹是没有问题的。郭沫若举例说，《庄子·天下》称"老聃曰：'知其雄，守其雌，为天下谿'"，这句话存于今本《老子》中，《庄子》其他诸篇还有孔子见老子的记载；又如《吕氏春秋》中说孔子学于"老聃"，又说老聃贵柔，这些也是《老子》中所表现的老子；《韩非子》引"老聃"所言"知足不辱，知止不殆"，这句话也见于今本《老子》。以上均说明，对于《庄子》《吕氏春秋》《韩非子》的作者而言，《老子》书中的话和思想就是"老聃"的，老子即老聃。

郭沫若同意《老子》成书晚的通行观点，至于如何解决"老子"即老聃，老聃教导过孔子，但《老子》其书成于战国的矛盾问题，他同意唐兰的看法，即《老子》其实是老聃的语录。唐兰认为《老子》的成书时间与《墨子》相当，但并未说明作者为谁，郭沫若提出了自己的主张。他认为老子之时没有著书的风气，如孔子、墨子之书都是后学所撰，《老子》是老子的再传或三传弟子环渊辑录了他的语录和思想而编成的，这一观点是郭沫若的独创。他考证称，《史记·孟子荀卿列传》说环渊是楚人，学黄老道德之术，著"上下篇"。他认为这"上下篇"就是《史记·老子韩非列传》所谓"言道德之意五千余言"的上下篇，即《老子》。《史记》说老聃至关，"关令尹喜曰"，郭沫若认为"关

---

① 罗根泽：《历代学者考证老子年代的总成绩》，《罗根泽文存》，江苏人民出版社 2012 年版，第 92—112 页。

令尹"即《庄子·天下》《吕氏春秋·不二》中的"关尹"，这两篇中与"关尹"并列的人物皆用人名，因而关尹一定也不是官名，而是"环渊"的音转。人名"关尹"被汉代人望文生义写成了官职的"关令尹"，"喜"为欢喜之意，并非关令尹的名字，不能被解读为名为"尹喜"的"关令"。

　　郭沫若继续在史料中搜索环渊。《汉书·艺文志》中道家有《蜎子》十三篇，班固注称"名渊，老子弟子"。这位蜎渊就是环渊之转音，所谓十三篇是其自己的著作，上下篇是辑录老子言论。《艺文志》还有《关尹子》九篇，虽然班固说其是老子遇到的关吏，名喜，但郭沫若以为这是汉初的依托之作。此外，《淮南子》有"娟嬛"，《宋玉集》有"玄渊"，《文选》收录了枚乘的《七发》，中有"便蜎"，唐代李善注释时亦引《淮南子》称"蜎蠉""便嬛"，郭沫若认为以上都是环渊的异名。他还认为《荀子·非十二子》中"纵情性，安恣睢，禽兽行"的"他嚣"是后人的错录，原文可能是"范罴"或"范蜎"，也即环渊。郭沫若分析说，大概玄渊、关尹、范罴和范蜎是秦以前的称谓，环渊、蜎渊之类是秦以后的称谓。至于环渊其人的时代，他采取《史记》之说，认为其与田骈、慎到同为齐国的稷下先生，与孟子同一时代，大概是老聃的再传或三传弟子。[①]

　　以上就是郭沫若在《老聃·关尹·环渊》中的论断，他接受了通行的"《老子》一书晚出"说，并为该书"找到了"作者环渊（关尹），不过在此文中他并未区分《老子》书中的老聃思想和环渊（关尹）阐发的思想。这个问题直到1944年的《稷下黄老学派的批判》中得到了进一步解决，后文将有讨论。

二　学派人物考辨

　　由上文可知，郭沫若对道家学派始祖老子的看法是，老子即老聃，先于孔子并且指导过孔子，老子后学、与孟子同时的环渊辑录了《老

[①]　郭沫若：《老聃·关尹·环渊》，《青铜时代》，第205—213页。

子》一书。此后郭沫若没有改变这个论断，并且推测出了道家学派的流传过程。

（一）道家起源于"辟世之士"。郭沫若从社会角度分析了道家的来源，认为在奴隶制社会解体阶段，奴隶得到解放分化为士农工商四民，从"士"的阶层中兴起了诸子各家。有一类士人，他们有着卓越的智慧和不愁吃穿的官职或产业，但在乱世中不求上进或无法上进，于是就过着脱离现实的生活。其中一些愤世嫉俗者，故意破坏既有的"礼教"秩序，另一些安贫乐贱，陶醉在精神世界之中。他们的共同点是"脱离现实的利己主义者"，都是隐士或"避世之士"。他们为了寻求一种理由作为这种生活的基础，于是老聃、杨朱的形而上思想便诞生了。郭沫若认为，因为这种思想脱离现实，没有群众基础，在其形成之初并没有发展成潮流和学派，直到战国时才被齐国保护性地培育起来。①

（二）道家的早期人物老聃、杨朱。对于老子，郭沫若重申其观点，认为老子确有其人，老子就是老聃，孔子曾师事过他，他是避世理论的倡导者，当时因没有著书的习惯因而没有撰述，其思想口说流传，其学派后于孔墨。现存之《老子》是环渊（关尹）赞颂老子而作，"强半以上都是环渊自己的东西"②，这一点与其早前认为《老子》是环渊辑录老聃语录的观点有所不同。

关于杨朱，郭沫若在早年曾引用过《列子·杨朱》篇中的"太古之事灭矣，孰志之哉？三皇之事若存若亡；五帝之事若觉若梦；三王之事或隐或显；亿不识一"，说这是"阳朱语"，他评论说："所以考古之事实难，阳朱生于战国时代，其对于我国之古史已发如彼之叹声矣。"③可见当时他相信《列子·杨朱》的记载就是杨朱的思想。后来郭沫若修正了这个观点，说："杨朱的著述可惜没有留存，晋人伪托的《列子》

---

① 郭沫若：《古代研究的自我批判》，《十批判书》，第 59 页。
② 郭沫若：《古代研究的自我批判》，《十批判书》，第 60 页。
③ 郭沫若：《我国思想史上之澎湃城》，《学艺》1921 年第 3 卷第 1 号。此处郭沫若原文写作"阳朱"，后来其行文中都使用"杨朱"。

中有《杨朱篇》，是不足信的。"①《孟子》中有"杨朱、墨翟之言盈天下。天下之言不归杨，则归墨。杨氏为我，是无君也"，"距杨墨，放淫辞。……能言距杨墨者圣人之徒"（《孟子·滕文公下》）；"杨子取为我，拔一毛而利天下不为也"（《孟子·尽心上》）；"逃墨必归于杨，逃杨必归于儒"（《尽心下》），可见当时杨朱被视为"道家"的代表与墨家并举，虽然这一派此时还不被称为道家。《庄子》反对杨墨，郭沫若认为其反对杨朱是道家内部的斗争。②

杨朱在《孟子》中又作杨子取，《庄子》中有阳子居者，也是杨朱。《庄子》多次说到，杨朱就是老聃的弟子。在郭沫若看来，老聃与杨朱的存在如果被抹杀，那么其后道家的不同派别就全无归属了。因此，尽管他承认自己的看法是一种"保守的"观点，但依然坚持老聃、杨朱是真实存在的，认为杨朱可能略年轻于孔子而长于墨子，其思想是一种"全性保真，不以物累形"（《淮南子·氾论训》）的为我主义③。

（三）稷下黄老学派。郭沫若认为，道家在战国时期受到了齐国的扶植，其原因是田氏代齐后，齐国的统治者一方面遵循着养士的传统，用文化人来充当装饰品，另一方面要用杨老之学来消除人民的"异志"，防止新的人来取代自己。齐威王、齐宣王时期的齐国一时成为学者荟萃之地，齐都西门为稷门，西门之外设有学宫，因此这些学者又被称为"稷下学士"。据郭沫若考证，稷下之学是从齐桓公（齐威王之父）时设立，历经齐威王、齐宣王、齐湣王，至齐襄王时犹存。孟子在威王、宣王时游齐，荀子在襄王时在稷下讲学，但郭沫若认为他们只是"寄人篱下"，道家才是受齐国推崇的。

《史记·田敬仲完世家》记载，齐宣王喜欢文学游说之士，有"驺衍、淳于髡、田骈、接予、慎到、环渊之徒七十六人，皆赐列第为上大夫"。《孟子荀卿列传》又说"驺衍与齐之稷下先生如淳于髡、慎到、环渊、接子、田骈、驺奭之徒各著书言治乱之事"，慎到、田骈、接子和

---

① 郭沫若：《先秦天道观之进展》，《青铜时代》，第 50 页。
② 郭沫若：《先秦天道观之进展》，《青铜时代》，第 50 页。
③ 郭沫若：《稷下黄老学派的批判》，《十批判书》，第 137 页。

环渊都学黄老道德之术，慎到著《十二论》，环渊著《上下篇》，田骈、接子都有著作。郭沫若以为，稷下学宫是有划时代意义的研究院，能够自由研究学术思想是社会的进步。以上这些学者，孟子和荀子为儒家，驺衍和驺奭是阴阳家，而慎到、田骈、环渊、接子（接予）都是道家。除此之外，稷下学者还有宋钘、尹文，颜师古引刘向的说法称尹文"与宋钘俱游稷下"①。

先秦文献中谈论学术派别的篇目主要有《庄子·天下》《荀子·非十二子》《韩非子·显学》。《庄子·天下》评价了11人，分为6组：墨翟、禽滑厘；宋钘、尹文；彭蒙、田骈、慎到；关尹、老聃；庄周；惠施。《荀子·非十二子》除了子张、子夏、子游氏之儒外评价了12人，分为6组：它嚣、魏牟；陈仲、史鳅；墨翟、宋钘；慎到、田骈；惠施、邓析；子思、孟轲。《韩非子·显学》主要议论儒墨，此外还谈到了漆雕氏之儒与宋荣子的对比。

郭沫若认为，稷下时期的道家分为三派，即宋钘、尹文派，田骈、慎到派，环渊（关尹）、老聃派，这三个派别的时间先后与《庄子·天下》所提到的顺序应当是一致的。②

1. 宋钘、尹文派

孟子称宋钘为先生，《庄子·天下》称宋钘、尹文之道是"不累于俗，不饰于物，不苟于人，不忮于众，愿天下之安宁，以活民命，人我之养毕足而止，以此白心"，要求"接万物以别宥为始"，"见侮不辱，救民之斗；禁攻寝兵，救世之战"。荀子尊称宋钘为"子宋子"，反对其"见侮不辱"与"人之情欲寡"的学说，又说"宋子蔽于欲而不知得"（《荀子·解蔽》）。《韩非子·显学》说宋荣子主张"设不斗争，取不随仇，不羞囹圄，见侮不辱""宋荣之恕、宋荣之宽"，《庄子·逍遥游》说宋荣子"举世而誉之而不加劝，举世而非之而不加沮"，郭沫若认为这个宋荣子就是宋钘。此外《尸子》有"料子贵别囿"，郭沫若认

---

① 郭沫若：《稷下黄老学派的批判》，《十批判书》，第134页。
② 郭沫若：《稷下黄老学派的批判》，《十批判书》，第140页。

为料子也是宋钘，料是钘的误写。据《吕氏春秋》，尹文曾和齐湣王谈论"见侮不辱"，他比宋钘年轻，郭沫若推测二人是师兄弟关系，因此先秦文献中提到这一学派时主要提宋而不提尹。①

据《史记》的记载，田骈、慎到和环渊学黄老道德之术，无疑是道家，那么宋钘、尹文何以属于道家呢？郭沫若在《稷下黄老学派的批判》和《宋钘尹文遗著考》中分别举出了一些论据。

首先，他认为宋钘是杨朱的直系。证据有两种，其一是《庄子·徐无鬼》中提到"儒、墨、杨、秉"和庄子、惠施六家，郭沫若认为"秉"是"彭"字的音转，因此指的是彭蒙，即田骈、慎到派，那么杨指的是宋钘、尹文派，合起来与《庄子·天下》篇所分的六组是一致的。②其二是宋钘、尹文的主张与杨朱相符，如"禁攻寝兵"与"不入危城，不处军旅"（《韩非子·显学》）相符，"宋荣之恕"与杨朱的宽恕态度相符，后者因为哀怜天下走错路的人而哭泣（《荀子·王霸》）。综上，既然宋钘一派是杨朱的传承，便是属于道家的。③

其次，宋钘、尹文的思想属于道家。郭沫若认为，从先秦文献对宋钘、尹文思想的记载可以看出，该派学说的大意是"心欲其无拘束，情欲其寡浅"，这符合黄老思想。又《汉书·艺文志》中有《宋子》十八篇，班固注云"其言黄老意"。郭沫若以为这可以说明宋钘一派属于道家。④

对于这一学派，郭沫若提出了一个重要创见，即今本《管子》中的《心术》上下篇以及《内业》《白心》《枢言》几篇是宋钘、尹文之遗书。他考察《管子》其书的汇编情况，认为《管子》的来源有一部分是齐国的旧档案，宋钘、尹文的作品很可能就在其中得以保存，并被编入了《管子》。郭沫若用了相当长的篇幅去论证这个猜想，其主要方法是

---

① 郭沫若：《宋钘尹文遗著考》，《青铜时代》，第215—219页。
② 此处郭沫若的观点是有问题的。按照他的说法，《徐无鬼》与《天下》的对应是：墨对应墨翟、禽滑厘；杨对应宋钘、尹文；秉对应彭蒙、田骈、慎到；庄周、惠施分别对应庄子、惠施。但"儒"并不能对应"关尹、老聃"一组。
③ 郭沫若：《稷下黄老学派的批判》，《十批判书》，第140页。
④ 郭沫若：《宋钘尹文遗著考》，《青铜时代》，第219—220页。

用以上这几篇的内容去印证《庄子·天下》对宋尹的评论。《庄子·天下》云：

> 不累于俗，不饰于物，不苟于人，不忮于众，愿天下之安宁以活民命，人我之养，毕足而止，以此白心。古之道术有在于是者，宋钘、尹文闻其风而悦之。作为华山之冠以自表，接万物以别宥为始。语心之容，命之曰"心之行"。以聏合驩，以调海内，请欲置之以为主。见侮不辱，救民之斗，禁攻寝兵，救世之战。以此周行天下，上说下教。虽天下不取，强聒而不舍者也。故曰上下见厌而强见也。虽然，其为人太多，其自为太少，曰："请欲固置五升之饭足矣。"先生恐不得饱，弟子虽饥，不忘天下，日夜不休，曰："我必得活哉！"图傲乎救世之士哉！曰："君子不为苛察，不以身假物。"以为无益于天下者，明之不如已也。以禁攻寝兵为外，以情欲寡浅为内。其小大精粗，其行适至是而止。①

《天下》中有"以此白心"之说，郭沫若主张"白心"就是宋尹一派的术语，查《白心》的内容基本上就是所谓不累不饰、不苟不忮的思想。《天下》又有"语心之容，命之曰心之行"，"心之行"就是"心术"，《心术下》《内业》有"心之刑""心之形""心之情"的说法，也就是"心之容"②。

《心术上》"虚其欲，神将入舍。扫除不洁，神乃留处。……圣人无求之也，故能虚无"，"世人之所职者情也，去欲则寡，寡则静矣"与《天下》"接万物以别宥为始""情欲寡之以为主"相应。③《心术上》"人之可杀，以其恶死也；其可不利，以其好利也。是以君子不休乎好，不迫乎恶，恬愉无为，去智与故。其应也，非所设也；其动也，非所取

---

① （晋）郭象注：《庄子》，浙江书局辑刊《二十二子》，第85页。郭沫若认为"君子不为苛察"应为"君子不为苟察"。
② 郭沫若：《宋钘尹文遗著考》，《青铜时代》，第221页。
③ "世人之所职者情也，去欲则寡，寡则静矣"原文为"世人之所职者精也，去欲则宣，宣则静矣"；"情欲寡之以为主"原文为"请欲置之以为主"，郭沫若据自己理解改之。

也"是要求去除好恶，也就无所谓荣辱，这是《天下》所谓"见侮不辱"的要求。①

郭沫若将《内业》与《心术下》全篇进行了比对，发现它们虽互有详略，但内容基本相同，有不少可以比附的文句。他认为不是一者直接挪用另一者，而是两家弟子对老师言论的记录，有记忆不同、自行损益的地方，与墨家三派分别阐述"十论"是一样的。因此郭沫若断定，《心术下》是《内业》的另一个版本。进而他又分析这两篇中的内容。《内业》有"食莫若无饱，思莫若勿致，节适之齐，彼将自至"，并且有一节专门论"食之道"，要求不要饥饱失度。这与《天下》说"人我之养，毕足而止""五升之饭足矣"相应。②

《白心》篇中也有很多与《天下》"不累于俗，不饰于物，不苟于人，不忮于众，救民之斗，救世之战"相合的道理，另外还有所发展，如特别强调"中"的观念："有中有中，孰能得夫中之衷乎?"，又如提出"时"的观念"建当立有，以靖为宗，以时为宝，以政为仪"，要因时而变，郭沫若认为是受到了儒家的影响。他推测，《心术》上下篇和《内业》在先，是宋钘的作品或遗教，《白心》在后，出于尹文。此外《管子》之《枢言》有很多文句与《白心》类似，但主体比较驳杂，郭沫若认为可能是尹文后学的零碎思想。③

他自认为发现了先秦诸子中的一个重要学派，好像找到了一节脱了节"连环扣"一样。这个发现可以理清先秦学术史的重要线索，即道家与儒墨的关系。郭沫若认为，宋尹一派的观点中，救攻寝兵、食无求饱与墨家的节用非攻类似，他们还主张不放弃礼乐，甚至注重仁义礼乐，又是与儒家相通的地方，因此"初期的道家可能有一种合理的动态，便是站在黄老的立场以调和儒墨"④。

另外，《内业》还突出一个"灵气"的观念，在道家的思想中，凡

---

① 　郭沫若：《宋钘尹文遗著考》，《青铜时代》，第225—226页。
② 　郭沫若：《宋钘尹文遗著考》，《青铜时代》，第228页。
③ 　郭沫若：《宋钘尹文遗著考》，《青铜时代》，第231—234页。
④ 　郭沫若：《宋钘尹文遗著考》，《青铜时代》，第230页。

是提到"道"都是本体的道，虚之就是精神，实之就是灵气。孟子正是受到了启发而提出"浩然之气"，不过更强调"配义与道"①。郭沫若认为，与孟子辩论的告子也是宋尹一派的学者，告子所主张的"不得于言勿求于心，不得于心勿求于气"（《孟子·公孙丑上》），就是《心术下》所谓"无以物乱官，毋以官乱心"的另一种说法。告子或许与宋钘的年纪相当，但思想是师承于后者。②

综上，郭沫若认为宋钘是杨朱的直系，他与尹文或是师兄弟关系，《管子》之《心术》上下、《内业》是他的思想。尹文的思想反映在《白心》中，对宋钘有所发展。告子可能师承于宋钘，尹文的后学思想反映在《枢言》中。

2. 慎到、田骈派

《庄子·天下》将彭蒙、田骈、慎到放在一组中，称田骈学于彭蒙，"彭蒙之师曰：古之道人……"郭沫若觉得，彭蒙的老师大概是与墨翟、子思同辈的人物，或者可能就是杨朱的弟子。③《荀子·非十二子》并提慎到、田骈，说其"尚法而无法，下修而好作，上则取听于上，下则取从于俗"，郭沫若考察《慎子》辑本所得的结论是，慎到思想的宗旨与荀子所言相符。

他评论道，慎到对"尚法"的要求和匠人的规矩准绳一样，人民、官吏要守法，君主在法律面前也不能徇私。人在法前不能有私情，也不能有"私智"。其所谓"君臣之道，臣事事而君无事，君逸乐而臣任劳，臣尽智力以善其事而君无与焉，仰成而已"（《慎子·民杂》），是一种儒家"垂拱而治"思想的发展。同时慎到要求君主也不能有私智（圣智），这是反对独裁。其"立天子以为天下，非立天下以为天子也"（《慎子·威德》），郭沫若觉得是很进步的思想。

慎到崇尚的"法"的具体内容，虽然不能知其详，不过郭沫若觉得通过"上则取听于上，下则取从于俗"可知，慎到的法是依据上面的规

① 郭沫若：《宋钘尹文遗著考》，《青铜时代》，第228—229页。
② 郭沫若：《宋钘尹文遗著考》，《青铜时代》，第234页。
③ 郭沫若：《稷下黄老学派的批判》，《十批判书》，第138页。

定和下面的习俗而制定的，他主张"法"必须随情况改变。《慎子·威德》有云："今也国无常道，官无常法，是以国家日缪。教虽成，官不足"，这是战国时代社会变革的反映。当时旧的礼法崩溃，而新法还没有确立。慎到的思想是要从上、从俗地建立新法，即封建制的法。

田骈的著作已经散佚，他的思想与慎到相似的一点在于主张"因循""因任"。《慎子·因循》讲"天道因则大，化则细。因也者，因人之情也"，即因人之情，循人之欲。《吕氏春秋·执一》说田骈以道术说齐王，自称"变化应求而皆有章，因性任物而莫不当"。此外，《吕氏春秋·不二》称其田骈"贵齐"，《尸子·光泽》称其"贵均"。

《庄子·天下》对这一学派的评价是"公而不党，易而无私，决然无主，趣物而不两，不顾于虑，不谋于知，于物无择，与之俱往。古之道术有在于是者，彭蒙、田骈、慎到闻其风而悦之。齐万物以为首……"郭沫若认为"齐万物以为首"正表明了一种道家的立场，但这道家倾向的思想却在《慎子》书中散失了。慎到和田骈是把道家的理论向法理的方向发展，郭沫若评判说，严格讲只有这一派或者说慎到一人才是真正的法家。他在《前期法家的批判》中也谈到这一点，不过并未将慎到单列出来论述。①

3. 环渊（关尹）、老聃派

所谓稷下黄老学派中的环渊（关尹）、老聃派，实质上应该就是环渊（关尹）派，毕竟老聃是道家始祖人物。不过郭沫若依旧根据《庄子·天下》的分类称呼这一派。与《老聃·关尹·环渊》中的观点，不同的是，郭沫若称《老子》是关尹根据老聃的遗说加以自己的发明，最后整理成书的。

《庄子·天下》引用了老聃的话："老聃曰：'知其雄，守其雌，为天下谿；知其白，守其辱，为天下谷。'人皆取先，己独取后，曰：'受天下之垢。'人皆取实，己独取虚，无藏也故有余。岿然而有余。其行身也，徐而不费，无为也而笑巧。人皆求福，己独曲全，曰：'苟免于

---

①　郭沫若：《稷下黄老学派的批判》，《十批判书》，第143—149页。

咎。'以深为根，以约为纪，曰'坚则毁矣，锐则挫矣。'"郭沫若将这段话与今本《老子》进行了逐句对比。

《天下》第一句是"知其雄，守其雌，为天下谿；知其白，守其辱，为天下谷"，《老子》中为"知其雄，守其雌，为天下谿。知其白，守其黑，为天下式……知其荣，守其辱，为天下谷"，比《天下》多了一些词句，郭沫若认为后者是对前者的添补。

第二句是"人皆取先，己独取后，曰：'受天下之垢'"，《老子》中为："圣人云：'受国之垢，是谓社稷主'"。郭沫若认为，老聃留下了"受天下之垢"的遗说，《天下》的"人皆取先，己独取后"是老聃遗说的引申，《老子》中的"圣人"就是老聃，也是对"受天下之垢"这种老聃遗说的引申。

第三句是"人皆求福，己独曲全，曰：'苟免于咎'"，《老子》中为："古之所谓'曲则全'者，岂虚言哉？"郭沫若认为这两句是互文见义，老聃的遗说是"曲则全""苟免于咎"，《天下》引用了"苟免于咎"，"己独曲全"是对"曲则全"的阐释。《老子》则引用了"曲则全"，但省略了"苟免于咎"这句话。第四句是"以深为根，以约为纪，曰'坚则毁矣，锐则挫矣'"，在《老子》中没有明确的对应。

综上可知，《庄子·天下》和《老子》都曾引用老聃的遗说，并各自进行了阐释，《老子》一书肯定保留了老聃的思想，但大多数是作者关尹（环渊）的发挥。郭沫若又使用《韩非子·解老》《韩非子·喻老》来辨别老聃遗说，他认为前者是关尹后学之作，后者是韩非所作。通过《解老》可以知道"道"的观念是老聃所倡导的。《喻老》中有："势重者，人君之渊也。君人者势重于人臣之间，失则不可复得也。……故曰：'鱼不可脱于渊。'赏罚者邦之利器也，在君则制臣，在臣则胜君。……故曰：'邦之利器，不可以示人。'"郭沫若认为这是对《老子》第三十六章"鱼不可脱于渊，国之利器不可以示人"的解释，因此《老子》中的这句话应该确是老聃遗说。

郭沫若评价说，以上这些思想实际是一种诈术，而道家本来就有诈术的理论。因为道家的立场是个人主义，为了自己的利益可以使用权术。这种权术性的老聃遗说，宋尹、慎田一派没有继承，而关尹（环渊）却将其发展成了一种愚民政策，充斥在《老子》书中，否认所有文化的作用，如杜绝五色五味、绝圣弃智等，是开历史的倒车。[①] 郭沫若在小说《函谷关》中对老聃的批判，到此时转为对关尹（环渊）的批判。

以上便是郭沫若对稷下黄老学派所分三派的论述，他认为这三派往后的发展都偏离了道家，宋钘、尹文派演化为名家，惠施受到了这一派的影响，慎到、田骈派演化为法家，关尹（环渊）演化为术家，申不害与韩非继承了他们的传统。而继承了真正道家传统的是庄子。

（四）列子与庄子。郭沫若早期经常引用《列子》一书，后来他认为《列子》是晋人的伪托。郭沫若对列子没有过多的论述，只在研究庄子时捎带考察了一下列子。因为《天下》篇中没有写到列子，《史记》也没有为列子立传，所以他的生平年代难以考证。郭沫若相信《庄子·达生》中有关列子与关尹对答的记载，推测他是与关尹（环渊）、田骈和慎到同时代的人。《吕氏春秋》既称其"贵虚"，《战国策·韩策》中称"列子圉寇之言""贵正"，郭沫若因此认为列子的思想是道家兼有名家的。[②]

郭沫若承认从史料来看，庄子的师承不明。他没有去过齐国，也不是稷下学者，他和宋钘、尹文、田骈、慎到、环渊、接予的关系似乎都只是间接的。但庄子一派自认为继承了老聃、关尹的道统，因为《天下》篇对二者进行了赞美，并且毫无微词。[③] 郭沫若提出了一个大胆的猜测，即庄子出自颜氏之儒。他认为《庄子》书中菲薄儒家的文字大多是庄子后学所作，值得重视的是其称赞儒家和孔子的地方。如《齐物论》中"六合之外，圣人存而不论；六合之内，圣人论而不议;《春秋》经世，先王之志，圣人议而不辩"，这里的"圣人"指孔子。又如《寓言》篇中庄子对孔子是心悦诚服的。《田子方》中有颜回称赞孔子的话，

---

① 郭沫若:《稷下黄老学派的批判》,《十批判书》, 第 150—159 页。

② 郭沫若:《庄子的批判》,《十批判书》, 第 164 页。

③ 郭沫若:《稷下黄老学派的批判》,《十批判书》, 第 135、150 页。

与《论语》中颜回对孔子的赞叹是互为表里的，庄子引用颜回与孔子的文字很多，足见其渊源是颜氏之儒。郭沫若称，颜回和孔子都有一点出世的倾向，《庄子》中甚至出现孔子"心斋"和颜回"坐忘"之说，可能是颜氏之儒的后人夸大了。①

郭沫若总结说，庄子虽出于儒，但他从稷下三派中吸收了精华，从而继承了老聃的正统，于是与儒、墨鼎足而立，也成立了一个思想上的新宗派。庄子本人并没有自命为"道家"，不过在事实上成了道家的"马鸣、龙树"。龙树被誉为"第二代释迦"，这是以振兴佛教的大师来比喻庄子振兴道家。郭沫若对庄子的作用评价非常高，他说："真正的道家思想，假使没有庄周的出现，在学术史上恐怕失掉了它的痕迹的。"②

对于庄子后学，郭沫若也略有论及。据他考证，《庄子》之"外篇"和"杂篇"中，可以看出四五个人的痕迹，有姓名的只有《山木》篇中"蔺且从而问之"的蔺且。郭沫若一度怀疑此人是"蔺相如"，不过没有确凿的证据，最后放弃此说。③此外，《秋水》中有魏牟与公孙龙的谈话，魏牟极度推崇庄子、贬低公孙龙，因此魏牟也可能是庄子弟子。《汉书·艺文志》载《公子牟》四篇，已经失传。班固注称公子牟是"魏之公子也，先庄子，庄子称之"。郭沫若以为先于庄子的说法是错误的，只是《庄子》书中的后学而非庄子本人称之。《战国策·赵策》出现两次魏牟，分别与秦应侯、赵建信君同时，因此他的时代应比庄子稍后。《荀子·非十二子》把魏牟和它嚣（环渊）并列，斥之为"纵情性，安恣睢，禽兽行"，郭沫若认为这不是说魏牟与环渊是同时代人，而是说明他的行为思想消极。④

到秦时，方士卢生骗秦始皇说"真人者……与天地长久"云云，郭沫若以为这明显是庄门的口吻，则当时的卢生、侯生等方士，可能也是

---

① 郭沫若：《庄子的批判》，《十批判书》，第165—166页。
② 郭沫若：《庄子的批判》，《十批判书》，第171页。
③ 郭沫若：《我怎样写〈青铜时代〉和〈十批判书〉》，《十批判书》，第422页。
④ 郭沫若：《庄子的批判》，《十批判书》，第180—181页。

庄门后学。他评价道："大凡一种思想，一失掉了它的反抗性而转形为御用品的时候，都是要起这样的质变的。在这样的时候，原有的思想愈是超然，堕落的情形便显得愈见悲惨。"①

三　庄子的思想

郭沫若早年对孔子推崇备至，对墨子颇为反感，这些观感大都形成于他的留日时期，而他对庄子的喜爱则源于更早的少年时代。十三四岁时，先秦诸子的书中他最早乐读的就是《庄子》，他说"起初是喜欢他那汪洋恣肆的文章，后来也渐渐为他那形而上的思想所陶醉。这嗜好支配了我一个相当长远的时期，我在二十年前曾经讴歌过泛神论，事实上是从这儿滥觞出来的"②。郭沫若认为《庄子》的文章是"古今无两"③，这是他喜欢庄子的第一原因，之后他"再发现"了庄子的泛神论色彩，并且对其文学和艺术性有所探讨。尽管对郭沫若对《庄子》爱不释手，但对庄子的生平思想进行研究却颇晚，主要见于 20 世纪 40 年代的几篇文章。

与泛神论的相合

在日本留学的早期，郭沫若因为内心痛苦甚至到了想自杀的地步，庄子、王阳明和《新旧约全书》被他当作日课来诵读④，此时他并没有对庄子的思想有什么深入认识，是很茫昧的。后来他通过泰戈尔接近了印度泛神论，通过歌德、斯宾诺莎接近了西方泛神论，将泛神论与庄子互相参证，就到了"一旦豁然而贯通"的程度⑤，这就是他所谓的对庄子的"再发现"。

郭沫若称自己看透了庄子，知道了什么是"道"，什么是"化"⑥。

---

① 　郭沫若：《庄子的批判》，《十批判书》，第 183 页。
② 　郭沫若：《我怎样写〈青铜时代〉和〈十批判书〉》，《十批判书》，第 407 页。
③ 　郭沫若：《黑猫》，《郭沫若全集·文学编》第 11 卷，第 293 页。
④ 　郭沫若：《太戈儿来华的我见》，《郭沫若全集·文学编》第 15 卷，第 270 页。
⑤ 　郭沫若：《创造十年》，《郭沫若全集·文学编》第 12 卷，第 67 页。
⑥ 　郭沫若：《伟大的精神生活者王阳明》，《文艺论集》，第 70 页。

郭沫若理解的"道"，即是庄子"把宇宙万汇认为是一个实在的本体之表现；人当体验这种本体，视万汇为一体，摒除个体的私欲私念；以此养生则能恬静，以此为政则无争乱。他倒可以说是一位宇宙主义者"①。他用吸收的泛神论思想去观照庄子，反过来又把庄子的思想内化成自己的泛神论思想，这体现在他对"泛神论"的概括中："人到无我的时候，与神合体，超绝时空，而等齐生死"，"万物必生必死，生不能自持，死亦不能自阻"②，这与《庄子·齐物论》之"非彼无我，非我无所取"，《庄子·知北游》之"生也死之徒，死也生之始""若死生为徒，吾又何患，故万物一也"的内涵是一致的。虽然郭沫若也称老子、孔子是泛神论者，却将庄子视为泛神论的代表者，将其写入诗歌《三个泛神论者》之中，与斯宾诺莎和伽比尔并列。

文学与艺术性

郭沫若称赞庄子的文笔"在中国的古文中是古今独步的"③，在他看来，庄子作为哲学家思想超脱精微，作为文艺家文辞清拔恣肆，《庄子》中优美的寓言故事的文学价值超过其哲学价值，那些寓言是由庄子的想象力构造而成的，立意异想天开。郭沫若对《庄子》文学性的评价极高，认为古今的文学家几乎没有不受庄子影响的，其行文铿锵有韵，是汉代辞赋的源头，也是一般散记文学的鼻祖，只有屈原的韵文、司马迁的散文可以与之相当。④

在一次演讲中，郭沫若引用了《庄子·达生》里的故事："梓庆削木为鐻，鐻成，见者惊犹鬼神。鲁侯见而问焉，曰：'子何术以为焉？'对曰：'臣，工人，何术之有？虽然，有一焉：臣将为鐻，未尝敢以耗气也，必斋以静心。斋三日，而不敢怀庆赏爵禄。斋五日，不敢怀非誉巧拙。斋七日，辄然忘吾四肢形体也。当是时也，无公朝。其巧专而外

---

① 郭沫若：《创造十年续编》，《郭沫若全集·文学编》第 12 卷，第 208 页。
② 郭沫若：《〈少年维特之烦恼〉序引》，《郭沫若全集·文学编》第 15 卷，第 311 页。
③ 郭沫若：《创造十年续编》，《郭沫若全集·文学编》第 12 卷，第 208 页。
④ 郭沫若：《关于"接受文学遗产"》，《今昔集》，第 32—33 页。以及郭沫若《庄子与鲁迅》，《蒲剑集》，文学书店 1942 年版，第 145 页。

滑消。然后入山林，观天性。形躯至矣，然后成。见鐻，然后加手焉。不然，则已。'"郭沫若以为这个故事道尽了一切艺术的精神：艺术家、天才并非天生的，也不是疯子，他们的秘密就在于"不敢怀庆赏爵禄，不敢怀非誉巧拙，辄然忘吾四肢形体也"，把自己的小我忘掉，将其融入宇宙的大我中。这就是"无我"的艺术精神，就是艺术的生命所在①。

生平与思想

郭沫若在《我国思想史上之澎湃城》规划写"庄周之真人哲学"，他在1917—1918年前后曾想做一部《庄周评论》，当他将写作目的写信告诉国内的长兄时，受到了后者的斥责，遂作罢②。1940年，他写作了《庄子与鲁迅》一文，列举了鲁迅作品中所引用的《庄子》词汇、语句，以《庄子》故事为题材创作的《出关》《起死》两篇小说，以及鲁迅对庄子文辞的赞美。郭沫若以此来研究鲁迅如何受到庄子的影响，在这篇文章中他第一次申述了自己关于庄子生平和思想的观点。1944年，郭沫若撰写了《庄子的批判》，作为他诸子批判系列论文之一。他回忆说，虽然自小爱读《庄子》，其中有好几篇都能背诵，但写这篇论文却相当吃力，主要的原因是他很难分辨《庄子》中哪些属于庄子本人思想，哪些是其后学或别人的思想，只好按照公认的观点，将《内篇》当作庄子作品，《外篇》《杂篇》作为从属看待③。

关于庄子的生平可以征引的材料很少，《史记》中的记载很简略，此外只有《庄子》书中的某些事迹。郭沫若认为惠施与庄子的岁数差不多，庄子妻子去世的时候，惠施前往吊唁，看到他敲着盆唱歌，于是责备说："与人居，长子，老，身死，不哭亦足矣，又鼓盆而歌，不亦甚乎？"(《庄子·至乐》)古人七十曰老，庄子与惠施都不年轻了。惠施是魏国梁惠王的丞相，而孟子在见在位50年的时候梁惠王时被后者尊称为"叟"。综上郭沫若认为他们三者年岁差不多，可能庄子与惠施比孟

① 郭沫若：《生活的艺术化》，《郭沫若全集·文学编》第15卷，第210—211页。
② 郭沫若：《创造十年》，《郭沫若全集·文学编》第12卷，第67页。
③ 郭沫若：《我怎样写〈青铜时代〉和〈十批判书〉》，《十批判书》，第422页。

子年轻十岁左右。①

《庄子》中没有提到庄子的职业，郭沫若采信《史记·老子韩非列传》的说法，即庄子曾经担任漆园的小吏。他曾在《三个泛神论者》中说庄子是"靠打草鞋吃饭的人"，这来源于《庄子·列御寇》中曹商与庄子的对话。曹商看不起庄子的境况，说"夫处穷闾陋巷，困窘织屦，槁项黄馘者，商之所短也"，郭沫若认为这句话是曹商将庄子的现状与自己对比，可见当时庄子是穷困到以"织屦"为职业了。《庄子·山木》说庄子见魏王的时候大衣都是缝补了的，《庄子·外物》还讲他去向监河侯"贷粟"，均可证明其生活的贫困。《庄子·秋水》记载楚王让人邀请庄子，庄子用神龟比喻自己说"吾将曳尾于涂中"，拒绝了邀请。《庄子·列御寇》也举了一个庄子拒绝受聘的例子，他对使者说，那些被锦衣玉食养大的牺牲，当被带到太庙待宰时"虽欲为孤犊，其可得乎"。郭沫若觉得《史记》所记载的楚威王邀请庄子而不得的事是综合了这两个故事。②

尽管庄子生活潦倒，但还是有一群弟子追随，他在游历中与各国的执政者交往，可见其声望很高。郭沫若在《庄子与鲁迅》里引用了《庄子·秋水》中惠施害怕庄子与自己争位的记载，说这是一段"很有趣"的故事。其实早在1923年，郭沫若创作的小说《鹓雏》就是以此作为背景题材的，他以先秦诸子为主角作了4篇小说，这是第一篇。

小说分为上下两部分，上篇说庄子在夫人死后遣散了弟子，寄居在陋巷中打草鞋。他饿到不能忍耐的时候向监河侯借米，却被拒绝，只能咀嚼自己编的草鞋，还体悟出"道在屎溺，道在瓦甓，道在麻屑"。此句语出《庄子·知北游》，东郭子问庄子"道何在"，后者答曰在蝼蚁、在稊稗、在瓦甓、在屎溺。下篇写庄子准备去见自己的好友惠施，人还未到，风声已传入惠施的耳朵，他害怕庄子要来夺自己的宰相之位，于是派人逮捕了庄子。庄子给惠施讲了"鹓雏"的故事，说这种奇鸟只吃

---

① 郭沫若:《庄子的批判》,《十批判书》, 第 163 页。
② 郭沫若:《庄子与鲁迅》,《蒲剑集》, 第 151—153 页。

竹实，喝清泉，宿梧桐。某日它飞过一只鸱鹦上方，鸱鹦怕它要抢夺嘴里的死老鼠，就冲它大吼起来。惠施有些面热，堆笑向庄子赔罪。后者默然离去，叹道："人的滋味就是这么样！"①与孔子、老子和孟子为主题的其他3篇小说不同的是，郭沫若在《鹓雏》里没有对庄子进行讽刺，也没有将其形象滑稽化，读之更能体会到他对庄子的同情。

郭沫若为庄子所下的定义是"一位厌世的思想家"，认为其主要思想是现实的人生毫无意味，而这种厌世是有社会历史原因的。庄子所生的时代与之前已有不同，前代的思想家为了奴隶解放和私有权的确立，要把人当人，要进行革命。新兴的国家如韩、赵、魏、齐都从奴隶社会转变了，但却形成了新的统治阶级，他们继续去剥削底层人民。庄子所处的就是动荡之后的"满地都是刑辟陷阱"的社会，他悲观的态度实质是一种对现实的沉痛批判。因此他不与现实合作，不求富贵、甘于贫寒。②

郭沫若主张，不能因此就说庄子是虚无主义的或出世派。考察《庄子·内篇》的内容，第一篇《逍遥游》是庄子对于自己学说的绪论，第二篇《齐物论》是认识论，第三篇《养生主》论修身，第四篇《人间世》论处世，第五篇《德充符》论精神修养的价值，第六篇《大宗师》是本体论，第七篇《应帝王》是政治理想。郭沫若认为，从以上各篇来看，庄子虽然不满于现实，却并不是纯粹地忘情于人世的人，而是要寻求一个绝对的真理，"泯是非，忘利害，整齐一切"③。

庄子的绝对真理是从黄老学派继承而来的宇宙观：宇宙万物只是一些"迹相"，而创造这些迹相的有一个超越感官、不为时间和空间限制的本体，也就是"道"。"道"无时无处不在，无终无始，无穷无际。它生出万物，却隐匿在万物的背后，但可以被直觉感受到，因此也被称为

---

① 郭沫若：《鹓雏》，《塔》，第21—34页。小说收入海燕书店1947年版《地下的笑声》时，改题为《漆园吏游梁》。

② 郭沫若：《庄子的批判》，《十批判书》，第167—168页。

③ 郭沫若：《庄子与鲁迅》，《蒲剑集》，第146—147页。

"无"①。郭沫若认为，庄子的"道"其实就是神权时代的所谓"上帝"的混沌化，"上帝"是有眼耳口鼻的人形神，"道"是没有眼耳口鼻的混沌而已。万物都是"道"，也就是说万物都是神。因而庄子的思想是一种泛神论的思想。②

庄子的绝对真理进而是这样的认识论："道"的本体演化为万物，"即生种种的差别相。自这种种的差别相而言，是有终有始，有伦有序，有分有辨；在人则是有彼有此，有是有非，有争有竞；但都是一时的，相对的。如自绝对的本体而言，万象出于一源，则一切的差别都可消泯。本体无终始，万物亦无终始。本体无穷尽，万物亦无穷尽。因而是非彼此化而为一"③。

庄子根据以上这些观念建立了一种人生哲学，要人去体会和学习"道"，要拜其为师，这就是所谓"大宗师"。效法"道"，与这个本体合而为一，则人生的苦恼乃至生死都可以解脱。因为一切差别都被打破了，人与牛马、与神没有差别，道就是我。因为道无穷无际、不生不灭，所以人也如此，没有生死的差别。一切都是"道"，一切都是我，即"天地与我并生，而万物与我为一"（《庄子·齐物论》）。在实践上，要"恬淡无为而无不为"，郭沫若解释说"无为"是没有私心和目的，"无不为"是要不间断地活动。只有死才是休息的时候，人的一生应当没有私欲、没有目的地劳动，"不是为己，也不必就是为人，但同时也就是为己，就是为人"。能够修习这种"道"的"有道之人"，庄子谓之"真人"。由于庄子的幻想力过于丰富，"真人"被塑造成了超脱于世界的人，后来被阴阳家和道教发展为神仙。④这就是郭沫若曾经构想的"庄周之真人哲学"。

以上就是郭沫若所理解的庄子完整的思想体系。此外，他也分析了

---

① 郭沫若：《庄子与鲁迅》，《蒲剑集》，第 147 页。
② 郭沫若：《论闻一多做学问的态度》，《历史人物》，第 193 页。
③ 郭沫若：《庄子与鲁迅》，《蒲剑集》，第 147 页。
④ 郭沫若：《庄子与鲁迅》，《蒲剑集》，第 148 页。又见郭沫若《庄子的批判》，《十批判书》，第 172 页。

庄子思想与儒墨道的关系。面对儒墨的是非纷争，庄子用"绝对"来对抗相对。所谓绝对就是"道"。《齐物论》曰："以指喻指之非指，不若以非指喻指之非指也。以马喻马之非马，不若以非马喻马之非马也。天地一指也，万物一马也。"郭沫若解释说，这里的"指"理解为观念，"马"理解为符号。世间是非纷争的来源是，你用相对的观念和符号来反对我的相对的观念和符号，你我二者的是非是相对的，所以永远不能解决纷争。只有用"非指""非马"这种超乎指和马的"绝对"来反对对方，才能解决问题。这种绝对就是"天地一指也，万物一马也"，一切被笼罩在道之中，不分彼此。另外，郭沫若认为庄子与老聃、关尹的不同之处是，他将后者的"术"扬弃了，不再提倡用权谋诈术损人利己的办法。

庄子之后的道家与儒、墨鼎立，在本质上道和儒比较接近。道家强调个人自由，与儒家发展个性的主张不冲突，但墨家是要抹杀个性的。墨家的尊天明鬼，尚贤尚同，与道家的思想本不相容。墨家之非命非乐、节用节葬也被《庄子》反对。《庄子·天道》中说"兼爱不亦迂乎！无私焉，乃私也"，《庄子·徐无鬼》中说"爱民，害民之始也；为义偃兵，造兵之本也"，郭沫若对此评价甚高，认为这是从兼爱中看出"私"，从非攻中看出战争，是对墨家非常深刻的批判。庄子一派虽然主张生活恬淡，在弃绝礼乐和厚葬时有时比墨家还严格，但这是自发性的，与墨家的强制不同。

总体而言，郭沫若认为庄子的道家"在尊重个人的自由，否认神鬼的权威，主张君主的无为，服从性命的拴束"这些方面接近儒家并且超过了儒家；"在蔑视文化的价值，强调生活的质朴，反对民智的开发，采取复古的步骤"这些方面接近墨家并且超过了墨家[①]。

如前文所述，郭沫若认为庄子是厌世者，理解其厌世是有社会原因的，不过他还是对这一点进行了批判。郭沫若同情庄子的悲愤，他无法反抗社会的现实，然而顺从现实又有违良心，只好苟全性命于乱

---

① 　郭沫若：《庄子的批判》，《十批判书》，第 174—180 页。

世，并且游戏人间。但郭沫若指出，这种悲愤正是"油滑的开始"，庄子的人生哲学在实践中的实质就是"滑头主义"，要"全生、保身、养亲、尽年"。庄子一派愤慨礼乐仁义被"大盗"窃取，但却没有解决办法，只会保全自己。因此这种哲学被统治者利用起来，以消灭反抗之心。①1947 年，郭沫若书赠林放曰："庄子书中，每多警语，如为之仁义以矫之，则并仁义而窃之。往年不甚了了，今阅世渐深，见有窃民主自由者，始知其言之沉痛。唯庄之失乃在沦于失望耳。"②这句话凝缩了郭沫若对庄子的评价，他赞叹其文辞警句的精辟，但反对其失望厌世的态度。

---

① 　郭沫若：《庄子的批判》，《十批判书》，第 176—178 页。
② 　林放：《郭老谈庄子》，《林放杂文选》，新华出版社 1988 年版，第 70 页。

第七章　法家、名辩与综论

第一节　法家思想研究

郭沫若在少年时代曾读《韩非子》，但此后相当长的时间内，他对法家没有发表什么感想，也没有写法家研究的计划。直到诸子研究的成熟期，他写了3篇相关论文:《前期法家的批判》《述吴起》是对法家起源和前期法家人物的研究，《韩非子的批判》是对韩非的专门研究。

一　前期法家人物

郭沫若直接从社会史背景入手论述前期法家的产生。他认为，社会大变革的重要表现是财产私有权的建立，为保护私有权就需要制定新的适应性法令，因此郭沫若将法家的产生上溯到子产。子产执政时铸《刑书》，这是将刑律成文化，其内容就是为了承认和保护私有财产权，是为了解决社会上新产生的"争端"。新法制的产生有赖于各国政治家的变法，此后应用新法制的法家思想才出现。①郭沫若将各国变法者称为"法家式的前驱者"，李悝、吴起、商鞅、申不害是他举出的代表人物。

---

① 　郭沫若:《前期法家的批判》,《十批判书》, 第271页。

（一）李悝

郭沫若将李悝视为严格意义上法家的始祖。《史记》中没有李悝的传记，《汉书·艺文志》有《李子》三十二篇，已经亡佚，班固注称其是魏文侯之相。此外《艺文志》儒家部分有《李克》七篇，注为"子夏弟子，为魏文侯相"。一些学者认为李克就是李悝，郭沫若同意此说。据他考察，李悝是"善良而相当机敏的人"，具有儒家的气息。①

《汉书·艺文志》《晋书·刑法志》称秦汉的旧律法始于李悝，李悝作《法经》。《晋书·刑法志》说《法经》"以为王者之政莫急于盗贼，故其律始于《盗》《贼》。盗贼须劾捕，故著《网》《捕》二篇。其轻狡、越城、博戏、借假不廉、淫侈踰制，以为《杂律》一篇。又以其律《具》其加减。是故所著六篇而已，然皆罪名之制也。"由此可知《法经》是以治理盗贼为首要目的的，郭沫若称，这就说明法家精神的本质是保卫私有财产。李悝的经济政策有"尽地力之教"（《史记·孟子荀卿列传》）和"平籴"法（《汉书·食货志》），郭沫若认为这是"最有实质的惠民政策"②。

（二）吴起

吴起其实是郭沫若最先研究的"前期法家"人物，只是在1943年的《述吴起》中他还将之归于儒家，到1945年的《前期法家的批判》才列入法家。1943年8月，郭沫若研究《墨子》的时候引用了墨家钜子孟胜替阳城君守城的事迹，阳城君是反对吴起的楚国贵族之一。郭沫若对吴起产生了同情，8月12日将《吕氏春秋》中关于吴起的记载抄出，并且去读了《吴子》，读毕认识到此书是伪托之作③，后于8月21日完成《述吴起》。

在8月14日，郭沫若写了一篇800字的短文《关于吴起》，将吴起定位为兵学家、政治家，郭沫若说明了现存《吴子》是汉代人的伪托之

---

① 郭沫若：《前期法家的批判》，《十批判书》，第276页。
② 郭沫若：《前期法家的批判》，《十批判书》，第275页。
③ 郭沫若：《我怎样写〈青铜时代〉和〈十批判书〉》，《十批判书》，第413页。

作，认为吴起曾受业于曾子和子夏，儒家不废兵也不废政，因此吴起"足以代表儒家"①。该文是他蒐集材料、酝酿论文的时候完成的一篇人物简介。

对于吴起的生平，郭沫若作了一番考证。据《史记·孙子吴起列传》记载，吴起是卫国人，曾学习于曾子，先后在鲁国、魏国和楚国为官，死于楚悼王二十一年。《韩非子·说林》载鲁国季孙氏弑杀鲁公，吴起因此离开鲁国。据郭沫若推测，此处的鲁公是鲁元公，鲁元公在位二十一年。而据《阙里文献考》，曾子（曾参）在鲁悼公和鲁元公之间已去世，吴起不可能向他学习。郭沫若据刘向《别录》佚文之"左丘明授曾申，申授吴起"判断，吴起学于曾申而非曾参。虽然通常所谓曾子指的是曾参，但曾申也可称曾子。《史记·儒林列传》说吴起受业于子夏，据郭沫若计算，这是可能的。②

刘向《别录》讲"左丘明授曾申，申授吴起"是指《春秋》的传授系统，郭沫若认为，虽然今本《春秋左氏传》是刘歆割裂古史、掺杂了自己的见解而编成的，不过《别录》提到吴起却是应当注意的。左丘明其人可能是楚国的左史倚相，即左丘盲，也即司马迁所谓"左丘失明，厥有《国语》"的左丘明。这位史官比孔子年长，因此《论语》说"左丘明耻之，丘亦耻之"，他可能撰写了楚国史书《梼杌》。郭沫若认为吴起在鲁国时读了《春秋》，在魏国时甚至还可能做过史官，《吕氏春秋》记载了一位叫"史起"的史官，行事作风与吴起相似。后来吴起去楚国，也通晓了楚国的史书。郭沫若猜测，吴起将各国的史书编纂成书，因吴起是卫国左氏人，所以冠名为《左氏国语》，或《左氏春秋》。后人看到"左氏"二字误以为是左丘明所传。以上是郭沫若所推测的，吴起可能传《春秋》的论据。

吴起被公认为兵学家，其作品在战国末年和汉代初期还是普及的，《汉书·艺文志》载《吴起》四十八篇，已经亡佚。今存《吴子》六篇，

---

① 郭沫若：《关于吴起》，《新蜀报·七天文艺》1943 年 9 月 23 日。

② 郭沫若：《述吴起》，《青铜时代》，第 181—184 页。

郭沫若认为它文辞浅薄，在无关重要的地方袭用《孙子兵法》，还提到"左青龙，右白虎，前朱雀，后玄武"。他指出，四兽该来指的是天象，在战国末年之后才演化为四兽，再配上四方的颜色，因此该书很大可能是汉中叶的伪托。吴起因兵学闻名，因此有不少异闻传说，郭沫若均以为是谣言。

恶意的谣言有《史记》中所言的故事：吴起在鲁国时，齐国攻打鲁国，鲁君本想任命吴起为将军，但他的妻子是齐国人，使得鲁君有所猜忌。吴起为了功名便杀了妻子，鲁君命其为将。吴起在魏国时，公叔娶了魏公主，但害怕吴起。于是公叔建议魏武侯把公主嫁给吴起，以试探他是否真心留在魏国。同时公叔又故意惹怒公主，在公主向他发火时被吴起看到，吴起果然因此推辞了魏君的赐婚，从此被魏武侯猜忌。此外还有《韩非子·外储说右》记载吴起休妻的故事，《史记》记载的田文与吴起谈论二人谁更胜任宰相的故事，郭沫若以为均不可信。正面的传说如《史记》载吴起跪而为士兵吸吮病疽，如《吕氏春秋》和《韩非子》载吴起立木于城门外以取信于人民的故事，在郭沫若看来都有神话的意味，或者就是小说性的创造。①

摒除了这些传说，郭沫若讨论了吴起在魏国和楚国的作为。《战国策·魏策》称，公叔痤对魏君说"夫使士卒不崩，直而不倚，挠拣而不辟者，此吴起余教也"，又《汉书·刑法志》说"魏有吴起……魏惠以武卒奋"，《荀子·议兵》说魏武卒一旦通过选拔就被免除徭役，并会被赐给田宅。郭沫若据此认为魏武卒就是吴起的余教，而吴起可谓中国征兵制的元祖②。吴起为魏国镇守了很久的西河，很得民心，王错因受过吴起的指摘，便向魏武侯非议吴起，使得后者被迫离开魏国而入楚。

吴起在楚国得到楚悼王的信任和重用，他实施了"三大政策"。《说苑·指武篇》说他"将尊楚国之爵而平其禄，损其有余而继其不足，厉甲兵以时争于天下"，《淮南子·道应训》的文字略有不同，称他"将衰

---

① 郭沫若：《述吴起》，《青铜时代》，第 184—190 页。
② 郭沫若：《述吴起》，《青铜时代》，第 188 页。

楚国之爵而平其制禄，损其有余而绥其不足，砥砺甲兵时争利于天下"。郭沫若以为尊爵指的是增其质，衰爵指的是减其量，二者实质相同。吴起推行这些政策的做法散见于史料，郭沫若引用了几处，如《史记·孙子吴起列传》："明法审令，损不急之官，废公族疏远者，以抚养战斗之士，要在强兵，破驰说之言从横者"；《吕氏春秋·贵卒》："荆所有余者地也，所不足者民也。……于是令贵人往实广虚之地"；《韩非子·和氏》："不如使封君之子孙三世而收爵禄"；《战国策·秦策》："吴起事悼王，使私不害公，谗不蔽忠，言不取苟合，行不取苟容，行义不顾毁誉……吴起为楚悼罢无能，废无用，损不急之官，塞私门之请，一楚国之俗。"郭沫若由以上的引文推论说，吴起的政治主张有五点，即：抑制贵族的权势，充裕民生；节省骈枝的浪费，加强国防；采取移民的政策，疏散贵族；屏除纵横的说客，统一舆论；严厉法令的执行，集权中央。①

郭沫若在《前期法家的批判》里将以上《述吴起》的内容作了简要的概括，不过对吴起学派归属的判断却不同。《述吴起》中，郭沫若认为吴起师从曾申和子夏，其出身是儒。其在兵法和政治上做到了孔子主张的"足食足兵""世而后仁""教民即戎"，其本质是儒。《荀子·尧问》讲，吴起为了劝谏魏武侯，举出楚庄王因群臣不如自己而忧虑的故事，郭沫若认为这是儒家垂拱而治、"恭己正南面"的主张，吴起的论调完全是儒家的风度。②但在《前期法家的批判》中，郭沫若说："吴起行之于楚的办法，和商鞅后来行之于秦的，差不多完全一致。毫无疑问，吴起也应该列入于法家的。"③

（三）商鞅

郭沫若认为商鞅是在魏文侯和魏武侯时浓厚的儒家气息中培养起来的，他对秦孝公说过帝王之道，证明其曾学习过儒术。尽管如此，商鞅

---

① 　郭沫若：《述吴起》，《青铜时代》，第196页。
② 　郭沫若：《述吴起》，《青铜时代》，第197页。
③ 　郭沫若：《前期法家的批判》，《十批判书》，第279页。

更偏向是一个注重实际的政治家，他生于变革的时代，又受到秦孝公的重用，是非常幸运的，甚至可以说秦的统一、以后的中国政治都是商鞅开启的道路。对于《商君书》，郭沫若认为除《境内》篇可能是当时的法令，其余均非商鞅所作，可能是韩非门人伪托。

郭沫若总结商鞅变法为：重耕战，贱工商，奖励告密，实行连坐，主张严刑峻法。对于商鞅《韩非子》比《史记》多记载一件事，说商鞅"燔《诗》《书》而明法令"，郭沫若认为如果此说是真的，这种做法的目的是为了防止社会上层的文弱化。商鞅变法对社会影响最大的是"坏井田，开阡陌"，这是承认土地私有并且一律进行赋税的政策，随之在土地制度上建立了地方官制，用来推行法令和征税。当时秦国是由奴隶制转入封建制的过渡阶段，商鞅的政策，有的反映了奴隶解放的要求，但也有的把自由民降为奴隶。此外商鞅统一度量衡是秦始皇政策的源头，汉代承袭秦制的爵秩等级也是商鞅遗法。

韩非批评商鞅是行法而不用术，国家富强之后不能用权术来"知奸"，因此将变法的成果让给了权臣，又说商鞅法未尽善，其在战斗中"斩首者可以为官"的政策过于宽泛。郭沫若认为，商鞅"行法而不用术"，是以法为权衡标准，而不是执法者用自己的私智来玩弄权柄，这恰恰是初期法家的进步性所在。商鞅是纯粹法家的代表，他行法不避亲贵，最后因自己所立的连坐之法而被逮捕车裂，虽然是个人的悲剧，但其事业最终是成功的。[①]

（四）申不害

郭沫若认为学者通常并称"申商"是不妥的，因为申不害应该被称为"术家"，《韩非子·定法》说："今申不害言术，而公孙鞅为法。术者，因任而授官，循名而责实，操杀生之柄，课群臣之能者也。此人主之所执也。"这"术"其实就是权变之术，是帝王之术，与"法"是对立的。郭沫若对于申不害其人持负面的态度，对其爱弄权变、不择手段

---

① 郭沫若：《前期法家的批判》，《十批判书》，第280—286页。

进行了批判。如魏国围困赵国之邯郸时，赵国向申不害求助，申不害怕韩侯疑心自己与外国勾结，便派赵绍、韩沓二人从两个角度试探韩侯，当发现韩侯倾向于魏国时，才迎合君主的喜好建议与魏国结盟。又如申不害嘴上说根据功绩赏赐，依据才能授予官职，但又推荐自己的从兄做官，被韩侯拒绝，才"辟舍请罪"。郭沫若认为这是申不害徇私的证据，如果他心中不虚，则应当利用"内举不避亲"的原则去据理力争。

申不害所作之《申子》已经失传，《群书治要》所引《大体》篇是《申子》佚文中较为完整的一篇，郭沫若将之全部引录。他分析说，这篇文字所反映的根本思想是以人主为本位，人主对于臣下如同富家贵室之对于盗贼。人主装成糊涂的样子，看似"无为"但要做精微奥妙的机密的事。《吕氏春秋·审分览·任数》有申不害批评韩侯炫耀小聪明的故事，《韩非子·外储说右上》直接引用了申不害的言论："而有知见也，人且匿女；而无知见也，人且意女。女有知也，人且臧女；女无知也，人且行女。故曰：惟无为可以规之。'"这都表明申不害的观点是：人主要装作看不到、听不到，但实际上暗中去听察一切。别人不知人主的意思，他就显得高深莫测了。又"申子曰：'独视者谓明，独听者谓聪，能独断者故可以为天下王。'"（《韩非子·外储说右上》），郭沫若将之形容为"恶性的专制独裁主义"，他抨击申不害治下没有言论自由、不讲信义，虽然口中也言法，但实践上却玩弄公法。[①]

法家的共同倾向是"强公室而抑私门"，郭沫若以为这是具有社会变革的意义的。他将法家分为两类，一类是吴起、商鞅和染上黄老色彩的慎到，他们是纯粹法家；另一类是申不害、韩非等，他们的思想从老聃、关尹而来，郭沫若认为他们严格说已不是"纯粹法家"，他对前者持肯定态度，对后者是反感和批判的。他以为申不害之流是重术轻法，这种权术以王家为本位，专门为一人一姓服务。而纯粹法家的目标是富国强兵，他们以国家为本位，抑制私门的目的是"想把分散的力量集中为一体以谋全国的富强"。人民在法家治下虽然受着严刑的压迫而为国

① 郭沫若：《前期法家的批判》，《十批判书》，第287—294页。

家服役，但不是为一人、一个家族服役，其最后的结果是大部分人民从旧时代的奴隶地位中解放了，因此是有一定进步性的。

在 1945 年作《前期法家的批判》时，郭沫若就论述到以上的地步，可以看出他对李悝、吴起和商鞅的政令思想在一定程度上是赞赏的，认定其思想来源是受儒家的影响。1946 年他突然"悟出"子夏之儒是法家的"祖宗"，因此《韩非子·显学》中的儒家八派没有"子夏之儒"。这个观点被写入 1950 年改版的《十批判书》中，修改后的《前期法家的批判》中比初版多了一个"结语"，较为清晰地梳理了法家的源流和发展：

> 以上我把前期法家追踪了一遍，除子产是一位时代的前驱者，虽应时而立法，但无一定的法理意识之外，其他如李悝、吴起、商鞅、慎到、申不害便都是以学者的立场，以一定的法理为其立法的根据的。但从这儿可以踪迹出两个渊源。李悝、吴起、商鞅都出于儒家的子夏，是所谓"子夏氏之儒"，慎到和申不害是属于黄老学派。但慎子与申子亦复不同，慎子明法，而申子言术，慎是严格意义的法家，而申是法家的变种——术家了。慎虽属于黄老学派而后于子夏，可知他的明法主张是受了子夏氏之儒的影响。因此，前期法家，在我看来是渊源于子夏氏。[①]

二　韩非思想研究

郭沫若早年对韩非子不曾有过任何研究探索，他在 1935 年的小说《秦始皇将死》中提到一次韩非，在 1942 年历史剧《高渐离》(《筑》)中，赵高与秦始皇对话中提到《韩非子》，秦始皇说"《韩非子》是不大好懂的"[②]。他在写这部剧时曾考虑过利用《韩非子》中的材料去写赵高

---

① 郭沫若：《前期法家的批判》，《十批判书》，群益出版社 1950 年沪 5 版，第 345—346 页。
② 郭沫若：《高渐离》，《郭沫若全集·文学编》第 7 卷，第 38 页。

如何诱导胡亥作恶，但翻阅了《韩非子》后没能用上。①

在集中研究诸子的阶段，1943 年 10 月他开始读《韩非子》，来回读了好几遍。郭沫若认为《韩非子》中有很多不是韩非的文章，他在日记里写道："大率全部温习了一遍。其中确有不能一致之处，不知系韩非前后不同之主张，抑系它人文字有所窜入。"他本想从考证真伪入手，于是对每一篇都进行辨析，按这样的思路也写了几十页，但感到如此下去就会写成枯燥的流水账，因此停止了。另外，他读《五蠹》《显学》等确为韩非的文章时，又感到非常不愉快，在日记里屡屡写下"不愉快""愈读愈不愉快"的文字，认为"完全是一种法西斯式的理论"。郭沫若直到 1944 年 1 月才写完《韩非子的批判》，足足与《韩非子》纠缠了几个月。他最终采取的写法是"单刀直入"式的，放弃了考证转而直接论述问题，完成之后觉得"清算得颇为彻底"②。

在《韩非子的批判》中，郭沫若果然没有辨析篇目，也未研究韩非的生平，而是直接分析《韩非子》一书的思想内涵。他首先将韩非定性为"法术家"，在"法"的一方面继承了商鞅，在"术"的方面继承了申不害。韩非对商鞅的政策表示赞同的有"设告相坐而责其实，连什伍而同其罪，赏厚而信，刑重而必"（《韩非子·定法》），有"以连什伍，设告坐之过，燔《诗》《书》而明法令，塞私门之请而遂公家之劳，禁游宦之民而显耕战之士"（《韩非子·和氏》），但他不满意商鞅言法未尽、言法不言术。韩非也屡次引用申子，但批评申不害言术而不定法、言术而术有未尽。郭沫若认为，韩非综合了商鞅和申不害的思想，其实是综合儒家和道家，然后应用在绝对君权上，而绝对君权是墨子"尚同"的观点。

关于韩非如何继承墨家思想，郭沫若进行了一番论述。他认为韩非抛弃了墨家尊天明鬼、兼爱尚贤的思想，而把尚同、非命、非乐、非儒发展到了极致。如"非命"主张强力疾作，《韩非子》多处讴歌"力"，

① 郭沫若：《高渐离·剧本写作的经过》，《郭沫若全集·文学编》第 7 卷，第 120 页。
② 郭沫若：《我怎样写〈青铜时代〉和〈十批判书〉》，《十批判书》，第 415—416 页。

有"古人亟于德，中世逐于智，当今争于力"（《韩非子·八说》），"上古竞于道德，中世逐于智谋，当今争于气力"（《韩非子·五蠹》）等。"当今争于力"，就需要一种"强国之术"，于是韩非将其发展到了尽头。韩非还要求禁绝文学艺术，反对儒家的诗书乐舞，这与墨家的非乐、非儒一致。韩非认为"明主之吏，宰相必起于州部，猛将必发于卒伍"（《韩非子·显学》），据郭沫若考证是墨家第四代钜子田鸠的思想。①

而后郭沫若又说回韩非之"术"，将其归纳为7点内容：第一，权势不可假人。第二，深藏不露。第三，把人当成坏蛋。第四，毁坏一切伦理价值。第五，推行愚民政策。第六，罚须严峻，赏须审慎。第七，遇必要时不择手段。不过下文他并未完全按照这七点逐一展开，而是另有思路。

第一，讨论韩非之"势"。韩非不断地论说"势"："凡明主之治国也，任其势"（《韩非子·难三》），"民者固服于势"（《韩非子·五蠹》），"有材而无势，虽贤不能制不肖"（《韩非子·功名》）。郭沫若将韩非的人君比喻为蜘蛛，而蜘蛛网就是其威势，他认为韩非就是一个极端的王权论者、一个"势治派"。韩非的"人为之势"是要由人君独擅的，不可与臣下共享，郭沫若还将这种观点的来源上溯到《老子》之"鱼不可脱于深渊""国之利器，不可以示人"，他评价说，推重权势的必然结果就是专制独裁。②

第二，韩非与道家之关系。郭沫若道，春秋战国以来原先的"上帝"神观念衰落了，取而代之的是老聃所谓的本体"道"，"道"又再次被统治阶级所利用，因此新的人君要成为"有道之主"，成为本体的化身。落实在《韩非子》中，就是"道无双，故曰一，是故明君贵独道之容"（《韩非子·扬榷》），说道是独一无二的，人君也要"独道"，这是独裁的依据；还有"道在不可见，用在不可知。虚静无事，以暗见疵"（《韩非子·主道》），说道是虚静的，人君也要深藏不露，这发展出秘密

---

① 郭沫若：《韩非子的批判》，《十批判书》，第207—304页。
② 郭沫若：《韩非子的批判》，《十批判书》，第305—312页。

主义。郭沫若指出，韩非对"道"的解释本源于《老子》，是对《老子》中目的性的"德"和"先予后取"之类诡计的继承。因此，在韩非的观点中，只有人君才能是"体道者"："道不同于万物，德不同于阴阳……君不同于群臣"，"君臣不同道"（《韩非子·扬榷》）。那些不服从驱使的"隐士"该杀，恬淡之学、恍惚之言都是罪恶，这反而将老子也推翻了。①

第三，韩非对儒家的攻击。韩非曾是荀子的门人，但作品中对荀子从无称述，反而对儒家大加鞭挞。儒家称赞古之圣君的禅让，韩非却认为尧舜汤武是弑君的逆臣，并且认为世道在变，用于古代的不适用于今天："圣人不期修古，不法常可，论世之事，因为之备。"（《韩非子·五蠹》）帝王无须选贤任能，只要运用法术，即使中庸之人也可任用。臣子也无须仁义道德，只要能够压制人民即可。君与臣的关系有时被称为牧畜，如"明主之牧臣也，说在畜乌"《韩非子·外储说右上》；有时被看做买卖，"臣尽死力以与君市，君重爵禄以与臣市，君臣之际非父子之亲也，计数之所出也"（《韩非子·难一》），总之就是"君不仁，臣不忠，则可以霸王矣"（《韩非子·六反》）。郭沫若认为，以上这些明显与儒家相反的思想，其实是将荀子之性恶说和"法后王"拿来进行自行理解了。根据性恶论，韩非将所有人视为坏人，不相信人可以自行为善。以君主的安全和尊严作为善恶的标准，用严刑峻法来管理。荀子的法后王，是强调跟随时代的变化进行效法、崇尚周代而尧舜，而韩非的"不期修古，不法常可"要遵循的是他自己，或者他理想的国家——秦国。②

第四，韩非的赏罚政策。韩非认为，人君应利用人贪生怕死、趋利避害的本能，用刑赏来让他们为自己服务。首先要严刑重赏："赏莫如厚而信，使民利之。罚莫如重而必，使民畏之。"（《韩非子·五蠹》）重刑可以无极限，但赏却不能无限度，因此要审慎地赏，不能"赏繁"。

---

① 郭沫若：《韩非子的批判》，《十批判书》，第312—316页。
② 郭沫若：《韩非子的批判》，《十批判书》，第316—317页。

对于晋升到顶的人，要用"质、镇、固"三种方法来制衡他，将其亲戚妻子为质，用官爵厚禄来安抚，追究怒斥其过错来"稳固"。碰到不能容忍的臣子就要杀掉，如果直接杀会败坏名声，就暗中毒死或让仇敌杀死他。郭沫若称，如果可以这样不择手段地杀人，则做任何事也尽可不择手段。此外韩非还主张实行愚民政策，禁绝除法之外的一切学说。

第五，韩非的本质。韩非要禁绝一切自由，包括行动、集会结社、言论和思想的自由，只留着一道"告奸之门"，郭沫若认为他是一个极权主义者。他口中说"其治国也，正明法，陈严刑，将以救群生之乱，去天下之祸，使强不凌弱，众不暴寡，耆老得遂，幼孤得长，边境不侵，君臣相亲，父子相保，而无死亡系虏之患"（《韩非子·奸劫弑臣》），似乎展现出一个救世者的样子，但郭沫若以为，这只是韩非的幌子、画皮，他要"救群生"其实是将人作为利用的对象，"举事而求贤智，为政而期适民，皆乱之端"（《韩非子·显学》）才是韩非真正的主张。[1]

在该文中，郭沫若没有详细地辨析《韩非子》的篇目，不过也说到了一些自己的判断。如他认为《韩非子》之《喻老》《主道》与《扬榷》是韩非的作品，《五蠹》《显学》是其晚年所写，《有度》中所言都是韩非死后之事，故非其所作。郭沫若在"副产品"《韩非〈初见秦〉篇发微》中对《韩非子》第一篇《初见秦》进行了考证，在此作一略述。

《初见秦》篇在《战国策·秦策》中是张仪见秦惠王时所说，古人或以为是张仪所作，或以为是韩非所作，还有人以为是范雎所作。郭沫若引述了当时学者容肇祖的观点，容氏认为该篇中的秦王是秦昭王，时间范围是在长平之战乃至邯郸解围之后，秦昭王去世之前，作者并非张仪、韩非或范雎，而是比范雎稍后的人。有人认为是蔡泽，但容肇祖采取的是否定的态度，另一学者刘汝霖的观点是倾向于蔡泽。

郭沫若进而阐述了自己的观点。他认为《初见秦》中"臣闻天下阴燕阳魏，连荆固齐，收韩而成从，将西面以与秦强为难"就点破了时

---

① 郭沫若：《韩非子的批判》，《十批判书》，第327—338页。

事。这句话中没提到赵国，可见赵国正是"连荆固齐收韩"的主谋，这一次的合纵是以赵国为盟主的。此外，文中还说"臣昧死愿望见大王，言所以破天下之从，举赵，亡韩，臣荆、魏，亲齐、燕，以成霸王之名，朝四邻诸侯之道"，言语中对六国的态度不同，可以看出韩、楚、魏是支持赵国的，因此要亡之、臣之。郭沫若同意容肇祖的观点，认为此文的进谏发生在秦昭王时，在邯郸解围即秦昭王五十年（公元前275年）十二月之后。郭沫若找到了一件史事：秦昭王五十一年五月，发生了一次由赵国主谋攻秦，韩、魏、楚救赵的军事行动。他认为这件事完全符合《初见秦》说的天下局势。则《初见秦》的时间可以确定为秦昭王五十一年的年初几个月。据郭沫若考证，蔡泽入秦在秦昭王五十二年之后，时间不符合。

他大胆提出，《初见秦》的作者是吕不韦。吕不韦入秦的时间据《史记》在秦王政出生前，即昭王四十八年之前，据《战国策》则在昭王死后。郭沫若认为应取《史记》之说，但此说也有矛盾：《史记》记载吕不韦入秦在秦昭王四十八年之前，《初见秦》的时间是秦昭王五十一年。郭沫若解决这个矛盾的办法是，否定"初见秦"的篇名，即此篇作者的言论并不是第一次入秦所说，所谓"初见秦"的名字是后人所加。其证据是，一方面，篇中并没有"初见秦"的字样；另一方面，作者自称"臣"，显然已成为秦国的属吏了。据《史记·吕不韦列传》载，昭王五十年秦围赵之邯郸，赵欲杀在赵为质的子楚，吕不韦与子楚贿赂守卫逃向秦军，得以回国。郭沫若推测，他们能够逃走应当是在秦军退兵之时，也就是昭王五十年十二月，回到秦国就在五十一年初，正符合自己推断的时间。吕不韦初入秦是在昭王四十八年之前，但却是在五十一年初首次见到秦昭王。他从赵国归来，熟悉赵国，因此能够提出对付赵国的方法，他主张戒慎，强调"王霸"，反对"强国之术"，这都与《吕氏初秋》的思想相符合。①

---

① 　　郭沫若：《韩非〈初见秦〉篇发微》，《青铜时代》，第239—247页。

第二节　名家与名辩思潮

"名家"之称谓始于汉代学者，司马谈"论六家之要指"将"名"与儒、墨、法、道德、阴阳并为六家，称："名家使人俭而善失真；然其正名实，不可不察也。……名家苛察缴绕，使人不得反其意，专决于名而失人情，故曰使人俭而善失真。若夫控名责实，参伍不失，此不可不察也。"①刘歆《七略》有名家一类，《汉书·艺文志》名家类有作品 7 种：《邓析》二篇、《尹文子》一篇、《公孙龙子》十四篇、《成公生》五篇、《惠子》一篇、《黄公》四篇、《毛公》九篇。可见在当时，至少邓析、尹文、公孙龙、成公生、惠施、黄疵、毛公被认为属于"名家"，他们都曾留下作品。此外还有桓团、兒说、田巴、綦毋子等也被视为名家人物。

在《青铜时代·后叙》中，郭沫若谈到自己本来想写一篇"名家的批判"，但因兴趣衰减作罢。他引用了王国维的观点："在中国，则惠施、公孙龙等所谓名家者流，徒骋诡辩耳。……故我中国有辩论而无名学。"郭沫若赞同王说，称惠施的"大一小一之说"有些学术价值，公孙龙只是作观念游戏而已。②他认为稷下学者中除了道家、儒家、阴阳家，还有名家："有确实可考的如兒说是倡导'白马非马'的人，田巴服徂丘，议稷下，离坚白，合同异，当然都是名家者流"，尹文是"以道家而兼名家"，稷下之外发展出"桓团、公孙龙的名家"③。荀子反对各家，郭沫若称其最讨厌的就是"名家"，其中惠施、邓析被骂得最多。④还有一处，他提到"所谓名家"时说了两个人物"惠施、公孙龙"⑤。

不过，郭沫若在《名辩思潮的批判》中说："'名家'是汉代的称

---

① （汉）司马迁：《太史公自序》，《史记》第 10 册，中华书局 2013 年标点本，第 3965、3969 页。
② 郭沫若：《青铜时代·后叙》，《青铜时代》，第 296 页。
③ 郭沫若：《稷下黄老学派的批判》，《十批判书》，第 134—135、160 页。
④ 郭沫若：《名辩思潮的批判》，《十批判书》，第 267 页。
⑤ 郭沫若：《我怎样写〈青铜时代〉和〈十批判书〉》，《十批判书》，第 424 页。

谓，先秦称为'辩者'或'察士'，察辩并不限于一家，儒、墨、道、法都在从事名实的调整与辩察的争斗。故我们现在要来研讨这一现象的事实，与其限于汉人的所谓'名家'，倒不如打破这个范围，泛论各家的名辩。"①他首先明确了先秦没有"名家"之称谓，认为汉代所谓的"名家"在先秦就是"辩者""察士"，察辩的内容是"名实的调整与辩察的争斗"，这种思想活动其实各学派都有，因此他试图超越"名家"人物的范围，谈论所有学派的名辩思想。

由上可知，郭沫若曾将儿说、田巴、桓团、公孙龙、惠施、邓析称呼为"名家"人物，他也明确提出"宋钘、尹文一派演化而为名家，惠施在梁承受了他们的传统"②。尽管郭沫若认为汉代"所谓名家"的范围是狭窄的，但还是因循传统的称呼，将汉代所谓名家人物也称为"名家"。在《汉书·艺文志》中尹文被列入名家，但郭沫若视其为以道家为主、向名家转化的前驱，将其归于稷下黄老的道家之列。这些名家人物，郭沫若曾着重研究过惠施，惠施之外，郭沫若则用"名辩思潮"的研究视角来统括"名家"人物和其他学派的察辩思想。

一 惠施研究

惠施是郭沫若早年计划研究的人物之一，他在《我国思想史上之澎湃城》所列的计划是写"惠施之唯物思想"。在谈到中国先秦诸子的思想价值时，他说："惠施的'徧为万物说'，都是有几分纯粹科学的面目，可惜他的十余万言与五车书，好像被秦人一火都烧得干干净净。"c1923年，郭沫若作《惠施的性格与思想》，这是他唯一一篇惠施专论。

郭沫若在该文结尾总结惠施其人道："1 惠施是一位实际的人物，他对于人情世故很精明；2 他是一位纵横捭阖式的政治家；3 他精通艺术，能弹琴，而且会唱歌；4 他是个科学的思想家，倡道原子说与地圆说；

---

① 　郭沫若:《名辩思潮的批判》,《十批判书》, 第 220 页。
② 　郭沫若:《庄子的批判》,《十批判书》, 第 171 页。
③ 　郭沫若:《论中德文化书》,《文艺论集》, 第 24 页。

5 他主张实利主义；6 他主张泛爱，万汇平等，无君，无神。"① 不过全文并不是完全按照以上这几点的顺序展开论述的。

郭沫若首先概述了惠施的政治经历和政见，他认为惠施没有提出什么伟大深远的政策，是主张实利主义的，不论手段只要成功。他本人的言行见于《庄子》，从中可知惠施会弹琴作诗。而后郭沫若对比了庄子与惠施这对朋友，认为二者的性格完全不同：惠施是有优缺点的"人"，对于利禄很是看重，而庄子几乎脱离了"人"的范围。二者研究学问的态度也不同，庄子在主观玄思里沉浸，惠施在客观上探讨真理。如二人谈论"鱼之乐"，庄子站在主观立场，最后流于诡辩，惠施则一定要在客观上找证据。

进而郭沫若谈到惠施所代表的思想群体——辩者。《庄子·天下》中举出了当时辩者（桓团、公孙龙等）与惠施辩论的 21 项论题②，郭沫若解释了其中的 6 项。第一，"一尺之棰，日取其半，万世不竭"是数学上的无限可分。"指不至，至不绝"也可以用同样的道理解释。第二，"火不热"可能是辩者从某些现象中观察得出的结论，如纸包着铜钱放到火上，由于铜热传导率高，纸不会立即被点燃，又如蜡烛最中间的火焰中心没有外缘热度高等。第三，"飞鸟之影未尝动也"，是利用光学的原理，鸟影的"动"只是无数个鸟影在眼中的残像衔接而成的，本质"未尝动"。第四，"目不见"，眼睛看到的是物体反射的光而非物体本身。第五，"轮不蹍地"，根据力学原理，轮是以触地点为中心，以直径为半径旋转，实际是向地内而不是在地上旋转（这一项是成仿吾的解释）。郭沫若承认有些解释是出于自己的臆度，但认为并不牵强。辩者之徒的这些观点有着浅显的科学道理，因此他们是唯物的思想家，而惠

---

① 郭沫若：《惠施的性格与思想》，《文艺论集》，第 66 页。
② 《庄子·天下》："卵有毛。鸡三足。郢有天下。犬可以为羊。马有卵。丁子有尾。火不热。山出口。轮不蹍地。目不见。指不至，至不绝。龟长于蛇。矩不方，规不可以为圆。凿不围枘。飞鸟之景未尝动也。镞矢之疾，而有不行不止之时。狗非犬。黄马骊牛三。白狗黑。孤驹未尝有母。一尺之棰，日取其半，万世不竭。"［（晋）郭象注：《庄子》，浙江书局辑刊《二十二子》，第 87 页。］

施则是"唯物派的领袖"①。

郭沫若发现，周秦之际的学者都有几分自然科学家的色彩，他们以物质为研究对象，已经渐渐知道利用观察、经验和逻辑作为方法，而惠施是其中的杰出者。有个叫黄缭的人问惠施"天地所以不坠不陷，风雨雷霆之故。惠施不辞而应，不虑而对，徧为万物说"（《庄子·天下》）。惠施"万物说"的具体内容已经失传了，不过从庄子和荀子对惠施的批评如"弱于德，强于物，其涂隩矣"（《庄子·天下》）和"不法先王""多事寡功"等可以看出，惠施具有科学家的精神。

虽然惠施的作品亡佚了，但在《荀子》《庄子》中还能够看到他的一部分遗说。《荀子·不苟》曰："山渊平，天地比，齐秦袭，入乎耳，出乎口，钩有须，卵有毛，是说之难持者也，而惠施邓析能之。"《庄子·天下》曰："惠施多方……历物之意曰：'至大无外谓之大一，至小无内谓之小一：无厚，不可积也，其大千里。天与地卑，山与泽平。日方中方睨，物方生方死。大同而与小同异，此之谓小同异；万物毕同毕异，此之谓大同异。南方无穷而有穷，今日适越而昔来，连环可解也：我知天下之中央，燕之北越之南是也。泛爱万物，天地一体也。'"郭沫若对其进行了详细的分析。

第一，《荀子》所谓"山渊平，天地比"和《庄子》之"天与地卑，山与泽平"同义，因此前者可以确定出自惠施。《荀子》"入乎耳，出乎口，钩有须，卵有毛"分别对应《庄子·天下》中所列辩者21项论点中的"山出口""丁子有尾""卵有毛"，都可视为惠施的观点。剩余一项"齐秦袭"存疑。

第二，《庄子·天下》中的惠施观点可分为六项：（1）"至大无外谓之大一，至小无内谓之小一：无厚，不可积也，其大千里。""大一"是无穷大的宇宙，"小一"是小到无可再分的质点。小一的定义是"无厚"，即没有尺寸。但没有尺寸的小一假如积聚，也能至于无穷。无穷大的宇宙是无限小的质点聚积成的。（2）"天与地卑，山与泽平"，郭沫

_____

① 　郭沫若：《惠施的性格与思想》，《文艺论集》，第54—55页。

若用上一句的解释来分析这一句。他认为天与地、山与泽虽然看上去有高低，但就质点"小一"而言，它们同样都是"无厚"的。这句话打破了天尊地卑的礼义，蕴含革命的精神。（3）"日方中方睨，物方生方死"是指万物的变化没有停止。（4）"大同而与小同异，此之谓小同异；万物毕同毕异，此之谓大同异。"郭沫若以为这句话是针对当时儒墨道等学派的争辩而言的，这些争论只是主观的小同小异，从大的尺度、大同大异的角度，小同异就无须争辩了。（5）"南方无穷而有穷，今日适越而昔来，连环可解也：我知天下之中央，燕之北、越之南是也。"郭沫若解释为"地圆说"，南北是相对概念。（6）"泛爱万物，天地一体也。"万物都是由"小一"构成，在根本上是"大同"的，因此可以一视同仁。郭沫若认为，其他思想家的"道""天"的观念都是从大处的宇宙来思考，而惠施的"小一说"是与原子、极微相类似的，从小一而得出天地一体。只是他具体的学说遗失了，不能了解小一如何积成大一，成为宇宙和生命的起源等。①

在《名辩思潮的批判》中，郭沫若用一小节讨论惠施与庄子，他略去了人物生平等，直接分析了《庄子·天下》中的惠施观点。

第一，"大一"就是黄老学派的"道"，"小一"是惠施的独创，类似印度古代思想中的"极微"和希腊的"原子"。郭沫若此处对"无厚，不可积也，其大千里"的解释与他在《惠施的性格与思想》中的解释是不同的。当时他认为此句的意思是，小一是"无厚"（无尺寸）的，假如积聚也能够达到无穷。此时他认为，这句话是要解释"小一"的小是超乎想象的：即使是小到不能积累测量的"无厚"状态，与真正的"小一"相比，还是厚到如同千里之大。此句是要说明"小一"的小是超乎想象的。

相对而言，大一的大也超乎想象。"天与地卑，山与泽平"也即解释这个观点，天地的距离、山泽的差异与大一相比等于没有。郭沫若这时又解决了一个早年遗留问题，他当时认为《荀子·不苟》中"山

---

① 郭沫若：《惠施的性格与思想》，《文艺论集》，第60—65页。

渊平，天地比，齐秦袭"的"齐秦袭"不知是否是惠施思想，因此搁置了。此时他做了解释，齐与秦的距离虽远，但与"大一"比较而言太近了，以至于两国可以视为重叠的。"南方无穷而有穷""我知天下之中央，燕之北、越之南是也"都可以如此得到解释。

第二，万物都是"大一"的显现，这就是万物毕同；万物又都是不同量的"小一"积累而成的，这就是万物毕异。这个意义上的同与异，就是"大同异"。而表面上的同异，如禽兽都有足是大同，禽有两足、兽有四足，是禽的小同与兽的小同。这大同和小同之间是有区别的，这个意义上的同异就是"小同异"。从"大同异"可以引出"泛爱万物，天地一体"，因为万物同出于"大一"。惠施的泛爱遍及天地万物，与墨子限于人类的兼爱不同。

第三，"日方中方睨，物方生方死""今日适越而昔来"都是讲时间。宇宙中一切都在变化，没有不变的东西，这种观点有循环的意味。惠施"徧为万物说""弱于德，强于物，其涂隩矣""逐万物而不反，是穷响以声，形与影竞走"（《庄子·天下》）表明他是一个客观的观念论者。[1]

在分析惠施的思想之外，郭沫若还自认为找到了他的师承——惠施、公孙龙是杨朱的嫡派。他认为上述惠施的观点，如"至大无外，谓之大一""天与地卑，山与泽平""万物毕同毕异""泛爱万物，天地一体也"恰恰表明了惠施是老聃、杨朱一派，他的"大一"思想是继承老聃的"大一"（"道"），他的"泛爱"是老聃"慈柔"和杨朱"为我"的发展。此外，《吕氏春秋·爱类》载，匡章称惠施的学说是"公之学去尊"，郭沫若认为这与孟子攻击杨朱的学说"无君"是一致的，可见惠施是杨朱之徒。[2] 根据这个推断，郭沫若一度说惠施、公孙龙是"道家别派"[3]。不过，大多数时候郭沫若还是将惠施、公孙龙等称为"名家"，只是断定他们承袭于道家人物。

---

[1]　郭沫若：《名辩思潮的批判》，《十批判书》，第 233—236 页。
[2]　郭沫若：《先秦天道观之进展》，《青铜时代》，第 50—52 页。
[3]　郭沫若：《我怎样写〈青铜时代〉和〈十批判书〉》，《十批判书》，第 425 页。

二 名辩思潮的批判

前文提到，郭沫若认为"名家"这个汉代的称谓不能涵盖所有学派的辩察思想，因此要将先秦诸子中的名辩思想进行综合论述。他在《名辩思潮的批判》一文中首先说明了名辩思潮的起源问题。他认为，孔子所谓"名不正则言不顺"的"正名"，并非后世所谓的大义名分，而是指确定一切事物的名称，特别是社会关系的用语。《管子·宙合》中说"名实之相怨，久矣，是故绝而无交"，所谓名实相怨就反映了当时事物名称不确定产生的问题。在春秋战国时代，社会发生质变，各种关系都被动摇甚至颠覆，原来的称谓不能适应新生的事物，而新的名称还没有得到公认，这就是"名实相怨"。郭沫若举例说，"君"过去指奴隶主，后来转为"奴隶升起来的头领"之意；"百姓"过去指贵族，后来转为庶民之意。

儒家的"正名"方法是以上这样的社会现实在意识形态上的反映，之后发展为各个学派对名的争辩。其中一些观念论者过于追逐观念，便偏于诡辩，而各学派中又有一种将纯粹诡辩拉回正道，恢复"正名"的倾向。直到封建社会的新秩序完全形成，名与实又得到统一，名辩的思潮就停止了。[1]

郭沫若总括了名辩思潮的发生和发展过程，随后按时间顺序分析了八组人物，详略和深浅不一。

（一）列御寇

郭沫若举一例说明列子是辩者。《战国策·韩策》称，史疾出使楚国，楚王问他的学识来源，史疾说自己"治列子圉寇之言"，主张"贵正"，正即正名。楚王问，楚国多盗贼，如何用"正"来抵御盗贼。史疾反问说，屋子上的"鹊"能被称为"乌"吗？楚王答不可。史疾因此道：楚国有柱国、令尹、司马、典令等官职，必须要让担任职位之人廉

---

[1] 郭沫若：《名辩思潮的批判》，《十批判书》，第219—220页。

洁，并且胜任尽职。现在楚国盗贼横行，正是因为"乌不为乌，鹊不为鹊"的缘故。这段话道出了正名的含义，乌必须是乌、鹊必须是鹊，担任柱国者要完成"柱国"之名赋予的责任才称得上是柱国。郭沫若认为，据此可推测，列子所贵之"正"有正名的成分。①

（二）宋钘、尹文

《韩非子·外储说左上》称"季②、惠、宋、墨"的言论都华而不实，是"纤察微难而非务也"，郭沫若认为这可视为宋钘是辩者的证据。《汉书·艺文志》将《尹文子》置于名家，可见其也有辩者的倾向。郭沫若已考证《管子》中的《心术》《内业》是宋钘之作，《白心》是尹文之作，故他以这些作品作为考察二者名辩思想的文本。

《心术上》说："物固有形，形固有名。名当谓之圣人。……此言（名）不得过实，实不得延名。姑形以形，以形务名，督言正名，故曰圣人。"《白心》称："原始计实，本其所生。知其象则索其形，缘其理则知其情，索其端则知其名。……正名自治之，奇名自废。名正法备，则圣人无事。"郭沫若认为以上反映了宋、尹"纯正"的正名思想。此外，对于尹文还有一处旁证。《吕氏春秋·先识览·正名》中记载了尹文与齐湣王讨论"士"的对话，在对话之前有一段作者对"正名"的论述，曰"名正则治，名丧则乱。使名丧者淫说也。……凡乱者形名不当也"，即使不肖的君主也知道任用贤人、听从善言，但他们的问题是以为的贤人其实是不肖之人，以为的善言其实是邪辟之说，这就是"形名异充而声实异"。郭沫若猜测，这一段对正名的论述也来自尹文的遗说。③

---

① 郭沫若：《名辩思潮的批判》，《十批判书》，第221页。
② 郭沫若认为"季"是指季真，参见郭沫若《韩非子的批判》，《十批判书》，第333页。他对季真没有进行过考证或研究，曾经提及几次。如"稷下之外，由正面响应的有庄周和惠施，季真和魏牟"（《稷下黄老学派的批判》，《十批判书》，第160页）。如称先秦诸子几乎都受到过荀子的批判，其中有季真（《荀子的批判》，《十批判书》，第185页）。又如说列御寇、庄周、惠施、季真等为稷下黄老学派助扬波澜（《名辩思潮的批判》，《十批判书》，第231页）。
③ 郭沫若：《名辩思潮的批判》，《十批判书》，第222—223页。

（三）兒说（貌辩、昆辩）

兒说是郭沫若认定的属于"名家"的人，据《韩非·外储说左上》所言"兒说，宋人，善辩者也。持'白马非马也'，服齐稷下之辩者"，他认为一向公认属于公孙龙的"白马非马"论最早是兒说的发明。《吕氏春秋·审分览·君守》载宋元王时兒说的弟子去宋国，郭沫若考证宋元王即宋献王，其时代与齐宣王、齐湣王相当，则兒说的时代在齐威王、齐宣王时。

据此，他又推断兒说就是貌辩，《战国策·齐策》记载了此人的事迹。齐国的靖郭君（孟尝君之父）非常听信貌辩，后者为人"多疵"，孟尝君和臣子们都曾劝谏靖郭君疏远貌辩，靖郭君不听。齐宣王即位后与靖郭君关系很差，后者与貌辩回到封地薛。没过多久，貌辩便回去见齐宣王，宣王"藏怒以待之"，见面时问："子，靖郭君之所听爱夫?"貌辩回答说，靖郭君对我爱护是有的，但并未听从。您做太子时，我曾劝靖郭君废太子，但他泣曰不忍。回到薛后，楚国的昭阳要用数倍的土地换薛，我劝他同意，但靖郭君说岂能将先王赐予的土地送给楚国，又不听从我。宣王很感动，便让貌辩请回靖郭君。

以上的故事说明貌辩是非常善辩的，他与兒说的年代都在齐威王、齐宣王之间，都居于齐国，郭沫若认为很可能是同一人。另外，貌辩在《汉书·古今人表》中写作"昆辩"，昆是兒的误写，兒是貌的古字，又与兒极为相似。因此，很可能这个人姓"兒"，名"辩"，字"说"。

兒说的学说未知其详，只知道"白马非马"是他的观点。郭沫若认为，"白马非马"内含的分离方法是，将白马分离为白与马，白与马是两种事物，马是一种事物，因此白马非马。①

（四）告子与孟子

告子据郭沫若考证，是宋钘、尹文一派之人（见本书第六章）。《墨子·公孟》称告子"言谈甚辩"。孟子也非常好辩，他与宋钘、淳于髡、

---

① 郭沫若：《名辩思潮的批判》，《十批判书》，第225—227页。

许行之徒、墨者乃至自己的弟子们都有过辩论。《孟子》中记载了孟子
与告子的多次辩论，郭沫若举了两例，都出自《孟子·告子上》。

第一是"生之谓性"。告子曰"生之谓性"，孟子问"生之谓性"是
否可比为"白之谓白"，告子答"然"。孟子又问，白羽之白好比白雪
之白，白雪之白好比白玉之白，对吗？告子答"然"。孟子再问，那么
难道犬之性好比牛之性，牛之性好比人之性吗？《孟子·告子》中的对
话到此为止，郭沫若认为这并不表明告子辩论失败了，只表明二者对
"性"的理解不同。告子是从道家的万物一体观理解的，犬、牛和人之
性没什么不同。而孟子是从五行说理解的，人与禽兽的五行构成不同，
所以他们的性也不同。

第二是"仁内义外"。告子称"仁内义外"，他比喻说，"我"尊敬
年长者的心不是本来就有的，就像一个白色物体，"我"认为它是白的
一样，尊敬长者的"义"和白一样都是外在的。孟子反问，白马与白人
的白一样，但尊敬老马与尊敬老人的尊敬一样吗？尊长的"义"到底在
长者那里，还是在尊敬者那里呢？告子答曰，"我"爱自己的弟弟，不
爱秦国人的弟弟，这是"我"个人的喜好，因此说"仁内"。尊敬楚国
的长者，同时也尊敬我自己的长者，是因为对方的年长，所以说"义
外"。孟子反驳说，爱吃秦国人的烧肉和"我"自己的烧肉，是没区别
的，难道爱吃烧肉也是外因吗？孟子的观点显然是"仁内义内"。郭沫
若评论道，二者都有片面之处，仁与义都有内与外、主观与客观的条
件，如果秦人的烧肉有异味，那就不能说与我的烧肉没有区别，因此也
是受外因影响的。郭沫若发现，这两个例子中提到了白羽、白雪、白
玉、白马等概念，表明兒说的"白马非马"说已经流行。[①]

（五）惠施与庄子

上一节已说明郭沫若在《名辩思潮的批判》中如何论说惠施的思
想，如"大一""小一"说，"大同异""小同异"说，宇宙时间循环等，

---

① 郭沫若:《名辩思潮的批判》,《十批判书》, 第228—231页。

之后他又讨论了庄子。

郭沫若提出，庄子虽然非常好辩，但在理论上否定了辩论的作用。《庄子·齐物论》说："我与若辩矣，若胜我，我不若胜，若果是也，我果非也耶？我胜若，若不吾胜，我果是也，而果非也耶？其或是也，其或非也耶？其俱是也，其俱非也耶？我与若不能相知也，则人固受其黮暗，吾谁使正之？"庄子认为"我"与"你"不能相知，不可能辩论出是非，也没有人可以来评判"你我"的是非。按照这种逻辑，不但辩论的效用不可知，一切事理也均不可知，郭沫若认为这走向了不可知论。

庄子说"是亦彼也，彼亦是也，彼亦一是非，此亦一是非"（《齐物论》），即事物的这一方面和对立方面都有是非之处，那么"果且有彼是乎哉？果且无彼是乎哉？"，真有彼此的区别吗？因此庄子提出"彼是莫得其偶谓之道枢，枢始得其环中以应无穷，是亦一无穷，非亦一无穷也"，意为不将彼此对立起来，就得到了道的枢纽。郭沫若分析道，庄子虽然要求不分是非，但却提出了一个"第三种是非"，也就是超现实的"道"。道成为绝对的"是"，反乎此者成为绝对的"非"，那么根据庄子的逻辑又可以反驳他自己：这种是非谁能正之？

郭沫若进一步分析《齐物论》的下一段话："以指喻指之非指，不若以非指喻指之非指也。以马喻马之非马，不若以非马喻马之非马也。天地一指也，万物一马也。"他将"指"翻译为相对的观念，此句解释为：用相对的观念（指），说另一个相对的观念（指）不成其为观念（非指），不如用绝对的观念（非指），来说相对的观念（指），不成其为观念（非指）。他将"马"翻译为相对的砝码，此句解释为：拿一个相对的砝码（马），说另一个相对的砝码（马），是不足砝码的（非马），不如拿一个绝对的砝码（非马），来说相对的砝码（马），是不足砝码的（非马）。天地是绝对的观念，万物是绝对的砝码，天地万物是一体的。[①]郭沫若评价说这是一种伟大的诡辩。

[①] 郭沫若在《庄子的批判》中也对《齐物论》这两句话进行了解释，与此文略有不同，参见第六章《庄子的思想》。

他赞同其所谓"物固有所然，物固有所可"，事物本来就有"是"的地方，也有能认可的地方。但反对下一句"无物不然，无物不可"，这是说所有事物都有"是"的地方，所有事物都是被认可的，郭沫若称之为"狂断"，认为是诡辩，是观念的游戏。他指出，当时的观念游戏产生的原因是地主封建政权稳固的现实在思想中的反映。如惠施主张"山渊平，天地比"是站在统治者的立场要求人民不要与统治者斗争，而庄子的不分是非虽可能出于蔑视统治者的权威，但与惠施的效果相同，都是让人民安贫乐贱，消除了底层的斗志。①

（六）桓团与公孙龙

对于桓团郭沫若只寥寥提了数语，《列子》称为韩檀，《庄子疏》认为桓团与公孙龙同为赵人，其身世不详。郭沫若辨析了《公孙龙子》，以为其中的《迹府》是后人所撰，只有《白马论》《指物论》《通变论》《坚白论》《名实论》可信。另外，由于儿说首先阐发了白马非马论，而公孙龙继承此说，那么公孙龙应该是儿说的门徒。又据《庄子·秋水》所记载的公孙龙和魏牟的对话"龙少学先王之道，长而明仁义之行"，郭沫若以为其与宋钘的态度相近，猜测他和儿说都源于宋钘。

郭沫若将公孙龙的思想言论评价为观念游戏。在公孙龙看来，一切现实的物体只是观念，观念本身就是实在，是自然显现的，而物则待观念而后成为物。《指物论》中"物莫非指，而指非指。天下无指，物无可以谓物……指固自为非指，奚待于物而乃与为指？"与《庄子·齐物论》"以指喻指之非指"的"指"含义相同，即事物的共相，也就是"观念"。没有观念，物就不能成为物。

在方法上，郭沫若认为公孙龙采取了分析主义，此处的"分析"是分离之意。公孙龙一方面将实物分析为无数的"指"（观念），另一方面又将感官的官能也分离开来。如著名的白马非马，是将视觉上的白，与统觉上的马，分离为两种事物，再用数字相加，则白马（二）不是

---

① 郭沫若：《名辩思潮的批判》，《十批判书》，第237—240页。

马（一）。《通变论》中多用这种数字分析。"二无左、二无右"是说，左与右的复合概念"二"（左右）之中不存在"左"或"右"的单一概念，相当于白马无白、白马无马。牛羊与鸡不同，因为牛羊有五足，鸡有三足。这是因为公孙龙将"牛羊之足"和"鸡足"当成单独的观念，再加上各自的四足、二足，总共是五足、三足。《坚白论》的"坚白石二"也是如此。公孙龙认为"坚白石"是两种事物的复合概念，他分离了触觉的坚和视觉的白，认为两种感觉不能同时认识，因此坚白石等于坚石和白石，是"二"；坚石等于"坚"与"石"，白石等于"白"与"石"，也是"二"。

郭沫若批判说，公孙龙将不同感觉之间的联结去除后，进一步也摒弃了人的精神作用。他声称"白以目（见），（目）以火见，而火不见，则火与目不见，而神见。神不见而见离"。这是说人需要通过眼睛、眼睛通过火光看到"白"，火光和眼睛自身都是看不到的，因此人是通过精神"看到"了"白"，但精神本身也没有认识白的能力。在公孙龙看来，白与坚是普遍而实际存在的属性，"坚未与石为坚而物兼，未与（物）为坚而坚必坚。其不坚石物而坚，天下未有若坚，而坚藏"（《公孙龙子·坚白论》），即"坚"不仅是石头的坚，而且是各种物体的坚。这种不限于石头、不限于物体而独立存在的坚，天下没有这种坚，因为坚隐藏了自己。以上可得，公孙龙认为观念是客观存在的，于是人的精神作用就被阉割了。

郭沫若认为与其研究这类诡辩言辞的含义，不如去探索其背后的社会意义。诡辩可以被演绎出相反的含义，例如"白马非马"可以发展出"暴君非君"，则君可以杀，这就具有革命性；也可以发展为"暴人非人"，则杀起义者不是杀人，就成为暴政的借口。如何解释全凭使用者的意愿。郭沫若将公孙龙定义为上层阶级的帮闲，他的诡辩是反动言论，因此不能将公孙龙等人视为纯粹的逻辑哲学家，而忽略其社会意义。①

---

① 　郭沫若：《名辩思潮的批判》，《十批判书》，第 240—246 页。

（七）墨家辩者

《孟子·滕文公下》称"距杨墨，放淫辞"，《庄子》也将杨朱与墨家学派的辩论并提，可见在孟子时墨家后学就有了辩者的色彩。《墨子》书中的墨辩部分有六篇，即《经上》《经下》《经说上》《经说下》《大取》《小取》。郭沫若认为《经上》《经说上》与《经下》《经说下》的某些观点是对立的，反映出墨辩至少也有两派，他考察了这两派对于"坚白同异"这两个经典辩题的观点。

第一，坚白论。《经上》一派主张"盈坚白"，《经下》派主张"离坚白"。《经上》说"坚白不相外也"，即"坚"和"白"的性质不相排斥，《经说上》解释说"异处不相盈"，就是"坚"与"白"在不同的物体上才是不相融合的，而在同一物体上则是融合的。《经下》派则完全相反，他们与公孙龙的"离坚白"观点一致，如《经说下》之"见不见离，一二不相盈，广脩，坚白"，可解释为见与不见是相离的，事物的"坚"与"白"、长度和宽度也是相离而不相盈的。

第二，同与异。《经上》派的同异观是根据常识得来的，《经上》云"同，重、体、合、类。异，二、不体、不合、不类"，《经说上》解释称"同：二名一实，重同也。不外于兼，体同也；俱处于室，合同也；有以同，类同也。异：二必异，二也。不连属，不体也；不同所，不合也；不有同，不类也。"。这是将"同"分为了四种，"异"也分为了四种，郭沫若认为这种分类其实是常识性的归纳。

《经下》派主张物尽同、物尽异，同异有大小，这就与惠施的大小同异说相近了。郭沫若认为该派还主张"重不必同"，如狗与犬是重而不同，这与《经说上》"二名一实，重同也"不一致；《经下》派主张有同样性质的事物也不一定是类同，如同样是方形的东西，可能有木质和石质的区别，是不同的，这与《经说上》"有以同，类同也"的观点也不一致。

《经下》派更近于公孙龙、惠施，郭沫若又举出一些其与公孙龙相似的观点，如《经下》"知而不以五路"，即靠感观得不到真正的知识，与公孙龙否定精神独立性的观点相似。《经说下》解释"火热"说"谓火热也，非。以火之热我有"，指火热因为人的感觉而热，并非火本身是热的，而"火不热"的辩题来源于公孙龙。《经下》提出"狂举"的方法不能说明事物的区别，《经说下》注解道，用"牛有齿，马有尾"来说明牛马不同，这样的方法是不能区分牛与马的，这样的举证就是"狂举"。公孙龙《通变论》也有类似的论牛羊有齿无齿的论证。

此外，郭沫若认为《墨子》之《大取》《小取》与《经上》派相近，其反对"白马非马"说，反对"离坚白"说，也从常识出发去辨别异同，这些说明它们的作者与《经上》可能是同一派别。

《墨经》六篇有以上的相异之处，也有相同之点。郭沫若发现，它们都承认"辩"的价值，强调辩论一定会有胜负的结果，这与庄子否定辩论的作用是不同的。《小取》罗列了7种辩论时可以使用的方法，即"或、假、效、辟（譬）、侔、援、推"。"或、假"指的是"有些""假设"，"效"指的是辩论时要有标准的形式，"辟（譬）"指用"譬如"举出其他事物，"侔"指类比同类的词句，"援"指引用对方的说辞，"推"指证明对方赞同和不赞同的观点本为一类。郭沫若认为其中"辟（譬）、侔、援、推"是辩论的"术"，是辩论胜敌的手段，而非追求真理的方法。①

（八）邹衍

郭沫若对邹衍评价甚高，称他是"富有独创性的一位大思想家"。他并未分析邹衍的名辩思想，只说他对于辩的看法是"平正通达"的。刘向《别录》载，邹衍过赵时，平原君以白马非马的问题请教邹衍，后者批判了这种辩论，阐述了自己的看法。邹衍认为辩者要"别殊类使不相害，序异端使不相乱"，要让人得到真相而"不务相迷也"，那些烦文、饰辞、巧譬的辩论是有害于大道的，郭沫若赞成这样的看法。

此节对于邹衍的研究略有偏题，后文着重分析了其创立"终始五德说"，认为其思想来源于儒家思孟一派，五行相继、终而复始是一种循环变化的观点，并不能分析人事的发展变化，因此其革命性是有限的。而后来的方士将邹衍这个学说与道家的仙、墨家的鬼神"苟合"在一

---

① 郭沫若：《名辩思潮的批判》，《十批判书》，第247—261页。

起，成了后世的阴阳家，将邹衍的本来面目扭曲了。[①]

（九）荀子

荀子称"君子必辩"，提出小人之辩、士君子之辩和圣人之辩（《荀子·非相》）。郭沫若指出，荀子的辩论的确是为了将某些错误的名辩（诡辩）潮流引回正途，虽然荀子在这方面成就不大，但也还是有些建设，他大力提倡"正名"，与孔子时代不同的是他要正"新"的名。

荀子反对"合同异"，要求一定要准确地区分是非，让名实相符。于是他说"知者为之分别，制名以指实；上以明贵贱，下以辨同异"（《荀子·正名》）。对于事物的区别他提出了"大共名"，如"物"这个名就是万物的大共名，提出了"大别名"，即大类的别名，如"鸟兽"。以此类推，有共同之处的就有共名，以至于没有共同之处则停止命名，有差别之处就分为别名，以至于没有差别为止。郭沫若以为这种名词产生的过程，是根据常识而来的，而在名学的方法上，他认为荀子并没有新的发明。[②]

综上所述，郭沫若不仅讨论了属于汉代所谓"名家"人物如尹文、兒说、惠施、桓团、公孙龙等，也关注到其他学派中好察辩和论名实的人物与思想。学派的划分有的是当时人所自认的，也有后人的归纳，道家和名家都是典型的归纳成派。因此，"学派"的界限本来就不是思想的界限，郭沫若跳出原有的学派范围去研究名辩思潮，更加符合先秦社会与思想的现实。

第三节　两篇综论

一　先秦天道观研究

郭沫若对诸子进行综合研究的唯一专论是 1935 年之《先秦天道观

---

① 郭沫若：《名辩思潮的批判》，《十批判书》，第 263—266 页。
② 郭沫若：《名辩思潮的批判》，《十批判书》，第 266—270 页。

之进展》，该文以"天道观"为考察对象和线索，分析了先秦思想的演变过程。文中按照时代分为四个小节，分别研究殷商、西周、春秋、战国的"天道"思想。

据《尚书·周书·大诰》，周人卜问的"顾问"是"天"，郭沫若称，周人继承了殷人的文化，则殷人卜问的对象也一定是天，但其称呼并不是"天"而是"帝"。他列举了卜辞中的一些例子，如"今二月帝不令雨""帝令雨足年？帝令雨弗其足年？"等，这"帝"即是至上神。他指出，卜辞中一贯称至上神为"帝"或"上帝"，并未称其为"天"，因此传世文献中凡有殷商时代称至上神为"天"的地方，郭沫若认为都是不可信的。

殷人的至上神是有意志的人格神，这是郭沫若一贯的观点。他将这无所不能的人格神与以色列的"神"相类比，同时又发现了其独特之处，即殷人的至上神是其民族的祖先。他综合王国维等前人的研究，认为《山海经》中的"帝俊"与帝喾、帝舜是同一人，与卜辞中出现的名为"夒"的殷人高祖也是同一人。"帝俊"是天帝，因此殷人是神的子孙，殷人的"帝"是至上神兼宗祖神。[1]

时代转换，周人战胜了殷人，他们的文化是继承了殷商的文化，同时"天"的称呼在殷周之际出现。一方面，周人的"天"具有上帝的性质，如"天乃大命文王殪戎殷"（《尚书·周书·康诰》）。周人对于天是无比尊崇的，这与殷人类似；另一方面，又有"天不可信"的语句（《尚书·周书·君奭》），表明周人对"天"的怀疑态度。郭沫若认为这并不是矛盾的，因为凡是极端尊崇"天"的词句都是对殷人和殷属国说的，而怀疑天的词句都是周人对自己所说，前者的态度是政治上的一种策略，用来统治信仰至上神的民族。周人的进步之处在于，他们提出了"敬德"的思想，《君奭》在下一句便说"天不可信，我道惟文王德延"，其本质思想是"人定胜天"，用人力弥补天道。

郭沫若将周初的天道思想总结为"以天的存在为可疑，然而在客观

---

① 郭沫若：《先秦天道观之进展》，《青铜时代》，第17—24页。

方面要利用他来做统治的工具，而在主观方面却强调着人力，以天道为愚民的政策、以德政为操持这政策的机柄"①，他将之归于周公的发明。不过周公的思想在后世却逐渐被遗忘，因为殷商的教训过于久远，周初"天命不可信"的认识逐渐淡化，在周夷王、周厉王的时代，统治者对于天的信仰又变得专一和强烈了。周厉王时，民众能够将"天子"驱逐，表明社会底层对于"天"的信仰的动摇。《诗经》中几首厉王时代的诗歌里就可发现强烈的对天的控诉，如"上帝板板，下民卒瘅""天之方虐"（《板》），如"荡荡上帝，下民之辟，疾威上帝，其命多辟。天生烝民，其命匪谌"（《荡》）。② 这种动摇是根本性的，这就是郭沫若早年在《我国思想史上之澎湃城》中已形成的认识——"平民革命之成功与神权思想之动摇"。

关于春秋时代，郭沫若讨论了老子、孔子、墨子的天道观。他认为老子是第一个否定人格神的思想家，他发明了形而上学的本体，并命名为"道"或者"大一"，"有物混成，先天地生，寂兮寥兮，独立而不改，周行而不殆，可以为天下母。吾不知其名，字之曰道，强为之名曰大（一）"，并且还说："吾不知谁之子，象帝之先。"（《老子》）意思是"帝"也是道所生，这不能不说是一种革命。郭沫若认为老子的新思想也不是完全成熟的，如对"道"的来源的说法较为模糊，此外也有用鬼神在政治上愚民的倾向。

对《论语》中反映出的孔子的天道观，郭沫若也做了一番总结。首先，孔子对殷周的鬼神观是否定的，如"子不语怪力乱神"（《述而》），"未能事人焉能事鬼"（《先进》）等。孔子依旧肯定祭祀的仪式，如"祭如在，祭神如神在"（《八佾》），郭沫若解释说，这并非是孔子肯定鬼神的证据，而只是要用祭祀来满足祭祀者内心对祖先和自然的感情。其次，孔子信"命"，也常常谈到"天"，不过却不是人格神性质的天。所谓"天何言哉？四时行焉，百物生焉，天何言哉？"（《阳货》）恰好表明

---

① 郭沫若：《先秦天道观之进展》，《青铜时代》，第 30 页。
② 郭沫若：《先秦天道观之进展》，《青铜时代》，第 32—34 页。

"天"是自然或自然规则。

至于墨子，郭沫若坚持自己对其一贯的评价，认为他就是一位宗教家。墨子思想的本质在于宗教，他肯定人格神的天，崇敬鬼神，由此演化出其所有理论。天的意志主宰一切，对人事进行赏罚，其兼爱、尚贤、非攻、节用的要求均以天鬼为规矩，之所以要实行这些做法，乃是出于天的意旨。郭沫若考察了墨子所采信的古人，发现并没有周公，他以为这是墨子与孔子之不同所在，周公对天的怀疑态度与墨子格格不入，却符合了孔子的倾向。[①]

战国诸子中，郭沫若提及了惠施、儒家之思孟一派、庄子以及荀子。惠施师承于杨朱，在天道思想上继承了老子的"大一"观念，并提出了"小一"说。郭沫若认为《洪范》是子思之作，其肯定人格神的天，反映出子思要将儒家建设为一种宗教的企图。作为与《洪范》互为表里的《中庸》，则是要将孔子推尊为一位"通天教主"。孟子继承子思的传统，也肯定上帝，不过上帝在他那里表现为自然界的立法，或者被称为"浩然之气"。人与天本来是一体的，所谓"万物皆备于我"，"君子所过者化，所存者神，上下与天地同流"（《孟子·尽心上》），即人可成为天、神。郭沫若评价道，孟子是将自己配与天，是要做孔子、子思之后的"第三世教主"。

以上表明儒家的"宗教化"，而道家到庄子也有了"宗教化"倾向，这主要表现在庄子与孟子一致的大我思想中，即"天地与我并生，而万物与我为一"。"我"和天地万物都是本体"道"的表现，"道"又被庄子拟人化了，奉之为"宗师"。体会了道、实现了大我的理想人格，庄子称为"真人"，老聃和关尹就是"古之博大真人"。郭沫若称，这是庄子要做"第三世教主"。

荀子是他们的后辈，他的成绩是将儒道的天道观统一起来。荀子讲"道"，却非道家的实质本体，而是儒家的自然界之理法。《荀子·天论》曰"万物各得其和以生，各得其养以成，不见其事而见其功，夫是之谓

---

① 　郭沫若：《先秦天道观之进展》，《青铜时代》，第40—49页。

神。皆知其所以成，莫知其无形，夫是之谓天"，又有"大道者所以变化遂成万物也"的说法，可见自然界有一种运行的理法，称为天、神、道均可，不需探求也不用迷信，这样的思想最终归于《易传》。①

二　《吕氏春秋》的思想

先秦诸子作品中非常重要的《吕氏春秋》，在《汉书·艺文志》被列为杂家。郭沫若从未对"杂家"进行过总结研究，他曾形容荀子是"杂家的祖宗"，因其思想吸收了各家的精华②。他最早通读《吕氏春秋》是为了收集关于惠施的史料，读时却忽然意动，想写一篇关于吕不韦和秦始皇斗争的文章，于是又将全书读了好几遍，完成《吕氏春秋与秦代政治》一文，后改名为《吕不韦与秦王政的批判》收入《十批判书》。

在这篇长文分为十四小节，第一、二节考证了吕不韦的生平身世、其与秦始皇的关系，第三节至第七节分析《吕氏春秋》中反映出的思想，第八节至第十二节归纳了秦始皇的思想和政见，最后两节对比总结秦始皇和吕不韦之不同。

郭沫若对吕不韦的态度是正面的，他好做翻案文章，对历史人物的评价常常不同于固有的流行观点。他认为历史记载中呈现的吕不韦是一个被歪曲的影像，因此试图还原其真面目。

郭沫若从史料中梳理概括了吕不韦的事迹。吕不韦早年经商，后来进行政治投机，资助了在赵国作质子的秦昭王的孙子、安国君的儿子异人（子楚），并去秦国游说，将异人立为安国君的嫡子。郭沫若发现，《史记》和《战国策》对于吕不韦入秦的时间记载不同，前者在秦昭王生前，后者在安国君即位之后。这一点他在《韩非〈初见秦〉篇发微》中也曾提到，在该文中郭沫若将《韩非子·初见秦》的作者归于吕不韦。他在该文中采信《史记》，认为吕不韦第一次入秦的时间大约在秦昭王四十二年到四十八年，《战国策》记载的可能是后几次去秦国的

---

① 　郭沫若:《先秦天道观之进展》,《青铜时代》,第51—56页。

② 　郭沫若:《荀子的批判》,《十批判书》,第185页。

情况。

郭沫若着重"辟谣"的一点在于吕不韦与秦始皇的关系，即千古流传的后者是前者私生子的故事。此说唯见于《史记》，郭沫若认为其有自相矛盾之处。《史记·吕不韦列传》先说吕不韦将有身孕的舞姬献给子楚（异人），舞姬生嬴政后，子楚立为夫人。后文却又说"子楚夫人，赵豪家女也"。此外还说舞姬是"大期生子"，但据常理，超过预产期生子的话反而不应怀疑孩子的父亲是吕不韦。后世也有对此怀疑之说。郭沫若的观点是，"私生子"传说是西汉吕后称制之时，吕后党人仿照春申君与女环的故事编造的。他怀疑吕后的父亲吕公可能是吕不韦的后人，编造故事的目的是为天下归属于吕氏家族而制造一种合法性。①

吕不韦与秦始皇最为明显的关系是在政治上的冲突，这种冲突集中反映在二者背道而驰的思想中。郭沫若进而转向研究《吕氏春秋》其书。《艺文志》谓杂家"兼儒、墨，合名、法，知国体之有此，见王治之无不贯，此其所长也"，这里"杂"是略有贬义的。郭沫若承认《吕氏春秋》在文字结构和体裁等方面编得颇为拙劣，但认为其在政治和文化上具有很高的价值，它将"儒、道、墨、法冶于一炉"，具有集大成之野心。②

《吕氏春秋》的兼容并包，首先在于其能对先秦诸子中斗争得最为激烈的儒家和墨家保持同等的尊敬，这是儒家、墨家甚至道家都做不到的。其次，《吕氏春秋》兼收诸子思想的时候也有自己的标准，即主要吸收儒家、道家，批判墨家、法家。这与郭沫若自己的取向是非常相近的，因此他赞扬说，吕不韦在秦国这个以法家为主、兼收墨家的环境中却能推崇儒道，那真是具有重大之意义。

具体而言，在宇宙观和人生观上，《吕氏春秋》是"折衷着道家和儒家的"，摒弃墨家的宗教思想。《吕氏春秋·大乐》中"太一出两仪，两仪出阴阳"与《易传》的"太极生两仪，两仪生四象"相近，太一就

---

① 郭沫若：《吕不韦与秦王政的批判》，《十批判书》，第339—347页。
② 郭沫若：《我怎样写〈青铜时代〉和〈十批判书〉》，《十批判书》，第415页。

是太极。所谓"道也者至精也，不可为形，不可为名，强为之，谓之太一"（《大乐》），说明太一就是道。所谓太一和道，郭沫若认为也就是《吕氏春秋》中提到的"精气"，又与孟子的"浩然之气"相通。

《吕氏春秋》的宇宙观采用了五行相生和五德终始说。郭沫若认为，将所有事物以五项构成一个系统，如"德"是木火土金水、"性"是仁礼信义智、"色"是青赤黄白黑，并且按照这种公式新造其他的系统，如五帝（太皞、炎帝、黄帝、少皞、颛顼）、五神（勾芒、祝融、后土、蓐收、玄冥），本质上是牵强附会的，在秦代之后成了迷信的源头。但他辩解说，五行思想在最初产生的时候，反倒是反对神权思想的，太一、阴阳的新观念反映了无神论出现，这种观念进一步具体化就产生了金木水火土的"原始原子说"，在当时实为进步的。

《吕氏春秋》中，《十二月纪》是将五行与季节相配，《荡兵》和《应同》阐发了五德终始说。前者与儒家思孟一系传承的《月令》有关，后二者吸收自邹衍的思想。因此郭沫若的结论是，《吕是春秋》中的宇宙观与儒家、道家都有一定的关系，将两派的观点综合了。①

在政治主张上，郭沫若分类汇集了《吕氏春秋》的文句，并未多做解释。这些文句的类别有：反对家天下制、尊重民意、赞成"修齐治平的哲人政治"、讴歌禅让、主张君主无为等。《吕氏春秋》与儒家一样主张德政，强调不应专用刑罚，并且看重音乐的功用，反对墨家的"非乐""非攻"。书中竟然还有"废其非君而立其行君道者"（《恃君》）的主张，这是尚同的墨家思想中不曾有的。《吕氏春秋》不承认人格神，对于必然性之"命"也采取了儒家的态度，即"命也者就之未得，去之未失。国士知其若此也，故以义为之决，而安处之"（《知分》）。此外，《吕氏春秋》是尤为注重理智的，反对名家和墨家后学的各类辩者。综上郭沫若认为，其政治观点来源于儒家，也有道家和法家的影子，对于墨家思想是很少采取的。

根据《吕氏春秋》中的思想，郭沫若用了一小节来推测吕氏门客情

---

① 　郭沫若：《吕不韦与秦王政的批判》，《十批判书》，第352—356页。

况。他敏锐地指出，虽然该书多处反对或攻击墨子学说，但从未指名道姓地点出攻击对象的就是"墨家"，应是有所顾虑，可能是秦国的墨者较多的缘故。书中多处引用《庄子》，如《必己》《有度》篇等，透露出其撰述者来自道家庄子后学。当然儒家是吕氏门客中最大的一个势力，郭沫若将李斯视为儒家之代表，相信作为荀子弟子的李斯为吕不韦编撰此书贡献了极大的力量，同时他猜测这是荀子自己计划的一部分，意图向秦国输入儒家思想。《吕氏春秋》就是吕不韦个人政见的表达，但这种政见在秦国受到了"后党"以及秦始皇本人的阻碍。

郭沫若认为，《吕氏春秋》"每一篇每一节差不多都是和秦国的政治传统相反对，尤其是和秦始皇后来的政见与作风作正面的冲突"①。如世界观的"无神"与"有神"，"平等"与"阶级"，政治上的"民本"与"君本"，"哲人政治"与"狱吏政治"，"任贤"与"集权"，其他方面还有"反对秘密"与"极端秘密"，"急学尊师"与"焚书坑儒"等。这些词语任谁读之都可以发现，郭沫若是推崇前者而否定后者的，他对秦始皇的态度一贯是批判性的，其中夹杂着对国民党统治的影射。在该文中，他发挥了社会史研究的长处，用唯物史观来解释二者的不同。吕不韦被他视为新兴的封建思想的代表，而秦始皇则是奴隶主的代表，因此他们的对立是历史转折时期不同意识形态的对抗。②

---

① 　郭沫若：《吕不韦与秦王政的批判》，《十批判书》，第 352 页。
② 　郭沫若：《吕不韦与秦王政的批判》，《十批判书》，第 400—402 页。

结语　郭沫若诸子观评述

　　从 1919 年给宗白华的信中首次披露对中国古代思想和墨子的看法，到 1945 年《青铜时代》《十批判书》的完成，在近 30 年的时间中，郭沫若对"中国固有文化"的源泉——先秦诸子思想进行了不懈的探索。他萌生古代思想研究计划之后，利用泛神论思想去观照中国先贤，后来接受并运用马克思主义去分析古代社会的真实状况，在此基础上对诸子进一步开展研究。到诸子观的成熟时期，尽管与周围一众朋友的见解不同，郭沫若依旧坚持己见，集中完成了一系列学术论文。

　　随着理论方法的进一步掌握，客观认识的不断加深，郭沫若对于先秦诸子的某些具体观点是有所变化的。例如，先前认为《易传》记录了孔子言论，孔子读过《易经》，后来认为孔子与《周易》无关；先前认为吴起属于儒家，后来改为法家，等等。但郭沫若对于诸子的整体态度其实具有内在一贯性，并不存在后期观点完全推翻前期观点，又或前后态度截然相反的情况。他的褒贬好憎是相对"稳定"的。

　　郭沫若褒扬孔子，对孔子之后的儒家态度不一，对孟子的评价相对正面，对荀子不甚喜爱，对于《周易》《尚书》《礼记》中反映的儒家"折衷主义"思想则进行了批判。他赞赏道家反对三代神权的宇宙观，但总体上反对其厌世的态度，对于庄子给予了同情。他贬低墨家，对墨家"以宗教为中心"的思想进行了激烈的抨击。他批判后期法家，极端厌恶法家的专制思想，此外对于所谓"名家"的诡辩评价很低。对于他肯定的人物如庄子、吴起、商鞅、吕不韦等，郭沫若认为他们的思想都源于儒家；对于他否定的人物如韩非、秦始皇等，则认为他们一定程度上继承了墨家的思想。

1945年8月郭沫若向苏联对外文化协会历史哲学组讲演时，提出了对中国古代思想史的见解，此时他的《青铜时代》《十批判书》已经出版，这是他对个人诸子观的一次精练总结：

> 我认为，在秦以前，孔子学派（尤其是孔孟本人）是以人民为出发点。他们召唤在民间普及教育，反对贵族特权。他们尊重历史，在历史中寻求足以模仿的实例，利用这些实例来做自己的宣传；他们特别崇拜尧帝和舜帝的人格，把他们当作真正民主政治的创造者和先导者来加以通俗化。在民间文化艺术的播传上，孔子学派在当时是做过很大的工作的。

> 墨家哲学学派把帝王、统治者放在第一位。到了春秋时期，他们利用民间流行的对于"最高的天上权力"的宗教信仰，开始给流行于中国民间的自然主义信仰赋与宗教的形式。他们主要的哲学术语是兼爱和非攻。可是他们所解释的兼爱并不是对人民的爱，而是对私有财产和拥有私有财产的人尊重；这个术语，在实际上就是说：你尊重我的私有财产，我也会尊重你的财产。在墨家哲学学派的代表者看来，人民的地位和牲畜或土地的地位并没有两样，因为无论牲畜，人民和土地同样都是皇帝和王公的私有财产。这个学派是反人民的，它不久便停止自己的存在，也就毫不足奇了。

> 道教的哲学理论以个人为基础。道家要求保存个人主义。他们反对宗教和迷信，从这个观点上说来，他们是进步的。但是整个说来，他们的教义是反人民的，因为他们只看到个人，而忽视社会，他们号召个人逃避社会，去过隐遁生活。因此，在他们的实际活动上，他们和墨家没有丝毫的区别，他们认为人民是愚蠢的，反对以教育、文化和艺术普及于民间。

> 至于后来所产生的法家，那他们只把道家的哲学和墨家的见解综合起来，就是说，把个人主义的原则和不可分的王权的原则结合起来。法家的著名代表申不害和韩非子曾创造一种理论，证明只有

皇帝一人能够赋与个性。这个理论是极端专制的。①

在以上的演说词里，郭沫若反复提到的一个词是"人民"，用是否反对人民来评判各家思想，这是他此时评价诸子的价值标准。郭沫若诸子观的价值标准先后有两个来源，第一是早年的泛神论，要求他反对一神论宗教在思想上的统制，使得他对"天才"无比推崇，强调人性的解放和发展，这影响了他早期的评价：对孔子的无上尊崇、对老子和庄子的喜爱以及对墨子的反感。第二便是"人民本位"。郭沫若说："批评古人，我想一定要同法官断狱一样，须得十分周详，然后才不致有所冤屈。法官是依据法律来判决是非曲直的，我呢是依据道理。道理是什么呢？便是以人民为本位的这种思想。合乎这种道理的便是善，反之便是恶。我之所以比较推崇孔子和孟轲，是因为他们的思想在各家中是比较富于人民本位的色彩。荀子已经渐从这种中心思想脱离，但还没有达到后代儒者那样下流无耻的地步。"②他对于文化有一种见解：文化的发展是曲线型的，有上行阶段和下行阶段之分别，上行阶段的文化是以人民幸福为本位的，这种思想应该是文化发展的基础。因此评判一种思想就要对其进行辨别，"合乎人民本位的应该阐扬，反乎人民本位的便要扫荡"③。这两个标准恰好有一致的地方，即都以人、以人民为出发点，可以称为一种人本主义。

郭沫若的诸子观是由内因与外因共同塑造的结果。对于郭沫若而言，其自身的内因是爱国的人生基调、求知的天性和反叛权威性格的结合。爱国之情与求知欲使得郭沫若从未终止寻找拯救中国的良方，从而在行动上投身革命，在思想上不断钻研，在社会史和思想史研究中都获得了成就。他的反叛性使得他不会因外界甚至周围观点的压力而改变自己，于是其思想又具有着相当的惯性。

作为变革主义者的郭沫若要从根本上改变中国，但其爱国主义情怀

---

① 郭沫若演讲，文雄译：《战时中国历史研究》，《中国学术》1946 年创刊号。
② 郭沫若：《我怎样写〈青铜时代〉和〈十批判书〉》，《十批判书》，第 423 页。
③ 郭沫若：《谢陈代新》，《郭沫若全集·文学编》第 19 卷，第 448 页。

及其对中国固有文化的感情使得他并没有激进化，走向摒弃中国文化的极端，这是颇为难得的。我们虽要理解激进变革主义面临的急迫性，但对于理性的变革主义则更应加以肯定。郭沫若的理性变革主义最集中的体现就在其诸子观中，尤其是孔子评价中。以孔子和儒家为代表的中国固有传统在郭沫若眼中仍旧具有最重要的价值——以人、以人民为本。因此他对儒家进行内部划分之后，将糟粕归于荀子以及后世儒家，而对孔孟的思想进行褒扬，以至于他将自己同情的庄子、吴起的思想优点也归于他们有着儒家的来源。这是爱国者郭沫若对中国固有文化的扬弃。

塑造其思想的外因是中国内忧外患的现实，旧有思想对人的束缚，统治者对人民的压迫。郭沫若对于墨家和后期法家的全盘否定，并不是完全理性客观的。他对二者的厌恶，以及对道家厌世思想的批判，更多的来源于一种现实主义的态度。对墨家的强烈批判源于他对墨子"宗教家"的定性，其尊天明鬼的神权政治是对人性的束缚，这是早期崇尚泛神论式超越的郭沫若不能容忍的，而"尚同"思想又将统治者放在极尊的地位，这是后来要反抗现实统治的郭沫若更不能接受的。出于同样的理由，他也极为厌弃"法术家"韩非。墨家的宗教统制和法家的王权专制，都让郭沫若联想到现实中的国民党统治，而道家的厌世于现实社会也毫无益处。束缚人性、反对人民，这是极力想改变中国社会的革命者郭沫若所不能容忍的。

在内因与外因的共同作用下，在以人、以人民为本位的价值取向影响下，作为思考者的郭沫若，在时代中成为一个人本主义的变革主义者。郭沫若的诸子观正是其个体身份在思想中的集中表现，同时，我们对个体的研究也能够通过他们的身影探察到其身前巨大的历史光源。

附录　郭沫若的诸子相关作品 ①

1919 年 12 月 27 日作,《郭沫若致宗白华函》(墨子、古代思想)[书信]

1920 年 1 月 5 日发表,《三个泛神论者》(庄子)[诗歌]

1920 年 1 月 18 日作,《郭沫若致宗白华函》(孔子)[书信]

1921 年 1 月 24 日作,《郭沫若致张资平函》(《郭沫若先生来函》)(古代
思想)[书信]

1921 年 5 月 30 日发表,《我国思想史上之澎湃城》(古代思想)[论文]

1923 年 5 月 14 日作,《中国文化之传统精神》(古代思想、老子、孔子)
[论文]

1923 年 5 月 20 日作,《论中德文化书》(中国文化、老子、孔子)[书信]

1923 年 6 月 13 日作,《读梁任公〈墨子新社会之组织法〉》(墨子)
[论文]

1923 年 6 月 22 日作,《鹓雏》(《漆园吏游梁》)(庄子)[小说]

1923 年 8 月 10 日作,《函谷关》(《柱下史入关》)(老子)[小说]

1923 年 12 月 10 日作,《惠施的性格与思想》(惠施)[论文]

1924 年 6 月 17 日作,《伟大的精神生活者王阳明》(《王阳明礼赞》)(儒
家、孔子)[论文]

1925 年 11 月 17 日作,《马克斯进文庙》(孔子)[小说]

---

① 　说明:收入的郭沫若作品,不论体裁,其主要内容与先秦诸子相关,略有提及者不收。所列
信息为创作或发表时间、作品名、所涉人物或派别、作品类型等。

1925 年 12 月 27 日作，《讨论〈马克斯进文庙〉》（孔子）［书信］

1928 年 8 月 1 日作，《周易的时代背景与精神生产》（儒家）［论文］（收入《中国古代社会研究》）

1928 年 8—10 月作，《诗书时代的社会变革与其思想上的反映》（儒家）［论文］（收入《中国古代社会研究》）

1934 年 12 月 25 日作，《老聃·关尹·环渊》（老子、道家）［论文］（收入《青铜时代》）

1935 年 1 月 6 日作，《先秦天道观之进展》（上古思想、诸子）［论文］（收入《青铜时代》）

1935 年 3 月 10 日作，《〈周易〉之制作时代》（儒家、孔子、荀子）［论文］（收入《青铜时代》）

1935 年 6 月 3 日作，《孔夫子吃饭》（孔子）［小说］

1935 年 8 月 6 日作，《孟夫子出妻》（孟子）［小说］

1935 年 11 月 24 日作，《屈原时代》（儒家、墨家）［论文］

1937 年 5 月 24 日作，《驳〈说儒〉》（《借问胡适——由当前的文化动态说到儒家》）（儒家）［论文］（收入《青铜时代》）

1940 年 12 月 18 日作，《庄子与鲁迅》（庄子）［散文］

1942 年 2 月 20 日作，《屈原思想》（儒家）［论文］

1942 年 7 月 20 日作，《论儒家的发生》（儒家）［论文］

1942 年 8 月 8 日，《关于"接受文学遗产"》（诸子）［杂文］

1942 年 8 月 28 日演讲，《关于歌德》（孔子）［演讲］

1943 年 3 月 8 日作，《论读经》（儒家经典）［杂文］

1943 年 6 月 6 日作，《孔丘》（孔子）（旧体诗）

1943 年 8 月 6 日作，《墨子的思想》（墨子）［论文］（收入《青铜时代》）

1943 年 8 月 14 日作，《关于吴起》［简介］

1943 年 8 月 21 日作，《述吴起》（儒家 / 法家）［论文］（收入《青铜时代》）

1943 年 8 月 29 日作，《秦楚之际的儒者》（儒家）［论文］（收入《青铜时代》）

1943 年 9 月 5 日作,《公孙尼子与其音乐理论》(儒家)[论文](收入《青铜时代》)

1943 年 10 月 3 日作,《吕不韦与秦王政的批判》(吕不韦)[论文](收入《十批判书》)

1943 年 10 月 30 日作,《啼笑皆是》(儒家)[杂文]

1943 年 12 月 18 日作,《韩非〈初见秦〉篇发微》(吕不韦)[论文](收入《青铜时代》)

1944 年 1 月 20 日作,《韩非子的批判》(韩非)[论文](收入《十批判书》)

1944 年 2 月 10 日作,《"五十以学"答问》(孔子)[杂文]

1944 年 2 月 20 日作,《青铜时代·后叙》(《先秦学说述林·后叙》)(诸子)[论文](收入《青铜时代》)

1944 年 7 月 18 日作,《古代研究的自我批判》(诸子)[论文](收入《十批判书》)

1944 年 8 月 1 日作,《孔墨的批判》(孔子、墨子)[论文](收入《十批判书》)

1944 年 8 月 28 日作,《宋钘尹文遗著考》(道家)[论文](收入《青铜时代》)

1944 年 9 月 11 日作,《儒家八派的批判》(儒家)[论文](收入《十批判书》)

1944 年 9 月 19 日作,《稷下黄老学派的批判》(道家)[论文](收入《十批判书》)

1944 年 9 月 26 日作,《庄子的批判》(庄子)[论文](收入《十批判书》)

1944 年 10 月 31 日作,《荀子的批判》(荀子)[论文](收入《十批判书》)

1945 年 1 月作,《名辩思潮的批判》(诸子)[论文](收入《十批判书》)

1945 年 2 月 18 日作,《前期法家的批判》(法家)[论文](收入《十批判书》)

1945 年 5 月 5 日作,《我怎样写〈青铜时代〉和〈十批判书〉》(诸子)

［后记］（收入《十批判书》）

1945 年 8 月 3 日演讲，《战时中国历史研究》（诸子）［演讲］

1947 年 5 月 8 日作，《"格物"解》（儒家、荀子）［论文］

1947 年 8 月 7 日作，《论闻一多做学问的态度》（庄子）［杂文］

1951 年 8 月 20 日作，《墨家节葬不非殉》（墨家）［论文］

1959 年 2 月作，《颂曲阜》《游孔林》《游孔庙》《观大成殿》《观孔府》

　　（孔子）［旧体诗］

1965 年 8 月 7 日作，《〈兰亭序〉与老庄思想》（道家）［论文］

书籍版本为：

《中国古代社会研究》，联合书店 1930 年第 3 版。

《十批判书》，群益出版社 1945 年版。

《青铜时代》，群益出版社 1946 年版。

主要参考文献 [①]

一　史料类

郭沫若著作

《三叶集》（田寿昌、宗白华、郭沫若著），亚东图书馆 1920 年版。

《女神》，泰东图书局 1921 年版。

《文艺论集》，光华书局 1925 年版。

《塔》，商务印书馆 1926 年版。

《沫若诗集》，现代书局 1929 年第 3 版。

《中国古代社会研究》，联合书店 1930 年第 3 版。

《沫若书信集》，泰东图书局 1933 年版。

《屈原》，开明书店 1935 年版。

《豕蹄》，不二书店 1936 年版。

《沫若近著》，北新书局 1937 年版。

《蒲剑集》，文学书店 1942 年版。

《屈原研究》，群益出版社 1943 年版。

《今昔集》，东方书社 1943 年版。

《先秦学说述林》，东南出版社 1945 年版。

---

① 　说明：除郭沫若著作和古代文献外，均以作者姓名汉语拼音音序排列。

《十批判书》，群益出版社 1945 年版。

《青铜时代》，群益出版社 1946 年版。

《沸羹集》，大孚出版公司 1947 年版。

《天地玄黄》，大孚出版公司 1947 年版。

《樱花书简》，唐明中、黄高斌编注，四川人民出版社 1981 年版。

《郭沫若全集·文学编》第 2 卷，人民文学出版社 1982 年版。

《郭沫若全集·文学编》第 5 卷，人民文学出版社 1984 年版。

《郭沫若全集·文学编》第 9—10 卷，人民文学出版社 1985 年版。

《郭沫若全集·文学编》第 6—7 卷，人民文学出版社 1986 年版。

《郭沫若全集·文学编》第 16 卷，人民文学出版社 1989 年版。

《郭沫若全集·文学编》第 15 卷，人民文学出版社 1990 年版。

《郭沫若全集·文学编》第 11—14、18—20 卷，人民文学出版社 1992
　　年版。

《郭沫若全集·历史编》第 1、2、4 卷，人民出版社 1982 年版。

《郭沫若全集·历史编》第 3 卷，人民出版社 1984 年版。

《郭沫若全集·历史编》第 8 卷，人民出版社 1985 年版。

《郭沫若佚文集》，王锦厚编，四川大学出版社 1988 年版。

《郭沫若书信集》，黄淳浩编，中国社会科学出版社 1992 年版。

《敝帚集与游学家书》，秦川、郭平英编注，中国社会科学出版社 2012
　　年版。

古代文献及注解

《十三经注疏》，（清）阮元校刻，中华书局 2019 年影印本。

《二十二子》，浙江书局辑刊，上海古籍出版社 2012 年影印本。

（汉）司马迁：《史记》，中华书局 2013 年标点本。

（汉）班固：《汉书》，中华书局 2010 年标点本。

《周易译注》，周振甫译注，中华书局 2012 年版。

《尚书译注》，李民、王健译注，上海古籍出版社 2019 年版。

《春秋左传注》，杨伯峻编著，中华书局 2012 年第 3 版。

《礼记译解》，王文锦译解，中华书局 2018 年版。

《论语译注》，杨伯峻译注，中华书局 2011 年第 3 版。

《孟子译注》，杨伯峻译注，中华书局 2018 年版。

《荀子集解》，（清）王先谦集解，中华书局 1981 年版。

《荀子译注》，张觉译注，上海古籍出版社 2017 年版。

《墨子今注今译》，谭家健、孙中原译注，商务印书馆 2012 年版。

《老子注译及评介》，陈鼓应著，中华书局 2012 年第 2 版。

《庄子今注今译》，陈鼓应注译，中华书局 2009 年第 2 版。

《韩非子译注》，张觉等译注，上海古籍出版社 2019 年版。

《吕氏春秋集释》，许维遹撰，梁运华整理，中华书局 2009 年版。

近现代文献

［日］本田成之：《作易年代考》，刘大钧总主编：《〈周易〉经传》第 2 册，上海科学技术文献出版社 2010 年版。

陈伯达：《孔子的哲学思想》，《解放》1939 年第 69 期。

陈独秀：《本志罪案之答辩书》，《新青年》1919 年第 6 卷第 1 号。

陈独秀：《独秀文存》（论文·上），首都经济贸易大学 2018 年版。

陈焕章：《孔教会序》，《陈焕章文录》，岳麓书社 2015 年版。

戴季陶：《孙文主义之哲学的基础》，《中国近代哲学史资料选编》（第四卷），上海社会科学院出版社 1989 年版。

邓实：《古学复兴论》，《国粹学报》1905 年第 9 期。

邓实：《国学微论》，《国粹学报》1905 年第 2 期。

丁迪豪：《中国奴隶社会批判》，《历史科学》1934 年第 5 期。

范文澜：《中国通史简编》，河北教育出版社 2000 年版。

愤民：《论道德》，《克复学报》1911 年第 2、3 期。

傅斯年：《〈新潮〉发刊旨趣书》，《傅斯年集》，花城出版社 2010 年版。

傅斯年：《毛子水〈国故和科学的精神〉识语》，《新潮》1919 年第 1 卷第 5 期。

［德］歌德：《歌德自传》，上海三联书店 1998 年版。

［德］歌德著，艾克曼记录：《歌德谈话录》第 2 卷，河北教育出版社
　　2015 年版。

顾颉刚：《与钱玄同先生论古史书》，《古史辨自序》（上册），商务印书馆
　　2017 年版。

郭湛波：《近五十年中国思想史》，岳麓书社 2013 年版。

［德］海涅：《论德国宗教和哲学的历史》，商务印书馆 2017 年版。

何干之：《何干之文集》第 1 卷，北京出版社 1993 年版。

胡适：《"新思潮"的意义》，《新青年》1919 年第 7 卷第 1 号。

胡适：《〈吴虞文录〉序》，吴虞：《吴虞文录》，亚东图书馆 1921 年版。

胡适：《发刊宣言》，《国学季刊》1923 年创刊号。

胡适：《胡适文存》第 1—4 卷，华文出版社 2013 年版。

胡适：《中国哲学史大纲》，河北教育出版社 2002 年版。

黄节：《黄史・种族书》，《国粹学报》1905 年第 1 期。

绝圣：《排孔征言》，《新世纪》1908 年第 52 期。

康有为：《孔教会序》，李建主编：《儒家宗教思想研究》，中华书局 2003
　　年版。

康有为：《孔子改制考》（上），吉林出版集团股份有限公司 2017 年版。

李大钊：《我的马克思主义观》，《李大钊全集》第 3 卷，河北教育出版社
　　1999 年版。

李镜池：《易传探源》，顾颉刚编：《古史辨》第 3 册，上海古籍出版社
　　1982 年版。

梁启超：《墨子学案》，山东文艺出版社 2018 年版。

梁启超：《欧游心影录》，商务印书馆 2014 年版。

梁启超：《评胡适之〈中国哲学史大纲〉》，《梁任公学术演讲集》第一辑，
　　商务印书馆 1922 年版。

梁漱溟：《东西文化及其哲学》，商务印书馆 1999 年版。

刘师培：《攘书》，《刘申书先生遗书》第 18 卷，宁武南氏 1934 年校印本。

罗根泽：《历代学者考证老子年代的总成绩》，《罗根泽文存》，江苏人民出
　　版社 2012 年版。

吕振羽：《中国政治思想史》，新中国书局 1947 年版。

毛子水：《国故和科学精神》，《新潮》1919 年第 1 卷第 5 期。

钱穆：《论〈十翼〉非孔子作》，顾颉刚编：《古史辨》第 3 册，上海古籍出版社 1982 年版。

钱玄同：《答顾颉刚先生书》，顾颉刚编：《古史辨》第 1 册，上海古籍出版社 1982 年版。

［荷］斯宾诺莎：《伦理学》，商务印书馆 1997 年版。

［印度］泰戈尔：《吉檀迦利·园丁集》，冰心译，四川文艺出版社 2017 年版。

吴虞：《辨孟子辟杨墨之非》，《吴虞集》，四川人民出版社 1985 年版。

吴虞：《吴虞文录》，亚东图书馆 1921 年版。

严复：《论世变之亟》，《严复集》第 1 册，中华书局 1986 年版。

章太炎：《诸子学略说》，《国粹学报》1906 年第 8 期。

章太炎：《子思孟轲五行说》，《章太炎全集·太炎文录初编》，上海人民出版社 2014 年版。

周谷城：《评熊十力的〈新唯识论〉》，《中外历史论集》，复旦大学出版社 2015 年版。

周作人：《论文章之意义暨其使命因及中国近时论文之失》，《周作人文类编·本色》，湖南文艺出版社 1998 年版。

宗白华：《中国的学问家—沟通—调和》，《宗白华全集》第 4 卷，安徽教育出版社 2008 年版。

二　研究类

工具书

冯契主编：《外国哲学大辞典》，上海辞书出版社 2008 年版。

林甘泉、蔡震主编：《郭沫若年谱长编》，中国社会科学出版社 2017 年版。

杨胜宽，蔡震总主编；何刚分卷主编：《郭沫若研究文献汇要》卷 9—10（历史卷上下），上海书店出版社 2012 年版。

张岱年主编：《孔子百科辞典》，上海辞书出版社 2010 年版。

张岱年主编：《中国哲学大辞典》，上海辞书出版社 2019 年版。

专著

卜庆华：《郭沫若评传》（修订本），湖南文艺出版社 1986 年版。

陈旭麓：《近代中国社会的新陈代谢》，上海社会科学院出版社 2006 年版。

崔清田：《显学重光：近现代的先秦墨家研究》，辽宁教育出版社 1997
年版。

［美］德里克：《革命与历史：中国马克思主义历史学的起源 1919—
1937》，江苏人民出版社 2018 年版。

董英哲：《先秦名家四子研究》，上海古籍出版社 2014 年版。

方松华：《庙堂余音：近现代的先秦儒家研究》，辽宁教育出版社 1997
年版。

［美］费正清主编：《剑桥中华民国史》，中国社会科学出版社 1994 年版。

龚书铎总主编，郑大华分册主编：《中国文化发展史·民国卷》，山东教育
出版社 2013 年版。

郭齐勇、吴根友：《诸子学通论》，商务印书馆 2015 年版。

韩达编：《评孔纪年（1911–1949）》，山东教育出版社 1988 年版。

胡逢祥等：《中国近现代史学思潮与流派》，商务印书馆 2019 年版。

黄侯兴：《郭沫若的文学道路》，天津人民出版社 1981 年版。

黄开国：《廖平评传》，百花洲文艺出版社 2015 年版。

劳思光：《新编中国哲学史》，生活·读书·新知三联书店 2015 年版。

李斌：《女神之光：郭沫若传》，作家出版社 2018 年版。

李军林：《马克思主义在中国的早期传播及其话语体系的初步建构》，学习
出版社 2013 年版。

李零：《简帛古书与学术源流》（修订本），生活·读书·新知三联书店
2009 年第 2 版。

林甘泉、黄烈主编：《郭沫若与中国史学》，中国社会科学出版社 1992
年版。

刘起釪:《尚书学史》,中华书局 2018 年版。

[英]罗素:《西方哲学史》(下),商务印书馆 2003 年版。

罗新慧:《二十世纪中国古史分期问题论辩》,百花洲文艺出版社 2004
年版。

罗志田:《国家与学术:清季民初关于"国学"的思想论争》,生活·读
书·新知三联书店 2003 年版。

罗志田:《裂变中的传承:20 世纪前期的中国文化与学术》,中华书局
2019 年第 3 版。

秦川:《文化巨人郭沫若》,中国青年出版社 1992 年版。

尚会鹏:《印度文化史》,浙江大学出版社 2016 年版。

[美]史华兹:《古代中国的思想世界》,江苏人民出版社 2008 年版。

[美]斯特龙伯格:《西方现代思想史》,中央编译出版社 2004 年版。

王琨:《孔子与二十世纪中国思想》,齐鲁书社 2006 年版。

魏宏运主编:《民国史纪事本末》第 3 册,辽宁人民出版社 1999 年版。

武继平:《郭沫若留日十年》,重庆出版社 2001 年版。

谢保成:《郭沫若学术思想评传》,北京图书馆出版社 1999 年版。

杨世文:《近百年儒学文献研究史》(上下),福建人民出版社 2015 年版。

张松辉、周晓露:《〈论语〉〈孟子〉疑义研究》,湖南大学出版社 2006
年版。

张永春:《清代墨学与中国传统思想学术的近代转型》,黄山书社 2014
年版。

论文

蔡震:《〈中国古代社会研究〉及版本的几个问题》,《郭沫若学刊》2010
年第 2 期。

陈晓春:《在"泛神论"的背后——郭沫若早期哲学思想再探》,《郭沫若
学刊》1994 年第 3 期。

季羡林:《泰戈尔的生平、思想和创作》,《社会科学战线》1981 年第
2 期。

孔范今：《如何认识和评价五四新文化运动》，《山东师范大学学报》（人文社会科学版）2015 年第 60 卷第 6 期。

李文斌：《印度苏非派哲学与泰戈尔的宗教神秘主义》，《湖北师范学院学报》（哲学社会科学版）2007 年第 2 期。

李勇：《郭沫若唯物史观接受史》，《史学理论研究》2017 年第 3 期。

李毓章：《德国近代泛神论繁荣的精神缘由——以埃克哈特与斯宾诺莎为中心》，《安徽大学学报》（哲学社会科学版）2009 年第 5 期。

刘宏章：《辛亥革命到建国前孔子研究的历史考察》，《孔子研究》1986 年第 2 期。

罗检秋：《西学与近代诸子学的发展》，《天津社会科学》1994 年第 4 期。

潘玉龙：《超越与内化、自由与必然的张力——斯宾诺莎泛神论思想研究》，博士学位论文，中央民族大学，2016 年。

戚学民：《再论〈十批判书〉的撰著动机与论学宗旨》，《历史研究》2007 年第 3 期。

石燕京：《郭沫若接受泰戈尔心因探微：郭沫若与泰戈尔新论之二》，《四川戏剧》2008 年第 3 期。

史学善：《"爻辞周公"说辨析》，《周易研究》2001 年第 2 期。

宋洪兵：《民国"诸子学"的价值》，《国学与近代诸子学的兴起》，广西师范大学出版社 2010 年版。

孙江：《拉克伯里"中国文明西来"说在东亚的传布与文本之比较》，《历史研究》2010 年第 1 期。

俞森林、傅勇林、王维民：《郭沫若译著详考》，《郭沫若学刊》2008 年第 4 期。

周予同：《从孔子到孟荀——战国时的儒家派别和儒经传授》，《学术月刊》1979 年第 4 期。

后 记

本书最初的构想，是通过对比郭沫若与其他重要学者对先秦诸子的研究，以点带面地反映近现代中国知识分子对中国传统文化的整体态度。然而这个题目委实太大，我的能力难以企及，于是老实地回归对郭沫若的个体研究。

写完全书，我也终于发现，如若按照原来的计划，最终的结果可能仅仅是将几位学者关于诸子的学术论述进行机械地罗列、生硬地对比。因为我没能完成对他们每个人的认识的积累，换言之，即对他们的人生和思想历程缺乏深入的理解。

对历史人物的研究，必须浸入他的个体历史之中，这样既可以观察其身处的社会环境，也可以接近他的主观经验。在其主观的思想中，我们可以看到他所认识的客观世界，进而理解这样的客观世界如何塑造了他的意识。我感到，在本书的写作过程中，的确完成了对郭沫若半生经历与思想的追寻，隐约摸到了郭沫若研究的门径。在这个基础上，是一个新的开始，我将继续努力积累，不断探索和耕耘学术园地。

本书得以完成，依靠的是郭沫若纪念馆丰富的馆藏资料，这是多年来各位前辈老师积累的成果。感谢张勇研究员与责任编辑慈明亮老师对本书提出的宝贵意见，感谢纪念馆同仁在工作中对我的支持。特别感谢我的父亲和母亲，我的人生一路走来离不开他们的帮助、支持与鼓励，没有他们便不会有今日之我。

刚刚开启学术研究之门，才疏学浅，心有惴惴。书中错漏之处，敬请方家批评指正。

王静

2020 年 12 月 29 日

于北京筑华年